改革的逻辑

／修订版／

周其仁 著

中信出版集团 · 北京

图书在版编目（CIP）数据

改革的逻辑 / 周其仁著 . -- 2 版（修订本）. -- 北京：中信出版社，2017.10（2025.11重印）
ISBN 978-7-5086-7449-0

I. ①改… II. ①周… III. ①中国经济－经济体制改革－文集 IV. ① F121-53

中国版本图书馆 CIP 数据核字（2017）第 081487 号

改革的逻辑（修订版）

著　　者：周其仁
出版发行：中信出版集团股份有限公司
（北京市朝阳区东三环北路 27 号嘉铭中心　邮编　100020）
承 印 者：北京通州皇家印刷厂

开　　本：880mm×1230mm　1/32　　印　　张：12.25　　字　　数：330 千字
版　　次：2017 年 10 月第 2 版　　印　　次：2025年11月第15次印刷
书　　号：ISBN 978-7-5086-7449-0
定　　价：58.00 元

目录

第三部分
土地制度改革

第四部分
货币制度重于货币政策

第五部分
改革驱动的经济增长

自序

把这些年来作者有关改革的文字辑成一本文集出版，是中信出版社编辑的建议。我自己觉得，这些文章在网上都可以找到，其中部分已编入其他文集，再编一本，可有可无。不过，出版社对读者的需要总有更多的了解，那就听他们的吧。书前也没有特别要交代的话，前一段在不同场合的发言提及改革，把文字修一修拿来作为序言。

不久前我问过一个问题，为什么改革开放30多年了，讲起改革来还是颇为沉重？再进一步问，为什么我们这个体制改起来那么难？这里有不少感慨。不是吗？中国这个要改革的体制从1952年国民经济开始恢复，到1978年，总共也不过就是26年。其实在1958年之前，很多新民主主义的经济元素还在，农民要入的是基于土改而成的劳动者私产的合作社，在理论上还可以退社。农户自留地的面积蛮大的，此外尚没有搞政社合一，没有城乡户籍控制，也没有从这个产业到那个产业，这不准、那不准的那一套。

换句话说，权力高度集中的计划命令体制，应该是在1958年到1978年期间形成的。总计20年时间，搞成了那么一套管得死死的体制。可是要怎么改这套体制呢？从1978年算起，到2013年已经35

年了，人们还在呼吁改革、讨论改革、建言改革。这么一个现象里面，必定有一些道理。为什么我们过去形成的那套体制，改起来特别难？

现在有一个认识是，维系老体制的既得利益太顽固。这个说法当然有道理。改革以来国民经济壮大了不少倍，所有既得利益也一起壮大了。现在一件事情，背后都是多少亿实实在在的利益。既得利益很大、很顽固，于是改革就难了。

但是，哪个国家在哪个历史时代都有既得利益问题。一套体制就是一个既得利益格局，从来如此。改革要改游戏规则，也就是要改变经济竞争的输赢准则。游戏规则改了，原先的赢家不一定继续赢，当然不可能高高兴兴就退出比赛，总还想维系老规则，继续赢下去。这是人之常情，天下都一样。所以要问的是，中国的既得利益为什么显得特别顽固？

我的看法是，计划命令体制不是从实践中自发建立起来的。它是按照一种理论构想、按照一个理想社会的蓝图构造出来的体制。如把整个国民经济作为一家超级国家公司来处理，那完全超出了所有人的经验。发达国家的市场里是出现过一些大公司，但要让公司大到覆盖国民经济，以至可以消灭全部市场关系、完全靠“看得见的手”来配置一个国家的经济资源，那还是要差十万八千里。但是一旦把这么个超级国家公司说成是“社会主义”的唯一形态，谁还能随便改一改呢？明明行不通，一改就碰上“主义”的大词汇，碰不得，只好拖来拖去，把毛病越拖越大。

所以恐怕还不是一般的既得利益，而是包上了“大词汇”的既得利益，才特别顽固，特别难触动。谁也碰不得，一碰就成了“反社会主义”——50年代的中国还有一个罪名叫“反苏”——本来是怎样搞经济的问题，非常实际的事情，水路不通就走旱路，高度依赖经验和实践效果。要是意图老也实现不了，不妨考虑改一改方法吧。但是“大词汇”当头，点点滴滴改进的难度骤然变大，一静一动之间好像都触犯了制度底线，既得利益就变得很僵硬。

推进改革，首先就要回到经验的基础上来，也就是确立“实践是检验真理的唯一标准”。社会主义的理想要坚持，但究竟怎么在中国一步一步实现，要根据实际情况来决定，也要根据实践效果来调整。非要人民公社，非要政社合一，非要搞得种田的人吃不饱饭，才叫“社会主义”？久而久之，人民对那套“大词汇”就不会有信心，也不会有兴趣。

其实世界上的各种经济体制互相比赛一件事情，那就是纠错能力。哪有不出错的制度？资本主义了不起，《共产党宣言》说它创造了超越以往一切时代的革命性的经济成就，但为什么老要闹经济危机呢？还不是那个体制会出错？过去以为搞了计划经济就可以消除危机，实际上无论在苏联还是在中国，经济决策同样会出错，否则为什么隔几年就来一次“调整”？经验证明，出错不可免，问题是纠错能力强不强。权力高度集中的体制，可以集中力量办大事是个优点，但前提是决策要对。决策错，又集中，那错误也大，且纠错比较困难。

改革无非是系统性地纠错。这里存在一个悖论：计划体制本来就是因为纠错能力不够强，非积累起很多问题才需要改革。但打出改革的旗帜，我们体制的纠错能力就能自动变强吗？实践中还出现了一个新的偏向，千难万难，改革好不容易取得了一些进展，也因此取得了一些经济成就，有一种舆论就认为我们的体制是全世界最灵光的体制，再不需要改了。

既然改革这么难，那么干脆不改了行不行？干脆宣布中国已经建成了新体制，再也无须改革，行不行？想来想去，答案是“不行”。因为改了一半不再改，大的麻烦在后面。大体有三个层面。

第一个层面，不继续在一些关键领域推进改革，不继续推进社会主义市场经济方向的改革，不推进健全社会主义民主和法制的政治改革，很多社会矛盾会呈现连锁爆发趋势。

浏览新闻，刘铁男案、刘志军案、东北四天里的三场大火，还有延安城管的暴力执法，看得心情不能不沉重。当然也可以说，这么大个国家，总有负面新闻，也总有偶发因素、纯个人的因素。不过个人感觉，这些新闻事件还是反映出在经济高速增长的中国社会机体里，带有令人不安的体制性疾病。中国是比过去富了很多，但富得不是很健康，到处可见富态，也可见病态。

以高官贪腐案为例，涉案的金额巨大，本身就够刺激。更要害的地方是，那可不是抢银行得手的巨款，而似乎是“正常工作”的副产品。“利用职权”能带出如此数额巨大的非法收益，可见现行的职权利用体制存在着巨大的漏洞。仅办贪官，不改体制，老虎、苍蝇生生不息，没完没了。

一个国家粮库，一次过火面积就是几万吨存粮。网上议论，向着“天下粮仓”的方向去破案。究竟如何，要看调查结果，是什么就是什么。我不过以过去的经验推断，仓储存粮数目过于巨大，与价格机制被严重干扰总有某种间接的联系。现在财政对粮食的补贴，到每户农民头上的还不算多，但总量已经不小。这对粮食的总供求当然有影响。不补贴呢，粮食生产和农民收入似乎都有麻烦——是为两难。出路之一，是适度提高粮食种植经营规模。为此需要进一步厘清土地承包权、发展农地转让权。就是说，土地制度方面需要进一步改革。延缓地权改革，只靠粮食补贴，财政能力是一个问题，补来的粮食压库，社会成本过大，管理负荷过重，怕是过不长久的。

还有吉林那场大火，工人在车间里干活儿，门却被反锁了，着火后人跑不出来，活活被烧死！经济发展当然要支持民营经济，但民营企业也一定要保障工人权益。这些不同权利之间的平衡，不可能仅靠各方自觉就可以自动实现，要有政府来充当履行市场合约的第三方。可是平时管东管西、查这查那的很忙，偏偏人命关天的环节就没检查、没监督。说此案暴露出“政府缺位”，总不冤枉吧？问题是缺位了怎么办，用什么机制来监管政府，使之不再缺位。

管也不能用延安城管那样野蛮的办法。众目睽睽之下，身穿国家制服，跳脚猛踩小商户的脑袋——这样的官民关系，离“官逼民反”不很远就是了。说是“临时工”所为，可事发整整 7 天之后，延安城管局局长才现身道歉。他到底忙什么去了？官员不忙正事，老百姓也奈何他不得，这样的官制不改，就不怕国将不国吗？这件事发生在延安，那是共产党夺天下的圣地。要是当年也是这样的官民关系，能有今天的新中国吗？

联系到当下的经济形势，总特征是高位下行。老话说，“上山容易下山难”，就是下坡时容易出问题。很多的矛盾在高速增长时被掩盖，但往下行时，平衡的难度就加大了。所以现在论改革，还不是摆开架式做最优的顶层设计，或慢慢摸到石头再过河。很多问题久拖不决，正派生出更多的问题。我写过“接着石头过河”，就是挑战一个接一个飞过来，逼你出手招架。这是第一个层面。

第二个层面，更年轻的人群成为社会的主体，他们对体制、政策以及自己所处环境的评价，有不同于上一代人的新参照系，也有他们对理想社会更高的预期。比如说，对经历过 1959—1961 年大饥荒，经历过人民公社、“文化大革命”的这代人来说，看中国改革开放之后的变化，再怎么说也觉得进步巨大。但是，对“80 后”、“90 后”来说，他们的参照系生来就有所不同。他们生活在较开放的中国，对世界的情况有更多的了解，认为这个世界本来就应该是这样的、那样的，要是不达标，他们就不满意。

现在社会人口的主体，也就是产业结构中最活跃的人口、消费结构中最活跃的人口、文化活动中最活跃的人口，他们的参照系究竟是什么，他们的预期值又是什么？他们对社会公正、对现代文明的标尺是不是比过去更高了一点，对改革不到位带来的负面现象觉得更不可容忍？要看到，中国经济总量已是全球第二位。也正因为如此，人们对自己国家的期望，比过去更高。我们不能动不动就讲改革前怎么样，更不能讲新中国成立前怎么样，老靠“忆苦思甜”来维系人们的满意度。

一个国家有希望，一定是一代一代对自己社会的期望值更高。所以改革还要和正在成为主流人口的期望值相匹配。要是改得过慢，跟不上年青一代对社会的期望，也会出问题，也可能让失望情绪弥漫，那就无从动员一代代人面对问题、解决问题。

第三个层面，现在很多制度性的变量改得过慢，老不到位，正在激发越来越多的法外行为、法外现象。现在很多事情，法律上说一套，本本上说一套，人们实际上另做一套。不少人不在法内的框架里，而在法外的世界里讨生活。

看到这类现象，人们习惯于批评中国内地有法不依，没有遵纪守法的好习惯。这个问题是存在，但有的情况下，也实在是因为我们不少法律或规章，定得不合理。我举过一个很小的例子，民航客机落地时，广播里一定说请大家不要打开手机。可是你前后左右看下，差不多人人都在开手机。而搭乘香港国泰或港龙的班机，人家一落地就广播说现在可以打开手机了。我的问题是，要是落地之后开手机没啥不良后果，干吗不痛痛快快让大家开手机得了？这是说，有的情况下，改一改法律或规章，不难做到有法必依。现在不少经济管制，或曰法规或曰政策，根本就很难执行，弄来弄去大家非得不守法，才容易过日子。

不少城市都有“黑车”，为什么？常常是“白车”经营的门槛过高、负担太重。凡“白车”服务不到的地方，“黑车”常常应运而生。再看所谓“小产权”，法律上没地位，现实中有市场。单单天子脚下的北京，有多少法外物业？还有早就过时的人口控制政策，催生了多少“黑户”？挺大一个小伙子，交谈几句就告诉你他是被罚了几十万元才来到这个世界的。他们对我们这个社会，会怎么看？金融改革讲“利率市场化”，讨论得很热闹。可走进生活，哪种利率模式现实里没有啊？所以，法外世界很热闹，到处都是“中国式过马路”。

讲到这些现象，“小道理”盛行——这个不让碰，那个不让改。但似乎忘了一条大道理，那就是要让绝大多数人的绝大多数行为，在合法的框架里进行。在一个变化很快的社会，改革要提升制度化能力，也就是化解法外行为，把对他人与社会无甚损害的法外活动，尽可能地纳入法内框架。否则，越来越多的人另起炉灶，“不和你玩了”，那才叫最大的制度失败。

改革本来就难。站在当下这个时点，改起来更难。但是拖延改革，不是出路。现实的局面，改革不但要跟腐败或溃败赛跑，还要和越来越年轻的社会主体的期望值赛跑，并有能耐把大量法外世界的活动，吸纳到体制里来。在这三个方向上，要是跑不赢，大麻烦在后面。

这本文集讨论的，就是一个很难改的体制，如何在不改更难的预期下，继续改革的逻辑。是为序。

第一部分

中国做对了什么？

改革30年感言[①]

改革30年的中国发生了巨大变化，让我们觉得有很多话可以说。以农村改革为例，当年我们都在乡下生活过，恢复高考后上的大学，听说农村有了变化，不那么相信。因为多少年农村就没有大变化，贫困就像自然现象一样。后来杜老（杜润生）给了点条件，我们利用暑期到安徽农村调查，看到了改革引起的变化，更知道改革来得多么不容易，从此就卷入了农村改革发展的调查研究。

最重要的感受，是认识到无论有多大的问题和困难，基层总有一些解决的办法，总有一些自发的对付困难的努力。这点不会改变，因为这样那样的问题和困难，总有人吃了苦头，或者让人不满意，所以总有人试图去应对，尝试解决一下。真正有挑战性的，是这些分散的、自发的、零碎的努力，在什么条件下可以汇聚起来，集中成为政策和制度。

30年前的农村有什么问题？就是农民太穷、农产品供给严重不足。那是离谱的贫困与短缺的并存。不是社会不需要农产品，相反是

---

① 本文发表于2008年7月。

急迫地需要，可就是没有供给，同时农民太穷，把整个国民经济都拖住了。这样老大难的问题能解决吗？

你要是在乡下待过，就知道同样的天气和技术，农民也能把那块小自留地种好。为什么呢？就是体制上有差别：自留地也还是集体所有的土地，但归农户管理，责任归农户，收成也归农户。就这点小小的不同，结果农民的行为就完全不一样。那么，能不能把自留地的面积扩大一点呢？其实，这就是历史上多次发生过的包产到户的由来，无非就是把生产队的土地划到每一家农户，承包给农户经营。包产到户早在 1956 年的浙江永嘉县就有了，问题是 1959—1961 年大饥荒之后，自留地得到了合法承认，但包产到户还是得不到。

所以我们要晓得，不管中国经济遇到什么困难，要解决什么问题，首先自发应对的并不是经济学家，是身在其中的实践者。就像当年，农民穷难道农民不知道？农产品短缺难道城里消费者不知道？都知道。也总有人自发地试图解决这些困难和问题。这里面有一个非常重要的门槛，就是自发的民间努力能不能得到国家政策的合法承认，这非常关键。1956 年支持包产到户的那位永嘉县委书记，倒是给农民提供了政策承认，但他本人却因此“犯了错误”，被开除了党籍和公职，回乡当农民一直当到 1979 年。这说明，不是没有解决问题的办法，早就有，历史上有，现实中也不断地冒出来，困难是合法承认的门槛太高。

什么是改革？改革就是把能解决问题的办法合法化，并不需要什么人高高在上想出一套办法“指导”老百姓如何解决问题。政策制定者只要眼睛向下，各地自发的行为里就有足够多的能解决问题的办法。对中国农村改革，我感受最深的就是这一点。农民穷、农产品短缺的问题早就知道，能解决的办法也早就有了，但过去就是多年不承认，有时不但不承认，还要斗、斗、斗，非把适合生产力的办法当资本主义去批，口号越喊调门儿越高，可是路却越走越窄。

直到改革开放，思想路线端正了，决策人和决策机关眼睛向下，实行一种当年万里副总理讲的“事后承认主义”，先各地试验、地方承认，逐步被吸收为中央政策，最后立法承认。

难在什么地方呢？就是制度经济学研究的，一个制度要发生变化，非要等到原体制的维护成本非常高，高到几乎转不动了，才有可能改。这样高昂的体制运转成本，还要广为人知，才能内生出变革的意识和实践冲动。决心面对现实的政治家，愿意用自己的政治权威，为自发的改革实践提供试验的保护和合法的承认——这就有“戏”了。从这点看，邓小平和他那个领导集体，对改革的贡献在历史上站得住脚。没有这个条件，底层自发的改革常常自生自灭，不能汇聚成制度变革的伟大力量。

现在人们一般承认 20 世纪 80 年代那五个中央“1 号文件”的历史地位。回头看那些政策文件，其实并不是用来教育农民的。农民早就知道包产到户管用，早就想搞，也多次自发搞了起来。“1 号文件”主要是教育干部的，说服国家机器的方方面面，用党中央的权威肯定改革的路数，启动合法承认改革的程序。这个经验说明，离开了“官场”的一致认识，仅有底层农民自发的包产到户是远远不够的。

在这个过程当中，研究者、调查者、学者的工作，也帮了一些忙。因为制度变迁之所以发生，除了原体制的运行成本足够高，还有一个条件，就是变革老体制的成本要足够低。降低这方面的成本，最重要的就是降低信息成本。中国这么一个大国，底层的实践丰富得很，这里有这个，那里有那个，到底实际状况什么样，有哪些可能的选择，解决问题的办法又引出了哪些新问题，非有系统而不是零碎的调查研究不可。机缘巧合，我们在这个过程中参与了一点降低信息成本的工作，自己从中学到了很多，特别是关于制度变迁的知识。

这样来看改革，有两个力量非常重要。一个力量早就存在，凡遇到困难、有需要解决的大问题，总有人想办法突破。讲到底，每个普通人、普通家庭、企业、基层和地方，总有改善生活、发展经济的愿望，因此总有人出头来面对困难抓住新的机会。这个力量就是中国经济增长的原动力。另外一个力量在上层建筑里，就是国家机器的方方面面，对底层的、地方的自发改进和改革的做法，给予合法承认、保护、完善、提升，使之成为政策、成为正规的制度。

30 年中国的改革开放，比较重要的一点就是把上述两种力量连接到了一起，打通了经脉，使中国经济的面貌发生了巨大变化。现在和将来，中国的经济还会有问题，还会有困难，比如 2008 年以来中国经济遇到的困难和挑战，是前几年没有碰到过的。怎么应对新挑战，事先并没有完全确定的答案。这样，我们就有必要从改革 30 年的经验里汲取力量，在底层的自发努力与国家的权威运用之间形成制度变迁的合力，使分散的利益结合成为建设中国经济的伟大力量。

邓小平做对了什么？①

本来我为会议准备的是另一篇论文。可是，6 月 3 日科斯（R. Coase）教授的助手来信转述了以下意见："他认为如果没有一篇关于邓小平的论文，这次研讨会将是不完美的。"来信还说："你可能是提供这样一篇论文最合适的人选。"这当然不是我可以承受的荣耀。不过，我倒愿意说明，为什么自己愿意冒着不自量力的风险，也要尝试着完成当时已经 97 岁高龄的科斯——这次研讨会的发起人和主持

① 本文为作者在 2008 年芝加哥大学"中国改革 30 年讨论会"上的发言。

者——指定要求完成的任务。

第一次看到科斯的名字，是在一本小书上。那是 1985 年夏天，北京四通公司的一位朋友悄悄给了我两本小书。翻开一看，是张五常著的《中国的前途》和《再论中国的前途》。但落在我手上的这两本，却显然是盗版的：开本很小，纸质奇差，有照相翻拍的明显痕迹；封皮上没有字，里面印有“内部读物”的字样。

在《中国的前途》的第 148 页，张五常这样介绍：“科斯对经济制度运作理解的深入，前无古人，且对中国的经济前途深表关怀。”书中提到了科斯的两篇大作，用产权（property rights）与交易费用（transaction cost）的概念阐释了制度和制度变迁的理论。那时我自己对市场交易没有多少感受，因此对“交易费用”不甚了了，特别是对把交易费用假设为零的科斯定理，感到有理解方面的困难。但是，对于“产权界定”（delineation of rights），却立刻觉得它有非凡的解释力。

为什么独对产权界定别有感悟？容我交代一点背景。我是 1978 年从黑龙江农村考到北京读大学的。此前，我没有机会上高中，不过是 1966 年的一个初中毕业生，经历了 3 年停课，“文革”后于 1968 年上山下乡。等我拿到大学录取通知书的时候，已在邻近苏联的边陲之地上山下乡 10 年了。对我这样的人来说，邓小平时代的第一页，就是他于 1977 年 8 月做出的恢复高考的决定。这一页改变了我们一代人的命运。

1978 年 10 月后的北京，是中国伟大变革的旋涡中心。我们为重新获得读书机会而奋发学习。不过在那时的北京城，似乎也摆不下一张完全平静的书桌。我们到西单看过大字报，传阅过当时一切可得的有关日本、美国、欧洲各国、韩国、新加坡和中国香港现代化情况的报道，也聚在一起收听党的十一届三中全会的新闻公报，以及邓小平与意大利女记者法拉奇的著名谈话。站在那个中国开放时代的端口，为了消化大量扑面而来的新鲜信息，我们在自发组织的读书小组里度过了无数不眠之夜。

不过，最打动我们的，还是在一个聚会上听到的安徽农村包产到户的消息。那是亲到现场调查的人带回的第一手报告：大旱天气增加的饥荒威胁，逼得农民悄悄把集体土地分到了户；结果，粮食大幅增产，但“包产到户”却不合法，农民只在底下秘密推进。这个故事让我们兴奋。在贫困好像与生俱来、无可更改的中国农村，原来也存在迅速改善生活的路径！我们的困惑是：为什么被实践证明可以促进生产、解决农民温饱的生产方式，却得不到“上层建筑”的合法承认呢？

1980 年，以部分北京在校大学生为主、自发成立了一个农村研究小组，立志研究中国农村改革和发展面临的种种问题。由于全部有过上山下乡的亲身经历，其中还有几位本人就是农民出身，大家志同道合，心甘情愿地重新走进农村和农民的生活，观察、询问、调查、分析、研究和辩论，提升对真实世界的认知水平。机缘巧合，这群“北京小子”的工作，得到了杜润生先生等前辈中国农民问题顶级专家的欣赏、指点和支持，把我们带入改革政策的制定过程。其中个人最离奇的经历，就是身为一个非党人士，也参加了 80 年代中共中央关于农村改革几个政策文件的准备、起草、修订、成文的全过程——按规矩，这些党内文件一旦下发，是不可以让我这样的党外人士阅读的！仿佛在不经意之间，我们见证了历史：对于 8 亿中国农民来说，包产到户才是邓小平领导中国改革伟大活剧的第一幕。

中国特色的产权界定

包产到户并不是新生事物。调查表明，早在 1956 年下半年，浙江永嘉县就出现了包产到户——刚被卷入高级社的农民发现“大锅饭”带来出工不出力的消极倾向，就把集体土地划分到农户，以此约束集体成员努力劳动。后来我结识了当年主政那个地方的县委书记李云河，他因赞成包产到户而被革职、遣返老家务农长达21年之久！1959—1961年，包产到户出现在“大饥荒”最严重的所有省份，其中仅安徽一地就蔓延到全省40%的生产队，农民把能够有效抵抗饥荒的责任田称为“救命田”。问题来了：既然包产到户不是邓小平主政中国以后才出现的现象，更不是邓小平自上而下发明或推行的一种土地制度，为什么要把农村包产到户改革看成邓小平伟大戏剧的第一幕？

答案要从包产到户本身寻找。“包产到户”的学名是“家庭承包责任制”（household contracted responsibility system）。在这套制度下，集体的土地分给农户，以农户承担一定的责任为前提。在开始的时候，农户的责任通常联系着产量——以相应土地面积的常年平均产量为基线，农户承诺将交多少给国家、多少给集体，以此交换土地的承包经营权。很显然，这是一个“增加的产量归农民”的合约，对生产积极性的刺激作用不言而喻。另一方面，承包到户的土地，并没有改变集体所有制的性质——它们还是公有的，只不过按照约定的条件交给农户使用而已。

农民和基层生产队发明了家庭承包责任制，也证明了这套办法能够有效地增加产量、抵御饥荒。但是，农民和基层生产队并不能决定包产到户能不能得到合法的承认。这是苏式中央集权体制的一个派生物：任何经济组织、生产方式的变动，都被看成事关社会主义道路和方向的大事，因而都必须由最高权力当局决定。在中国，从“三条驴腿的合作社”到几万，甚至几十万人组成的超级人民公社，从要不要办集体食堂到可不可以由社员私养集体的母猪，一切皆由中央和中央主席定夺。可是，毛主席对集体土地承包给农户经营的办法抱有很深的成见。有记录说，虽然严重的饥荒也曾逼迫主席默许包产到户，但只要“权宜之计”产生了效果，经济情况有所改善，他老人家就一定高举阶级斗争和路线斗争的大旗予以无情打击。在整个毛泽东时代，包产到户屡起屡批。

自发的合约得不到法律承认和保护，对当事人的预期和行为就有不利的影响。我们看到，自发的包产到户固然可以让农民尝到增产和温饱的甜头，但此种好处究竟能不能持续？未来继续承包的条件有什么改变？以及在什么情况下承包模式又可能被批判？——所有这些疑虑都影响着农户的生产和投资（农地保护和改良）决策。这是来自合约本身性质的一个实质性的困难：作为有待兑现的一组承诺，不稳定的预期无可避免地要增加合约的履行成本。

邓小平的贡献，是把国家政策的方向，转向了对促进生产力的自发合约提供合法承认与保护。这并不是这位伟大政治家一时心血来潮的杰作。据杜润生回忆，早在 1962 年邓小平就谈道："生产关系究竟以什么形式为最好，要采取这样一种态度，就是哪种形式在哪个地方能够比较容易比较快地恢复和发展农业生产，就采取哪种形式；群众愿意采取哪种形式，就应该采取哪种形式，不合法的使它合法起来。"（《杜润生回忆录》，第 332 页）这说明，邓小平早就明白"合法承认"对特定生产关系（产权与合约）的意义。当历史把他推上了核心领导地位之后，邓小平就用"这样一种态度"来对待农民和基层创造的家庭承包责任制。

在邓小平路线下，农民家庭承包制获得了长足的发展。家庭承包制由落后边远地区扩展到发达地区农村，进而几乎覆盖了全国所有的农村生产队；土地承包的期限由一年、三年、十五年、三十年扩展为"长期不变"；合约的责任从联系产量开始，逐步演变为联系土地资产。农民家庭承包责任制不断得到更高规格的合法承认：从基层的秘密存在，到地方政府的承认，到中共中央政策文件的肯定。最后，2002 年，中国人大通过了《农地承包法》，确立了农户家庭承包责任制的法律地位。按照这部法律，全部农地的使用权、收益权和转让权，都长期承包给了农户；“集体”仍是农地在法律上的所有者，但其全部经济职能就是到期把所有农地发包给农民。随着承包户拥有续订合约的优先权，“长期不变就是永远不变”。

中国人创造的这个经验，让我们想起了科斯在 1959 年提出的一个命题：“清楚的产权界定是市场交易的前提。”（中译本见《生产的制度结构》，第 73 页）我们可以说，产权界定也是合约的前提——要不是双方或多方各自拥有清楚的资源产权，他们之间怎么可能达成任何一个合约？可是，中国的实践却提醒人们：恰恰是承包合约才界定出清楚的农民对土地的权利，因为在订立承包合约之前，作为集体成员的农户究竟对集体土地拥有何种权利，通常是模糊不清的。这是不是说，农户的产权反而是经由合约才得到界定的？在这个意义上，我认为可以得出一个新的结论：合约缔结与产权界定根本就是不能分开的同一回事。

合约可以经由再合约（re-contracted）得到调整，而经由合约不断界定的产权也就可以不断进一步明确其经济含义，并逐步提升产权的“强度”。我们在中国看得清楚，后来被列入《宪法》保护范围的私人财产权利，最初就是从城乡公有经济的承包合约中产生并发展起来的。私人承包获得的公有资源在约定条件下排他的专用权，不是私产又是什么？按照承包合约，超出约定产量的部分一般归承包人所有，这难道不正在创造更完备的私产吗？随着承包私产和超越承包形成的私产不断由少增多、由弱变强，公有制成员不断扩大对外缔结合约的范围，循序渐进地积累起更多的私产，也进入更丰富多样的市场合约网络。这套经由合约界定出清晰产权的办法，从农业扩展到非农业，进而扩展到城市，奠定了中国市场经济的基础。

来芝加哥参加这次会议的时候，正是中国春小麦的收割季节。此刻在华北农村的田野上，有一幅壮观的画面：成千上万台拖拉机和收割机，顺着庄稼成熟的路线跨村庄、跨市县、跨省份移动。这些拖拉机和收割设备，有私人的，有多个私人拥有并集合到一个合作社或一个股份公司的，也有“公司”承包给私人经营的。它们作业的范围，早就超越了一个个“集体”的狭小范围，唯有一个复杂的市场合约网，才把它们与数目更加巨大的农户、合作社、公司制农场的收割服务需求连到了一起。甚至政府也参加了进来，一道道紧急颁布的命令，不但要求沿途高速公路对这些农机分文不取，而且要求提供良好的服务。这是经历了 30 年改革的中国经济的一个缩影：产权与合约构成了所有活跃的生产活动的制度基础。

邓小平本人不一定看到过“产权界定”的理论表达。可是，邓小平的改革之道就是坚持产权界定并寸步不移。这套中国特色的产权界定，一直受到来自不同方向的批评。一种批评说，邓小平的改革逾越了“一大二公”经济的最后边界，因而背离了经典社会主义。这个批评忽略了继续维系一个不断支付昂贵组织成本的体制的巨大代价，这一点，人们通过比较改革的中国与拒不改革的那些国家在经济表现上的显著差别，就可以获得深刻印象。另一种批评认为，基于承包合约的产权改革远不如“全盘私有化”来得彻底和过瘾。这种批评则看轻了制度变迁所要付出的代价：只要过时的观念和既得利益缠住了相当多的人群，任何“激进和彻底的改革”在实际上都寸步难行。甚至，制度选择的“最终目标”也受制于交易费用的状况。例如，这次我们大家到芝加哥大学开会，都要借助属于芝加哥市政的“公共通道”。为什么不把天下所有的“公路”都彻底化为“私路”呢？答案是费用。每人一条专用的道路显然太过昂贵，于是社会退而求其次，在保留“公路”的同时约束人们的行路规范。

邓小平不为任何批评所动。他始终坚持一点，无论如何也要容许中国人在实际的约束条件下从事制度和组织选择的探索和试验。任何产权、组织或合约形式，只要被证明可以促进生产和人民生活的改善，邓小平就乐意运用自己的政治威望动员国家机器，在“中国特色社会主义”的总标题下为之提供合法承认。这看起来似乎只是一套非常实用主义的策略。但是，有了自科斯以来的经济学的进展，我发现在中国改革的实践经验里，包含着具有很高普适性的道理，这就是广义的交易费用决定着制度的存在及其变迁。

把企业家请回中国

2006年，我访问了浙江东部台州市松门镇的一家民营公司。创办人叫江桂兰，是个农家女，中学毕业后打工10年，1991年靠私人借贷来的20万元，办起了这家塑料制品厂。4年后，江桂兰在广交会上向别人转租来的六分之一展台上，与外商签订了第一个出口合同。又过了10年，江桂兰的公司已成为肯德基全球范围所用餐具的主要供货商。等我到访的时候，江桂兰的公司有1 000多名工人，每年出口600个集装箱制成品。

江桂兰的故事在今天的中国非常平常。比起华为的任正非、阿里巴巴的马云、吉利汽车的李书福、蒙牛的牛根生以及其他大牌明星般的民营公司老总，江桂兰过于普通了。不过，要是在改革前，江桂兰的公司就是不到现在的百分之一也容易“举世知名”——在那个时代，任何“自由雇用”工人的企业，都有机会作为“资本主义的典型”而登上政治新闻的榜首！同样是私人办公司，从被看作“资本主义”的洪水猛兽，到被戴上“民营企业家创业”的桂冠，满打满算也只不过30年——中国到底发生了什么？

为了回答这个问题，人们当然要提到来自实际经济生活的压力。一方面，在“短缺经济”下商品和服务的长期匮乏，满足不了城乡居民家庭最基本的生活需要；另一方面，单一公有制经济又容纳不了日益增长的就业要求，特别是不能吸纳包产到户改革后释放出来的巨量“农村剩余劳动力”。两方面压力的汇集，逼迫中国以更灵活的方式组织经济。

于是，在单一的公有制经济下，出现了野草般顽强成长的“个体户”。当年北京的一个标志性事件，就是回城的下乡知青在路旁摆摊出售“大碗茶”。他们自我雇佣或利用家人劳动力，靠私下筹集的小资本捕捉种种市场机会。一些个体户取得了成功，而日益扩展的市场要求他们进一步扩大生意的规模。结果，“个体户”开始越出了“家庭劳动力加两三个帮手”的规模，向着雇用更多工人的“私人企业”方向演变。挑战来了：社会主义中国怎么可以容许“资本主义剥削”的复辟？

对传统思维而言，私人拥有生产资料，自由雇用特别是雇用工人超过7人以上的企业，当然就是“资本主义剥削”，与社会主义格格不入。这条马克思和苏联模式划下的铁的界线，中国自1956年完成了工商业社会主义改造后，就再也没有逾越过。现在，改革突破了传统戒条，是不是“走资本主义”的疑虑笼罩中国。

同时高举改革开放与坚持社会主义两面旗帜的邓小平，抓住了一颗瓜子破解难题。80年代初，安徽芜湖个体户年广久炒卖的“傻子瓜子”受到市场追捧，生意迅速扩张。1981年9月，年氏父子三人从雇4个帮手开始，两年内发展成一个年营业额720万元、雇工140人的私人企业。“傻子”当上了老板，争议也从芜湖一路到了北京。如何定夺小小一颗瓜子里面的大是大非？

我当时供职的农村政策研究机构是杜润生领导的，他组织了关于“傻子瓜子”来龙去脉的调查，并把有关材料报到了邓小平的案头。记得当时传回来的邓小平指示，斩钉截铁就是“不要动他”四个大字!其中,最了得的还是那个“动”字,因为这一个字就包含了“运用国家机器的强制手段给予取缔和打击”的全部意思。既然历史经验显示过去那套做法效果不佳,邓小平的意思就是多看看、多试试,再也不准用专政手段对待像年广久这样的民营企业家。

邓小平的办法就是允许实践,并从实际出发来观察和分析。冷眼看“傻子瓜子”,并不难厘清其中的是非曲直:年广久雇用的140名工人,原本都得不到国有公司的工作机会;年广久付给工人的薪水,不低于当地国有工厂的给付水平;这些工人原本或失业,或从事其他工作但收益还不如给年广久打工。更重要的是,“傻子瓜子”的市场成功,刺激了更多的瓜子供给——老板与老板的市场竞争加剧了,不但是顾客的福音,更是工人的福音!可是,“资本主义剥削”的公案又做何处理?

没有人指出,剩余价值学说的基础是交易费用为零。马克思在理论上坚持,当资本在“流通领域”雇用劳动力时,双方交易遵循的是等价原则。在这里,一切商品包括劳动力商品的价格等于价值,因此就排除了资本对劳动力的剥削。奥秘发生在其后:当资本家带着雇来的工人进入工厂的大门以后,通过组织、指挥、命令工人生产出高于其劳动力价值的产品;最后,企业主带着这些产品回到商品流通领域,再次通过等价交换而完成剩余价值的实现。

很明白,在上述各个环节,都没有交易费用这回事。不是吗?资本家似乎可以不费吹灰之力就发现顾客及其需求的各种细节,从而决定生产什么和生产多少;资本家也不费吹灰之力就发现待雇的劳动力和其他生产要素,从而决定以什么价格、什么合约形式雇多少要素;资本家甚至无须付出监督和管理的努力,就可以使团队产品自动大于团队成员个人产品的算术之和。在这个前提下——也仅仅在这个前提下——我们当然同意马克思的意见:“剩余价值”不但是“多余”的,而且还带有道义上不公正的剥削性质。

问题是，真实世界里的交易费用绝不为零。一般如商品和服务的买家与卖家，特殊如资本家与工人，他们之间在市场上的互相发现、订约和履约，都要付出昂贵的费用。交易费用不为零，就既不存在自动的“等价交换”，也不存在不需要经营、监督和管理的经济组织。从这点看，发现市场、协调供求、组织生产等项职能，绝不是“多余的”。资本家们获取的报酬，部分是投资于企业的财务资本的利息，部分是作为企业家人力资本的服务回报。至于这些收入的水平高低，是由市场竞争——企业家与企业家的竞争、工人与工人的竞争、商品买家与买家的竞争以及商品卖家与卖家的竞争——决定的。

资本家当然要利用自己的相对稀缺性谋求更高的收益。像任何市场中人一样，资本家也可能在履行合约的过程中，侵犯、损害各相关利益方——其他股东、各种债权人、工人、上下游供应商、产品经销商，甚至顾客——的利益。人们可以用“剥削”之名囊括所有这些侵权行为，但是无论如何，“剥削”并不是资本家的唯一职能，正如可能的假冒伪劣行径并不是商贩的全部职能一样。在真实世界里，人们节约交易费用的行为与增加交易费用的行为——两者皆可图利——经常混杂在一起。究竟哪一种行为主导了经济，取决于现实的约束条件——习俗、道德、法律及法律的实际执行。

那么，究竟怎样对待真实过程里的资本家呢？苏联模式得出了一个革命的结论——“消灭资本家，消灭一切剥削”。但是，这样一来，把资本家节约交易费用与组织成本的职能也一并消灭掉了。问题是，交易费用并没有随着资本家的被消灭而消失。社会主义经济仍然面临节约建设成本、生产成本、制度成本和组织成本的严重问题。结果，把资本家打翻在地的社会主义国家，只好由自己来扮演“总资本家”的角色，即用“没有资本家的资产阶级法权”（列宁）来管理国民经济。几十年的实践结果表明，中央计划体制不但运行成本奇高，也并没有完全消灭“剥削”——作为等级制替代产权与市场合约制度的产物，官僚特权替代了资本家的剥削；在“大锅饭”的体制下，多劳不能多得的人，天天受到“不多劳却多得”行为的剥削。这个结果应该出乎革命家当初的预料，它当然要被反思。邓小平不允许把重新冒头的民营企业一棍子打下去，坚持多试试、多看看，意在探索把复杂问题分开来处理的路径。苏联和中国自己的历史教训时刻提醒着中国改革的决策者，为什么社会主义经济非要把资本家连同创业精神、市场判断力、组织和协调生产的能力一起抛弃呢？

邓小平把企业家请回了中国。他执掌中国后不久，就高度肯定了历史上“民族资产阶级”的代表荣毅仁，并大胆决策划出一笔国有资本交付荣先生全权打理——这开启了“国有资本＋企业家”的新经济模式。邓小平还运用自己的政治权威，多次对“傻子瓜子”这个事件表态，不准再动用国家机器鲁莽地扼杀民营企业家。这位革命老人一次又一次耐心地问：允许这些企业家的存在，难道真的就危害了社会主义吗？

越来越多的人得出了正确答案。随着企业家的存在被广泛认为是“对的”（right），创业当企业家就再次成为中国人的一项权利（the right）。改革以来，中国发布了多个政策文件，通过了多部法律，并数度修订《宪法》，逐渐承认并保护了普通人自由缔约、创办各类企业、按投资要素分配收入的合法权利。据一项权威发布，到2007年底，中国的民营经济约占国民生产总值50%、非农就业的70%、税收的30%~40%。这是改革前无论如何也不能想象的。

重新认识“看不见的手”

从1985年5月开始，邓小平连续几年推动“价格闯关”。这意味着，原来由国家规定和控制的物价，要放开由市场决定。此前，中国已形成了一种“价格双轨制”，即按计划指令生产的产品由国家定价，超计划增产的产品则按市场供求决定价格。这个过渡性的体制，在显著刺激增产的同时，也造成分配方面的混乱：同一个产品的“市场价”高于其“计划价”数倍甚至十数倍，以至任何有“门路”的人，都有机会把计划轨道上的产品倒卖到市场上而大发横财。一时间，“寻租”盛行，公众反感。邓小平和他的同事们决心推进价格改革，解决问题。

价格改革之所以被称为“闯关”，是因为此前的波兰，因放开食品价格，影响工人生活，导致了大罢工和波兰共产党的下台。中国“价格改革”的代价究竟有多大，能不能平稳推进，没有谁可以打包票。邓小平决心用自己的权威推进价格闯关。他甚至说，趁我们老同志还在，勇敢闯过这一关。

1988 年 7 月，国务院宣布开放名烟名酒价格。这其实是一次试探性的前哨战。8 月中旬，中共中央政治局会议通过了《关于价格、工资改革的方案》。不料，会议公报发表的当天，全国各地就出现居民抢购食品和生活用品，又拥到银行挤提存款的风潮。10 天以后，国务院宣布加强物价管理，不再出台物价调整项目，提升银行存款利息，全面整顿市场秩序。9 月，中共中央政治局决定开展全国范围的“治理整顿”。第一波“价格闯关”搁浅。

事后我的理解是，在累计发放货币过多的条件下“放开价格”，势必把原来的“隐性通胀”转化成群众不可能接受的显性高通胀。这证明，即使得到了政治方面的强力支持，在高通胀环境下也难以顺利推进价格改革。中国进入了为期三年（1989—1991）的“治理整顿”期，政府用行政手段抽银根、压投资、管物价；经济增长减速，经济改革停滞。让中国和世界大吃一惊的是，邓小平在 1992 年春天再次奋力推进中国改革。他以一个 88 岁退休老人的身份，发表了著名的南方谈话——“不改革开放，只能是死路一条”。邓小平特别提出了长期困扰中国改革的问题：坚持计划体制是不是就等于姓“社（会主义）”？走市场之路是不是就等于姓“资（本主义）”？他的答案石破天惊：计划和市场都不过是配置资源的方式，社会主义同样可以走市场之路。

在邓小平的推动下，中国于 1992 年再度勇闯价格关。是年，新放开的生产资料和交通运输价格达 648 种，农产品价格 50 种，其中包括在全国 844 个县（市）的范围内，放开了长达几十年由国家统购的粮食价格，并放开了除盐和药品以外全部轻工业产品的价格。到 1993 年春，中国社会零售商品总额的 95%、农副产品收购总额的 90%，以及生产资料销售总额的 85%，全部放开由市场供求决定。“价格闯关”最终成行，“用市场价格机制配置资源”从此成为中国经济制度的一个基础。

经济学家通常会不遗余力地推崇市场价格机制。这不足为奇，因为有亚当·斯密以来经济学传统的鼎力支持。可是，为什么邓小平也对“看不见的手”情有独钟？这位曾经指挥过百万野战大军、担任过中共中央总书记和国务院副总理的大政治家，分明拥有一双“看得见的手”！他难道不知道，扩大市场价格机制配置资源的范围，总要在某种程度上收缩“看得见的手”发号施令的范围？大权在手，又坚决推进价格闯关，这究竟是为什么？

要回答这个问题，我认为涉及三个层面。第一，苏联式计划体制的实质，是把整个国民经济办成一个超级国家公司。这个超级国家公司不得不承受巨大的组织运行成本：收集需求和生产全部信息的成本、决策和指挥的成本，以及发现错误并加以纠正的成本等。作为改革前中共第一代领导集体的一员，邓小平多年负责处理国家一线事务，几乎就是这个超级国家公司的执行长。正因为对原有体制不堪重负的成本压力有切身感受，也对原体制的运行效率极不满意，才迫使邓小平比局外批评家更明白，权力过于集中的主要结果，恰恰是无法有效行使国家权力。历史把这位执行长推上了决策人的位置，邓小平决意改革，顺理成章。

第二，邓小平倡导的开放，启迪了一代中国人，也启迪了他本人。作为 1978—1982 年一位北京的在校大学生，我感受到那几年涌动的关于中国经济发展的新想法、新冲动，无一例外都来自多年封闭后对外部世界的观察、比较和思考。无论欧美日本、亚洲四小龙，还是南斯拉夫、匈牙利和波兰，所有当时在经济成就方面令中国羡慕的经济体，没有一个套用苏联计划模式的。这些经济体都允许“看不见的手”发挥基础的资源配置作用。他们的经验说明，价格机制并不是洪水猛兽，中国为什么不可以大胆试一试？

最后一个层面最为隐蔽。邓小平的哲学，是相信每个普通人都具有改善生活的持久动力。国家要富强，要推进现代化，就必须充分发挥每一个社会成员和所有基层组织的积极性。正是在这样的思想基础上，才产生了上文提到的中国式权利界定和把企业家请回中国的改革政策。新的问题是，当改革开放释放了个人、家庭和基层组织的积极性之后，如何协调十数亿人口爆发出来的竞争致富冲动，就成为新的经济体制必须解决的问题。邓小平倾心于发挥价格机制的作用，是因为他认识到仅靠国家计划之手，根本不足以应对改革开放后如何协调整个中国经济的新课题。

叙述至此，我们也许要为一件事情而感到遗憾，那就是科斯教授从未访华，因此也没有与邓小平先生谋面的机会。不过，我猜想他们俩可能会互相欣赏。科斯在 1937 年创立的公司理论，出发点是覆盖整个经济的“完备的市场”，由价格机制配置一切资源——这也是大多数经济学家的理论出发点。但是，年轻的科斯早在1937年就发现，价格机制并不免费，因为完成市场交易的成本常常极其昂贵。为了节约由科斯在科学上首先定义的交易费用（transaction cost），内部似乎不用价格机制、靠企业家的权威和计划来协调的“公司”（firm）就应运而生了。

邓小平的出发点是另外一极，即囊括了整个国民经济的超级国家公司。在这里，国家用“看得见的手”的权威和计划协调整个国民经济，固然因为消灭了一切市场交易而不再受到狭义“交易费用”的局限。但是，科斯定义的另一种成本即“组织成本”（organization cost），却每日每时困扰着这个超级国家公司。邓小平领导的改革，出发点就是降低超级国家公司的巨额组织成本。为此，他提倡分权改革战略，通过对重新界定权利的合法认定，激发了个人、家庭、基层组织和地方的积极性，还同时把企业家协调和价格机制协调一并请回到中国经济的舞台。

我们有幸目睹了历史性的一幕：一个实事求是的经济学家离开了“看不见的手”支配一切的理论原点，向企业家协调与价格机制协调并用的真实世界出发；一个实事求是的政治家离开了计划经济的教条，向市场与计划并用的体制前进——他们“会面”的地方不是别处，恰恰就是改革的中国！当然，在“看得见的手”与“看不见的手”之间，边界尚没有完全厘定，摩擦和冲突时有发生。但是，“两手”之间充满意识形态敌意、非白即黑的那一页已经翻过去成为历史。新的认知是，计划组织与价格机制可以在一个经济体里共存并用，并以实际的运行成本为依凭来划清彼此之间的界限。

腐败的挑战

邓小平关于中国的许多预言都已经实现了，不过，有一点至今还是例外。1985 年春天，我在随杜润生先生前往温州调查的路上，听到传来的邓小平指示，大意是中国不能出现百万富翁，不能走两极分化的道路。到达温州的时候，当地人也正在热烈讨论。他们提出的问题是：温州一些民营企业家的身家财产早就超过了百万，分明已是百万富翁，怎么办？讨论得出的结论是，企业家的私人财产只有很小的一部分用于自己和家人的消费享受，大部分还是用于生产——如果把消费资料与生产资料恰当地分开来，温州和中国就“还不能算已经有了百万富翁”。既然如此，邓小平的指示就不算被违背了吧？

仅仅过了 10 年，个人的消费性财产超过百万的例子在中国就不胜枚举。数千万的世界级名贵跑车在中国热卖——那可不是“生产资料”。2000 年的前后，全球顶级奢侈品的专卖店纷纷在北京、上海、深圳开张，市场说这里是成长最快的奢侈品市场。由于房地产和股票市场的力量，很多专业人士包括工薪家庭，也进入了百万富翁的行列。所有这些，可以不无理由地被看成经济成就的象征。但与此同时，官方统计和报道、国内外学界的调查以及对社会生活的直接观察，都表明今天的中国还有不少生计艰难、平均每天收入不超过 1 美元的贫困人口。

学者们用基尼系数描述收入分配差距的状况，发现改革后中国的收入分配差距有拉大的趋向。这类测度可能忽略了一点，即“收入的获取是否合乎公义”并不是定量技术可以描述的。姚明的高收入是一回事，贪官们卖官鬻爵的收入是另一回事——公众舆论真正痛恨的是后者，因为其收入不合公义。可是，关于收入差距的测算并不能划分这个极其重要的区别。其实，真正威胁改革存亡的严重问题是，即使根据反贪部门公开发布的腐败案例，人们也看到利用公权力腐败——显然不合正义的收入——的趋势在中国有增无减。

除了当事人的道德水准外，贪污腐败的趋势到底与什么有关？

对此，张五常曾提出过一个理论。在本文开首提及的《中国的前途》里，五常指出，就竞争稀缺资源而言，人类社会形成了两种基本的经济制度。一种以等级制特权来规范和约束人们的行为、防止稀缺资源被彻底滥用。另一种就是产权制度，即以财产权利的界分来划分人们从事经济活动的自由空间，以刺激生产、交换、分工与合作。张五常更推测，当第一种经济制度转向第二种制度即市场经济的时候，腐败将大量发生，因为原来的等级特权无可避免地要争取最高的"权力租金"。这个过程甚至可能形成一种独特的"秩序"，即"制度化腐败"（institutionalized corruption）。后来的中国经验的确表明，腐败不仅仅是改革启动的一种伴随物，也是瓦解公众支持改革的腐蚀剂，甚至是终极改革的致命杀手。转型经济怎样应对制度化腐败，是一项严峻的挑战。

邓小平的答案是多手并举：道德教育、党的纪律和法治。我不认为还可以想出更多的办法来遏制腐败。问题是，在上述分权改革、重新界定权利、承认并鼓励民营企业家、大规模利用价格机制的每一个过程中，腐败不但形影相随，且有更快蔓延之势——腐败跑得似乎比改革还要快！ 1986 年 9 月，邓小平得出了一个重要结论：不改革政治体制，就不能保障经济体制改革的成果，不能使经济改革体制继续前进（《邓小平文选》，第三卷，第 176—180 页）。为此，他开始部署中国政治体制改革。

政治体制改革远为复杂和困难。最主要的症结是，经济改革触犯的经济既得利益，还可以用经济手段补偿，但政治改革触犯的既得利益，拿什么来做补偿？举一个例子，原来"享受低价好处"的居民家庭，一旦价格放开后受到损害，政府可发财政补贴给予补偿。但是，原来主管物价的政府部门，价格放开后就面临权力缩减、部门撤并，甚至官员下岗的现实威胁。对于一辈子管物价的官员来说，他身上的专用人力资本一夜之间全报废，他能接受吗？用经济办法来补偿“丧失权力的损失”吗？出价低，不可能被接受；出价高，国家财政不堪负担——等级制其实是非常昂贵的。听任掌权者自己补偿（贪污腐败是也）？公众不可能接受，而那样“补偿”的结果，一定是更舍不得放弃权力。那么，可以不予补偿就取消权力吗？可以，但改革因此就等于革命。

邓小平多次讲过“改革也是革命”，不过他面临另一项约束。作为“权力过于集中”的派生物，中国的党政骨干系统发达，但其他社会软组织发育不足，行政系统实际上负担着社会经济体系的运转。这本身就增加了消化政治体制改革副产品——重新安排官员——的难度。另一个连带的后果，就是国家权力体系一旦失稳，整个社会就容易动荡。所以，推进“也是革命”的政治体制改革，又不得不以“稳定”为边界。于是人们看到，1986 年重新提上日程的中国政治体制改革，并没有实质推进。一年以后的中共十三大，通过了酝酿已久的政治体制改革纲领，但没等到切实实施，“价格闯关”的失败以及随后发生的风波，就再也没有给中国推进政改的机会。即使 1992 年邓小平的南方谈话，也限于推动经济增长与经济改革，而并不是政治体制改革。中国的政治体制改革，是邓小平未竟的事业。

小结

中国经济增长取得的令人瞩目的成就，为邓小平启动的改革开放提供了一个无可更改的背书。如果用最多数人口的日常生活得到显著改善作为评价标准，邓小平领导的中国改革开放一定会被写入历史。当然，伟大成就的成因是复合的，人们对此也常有不同的看法。我的观点是，正是改革开放大幅降低了中国经济的制度成本，才使这个有着悠久文明历史的最大的发展中国家，有机会成为全球增长最快的经济体。

有观察家以为，“廉价劳动力”是中国竞争力的根本。对此我的问题是，改革前中国劳动力和其他要素的价格更为低廉，为什么那时候并没有影响全球市场的“中国制造”？更深入的分析表明，知识扩展才是中国经济成就的基础。不过若问，为什么中国人，特别是年青一代的中国人对知识的态度有了根本的转变？答案是，改革激发了中国人掌握知识的诱因，而开放则降低了中国人的学习成本。综合起来，早已存在的要素成本优势、改革开放显著降低制度费用以及中国人力资本的迅速积储，共同成就了中国经济的竞争力。其中，制度成本的大幅降低，是中国经验的真正秘密。

邓小平开启了中国改革开放之路，也开启了中国经济增长之路。不过，他并没有完成中国的改革开放。无论在产权的重新界定、企业家职能的发挥、市场经济框架的完善，还是国家权力的约束与规范方面，中国都有大量未完成的议题。作为渐进改革策略的一个结果，很多困难而艰巨的改革任务留在了后面，并面临改变着的社会思想条件。就在科斯先生主办的本次研讨会举行期间，全球金融动荡和油价高企，正给全球经济增长带来前所未有的新考验。受汇率、利率、资源价格和行政垄断部门等重大改革滞后的拖累，中国经济能不能顺利应对这场新的挑战，保持经济的持续增长，还是未定之数。

2006 年在深圳，我有幸听到张五常的如下见解：中国人在改革开放以来创立了“人类历史上最好的经济制度”。我自己得到的观察，不容许我像他那样乐观和肯定。不过，30 年来中国的经验的确证明，未来绝不是宿命的。我们有理由相信，中国只要坚持改革开放以来被实践证明做对了的事情，继续推进尚未完成的改革事项，未来的历史将有机会再次证明人们关于中国的乐观断言。

科斯的中国影响力[①]

科斯不懂中文，也从来没有到过中国。他还像苏格兰的伟大学者休谟（David Hume）一样，天生具有“人贵述己而不自诩”的格调，既不容他人吹捧，更不会自吹自擂。正因为这样，“科斯的中国影响力”就成为一个在庆贺科斯教授百岁生日时，值得我们大家讨论的问题。

我认为，科斯的影响力，首先来自“科斯经济学”（Coasean Economics）的内容。我们都知道，科斯对经济学的主要贡献，是将交易费用引入了经济学分析。诚如他本人所言，这固然算不上经济学高深理论方面的“创新”，却“引起经济学理论，至少是价格理论或微观经济学结构的彻底变革”。是的，自从科斯在他 27 岁发表的论文里引进了“几乎可以归入不证自明的真理之列”的交易费用概念以来，已经没有一门经济学可以完全不理会交易费用却还能够阐释经济行为的逻辑。

毫无疑问，科斯的上述贡献有着普遍意义。在科学上，从完全意识不到交易费用的存在，到可以清楚地假定交易费用为零，再到进入对“正交易费用世界”的研究和分析，意味着完全不同的认识层面。对此，我们不妨以其他科学为参照来加以理解。例如，没有人会否认在摩擦力为零的假设下，物理学研究取得的重大进展。正是站在这个台阶上，物理学家才可能进一步展开对正摩擦力世界的更深入研究。这里的关键是，要假设摩擦力为零，首先要有清清楚楚的摩擦力概念。类似地，经济学倘若对交易费用没有清楚的意识和概念，就不

① 本文为值科斯 2010 年百岁生日之际，作者在“科斯与中国”研讨会上所做的演讲。

具备假设交易费用为零的能力，也更不可能走向对正交易费用世界的分析。

正是交易费用的存在，使得形形色色的交易规则、合约及其履行、组织、制度安排——或者如科斯在诺贝尔颁奖典礼上讲演的题目所统称的“生产的制度结构”——成为经济活动不可或缺的组成部分。科斯把交易费用引入经济学分析，也就要求正统经济学理论分析制度的建立与运行，发现作为限制条件的制度在整个经济体系中的地位和作用。这样一来，经济学在亚当·斯密等古典经济学家之后逐渐被收窄的视野——核心部分甚至是仅仅关注价格决定的价格理论——就得以重新扩展，成为包括分析产业、市场、企业和其他组织、政府与国家，以及一般的在制度约束下所有人类行为的经济学。这样的经济学，如科斯本人所言，才是“本来就应该是的那种经济学”。

科斯经济学首先在西方学术界产生了影响力。这或许是因为，他提出交易费用概念的论文研究的是企业的性质，经验基础是西方发达国家市场里的公司；他把交易费用假设为零，并以此为台阶走向正交易费用的世界，经验基础则是西方国家法治下侵权判案的司法实践。无论市场里的公司，还是侵权判案的司法传统，对西方读者来说都是不难感知的。因此，只要突破既定经济学思维的束缚，换一个视角——科斯的视角——看世界，这个真实世界就在那里了。

当科斯的名字刚刚为中国人所知的时候，中国的实际世界里既没有发达的公司，也缺乏法治传统。就是说，在我们这里尚没有深入理解科斯经济学的经验基础。所以毫不奇怪，科斯开始是作为西方经济学流行的一个学派被介绍到中国来的。但是，科斯很快就有了中国影响力，后来人们甚至可以说，科斯的中国影响力比他在欧美的影响力还要广泛、深刻和持久。这又是为什么？

我的理解是，科斯经济学包含着另外一个方向上的重要内容，不容易引起西方读者的注意，却引起中国经济学家和读者的高度兴趣。让我们回到科斯论述企业性质的那篇著名论文来理解这一点。在文中，科斯问：在价格机制协调配置资源的市场里，为什么存在靠权威下达的命令组织运行的企业？科斯的答案今天众所周知：市场的运行是有成本的，通过形成一个组织，并允许某个权威（一个“企业家”）来支配资源，就能节约某些市场运行成本。

科斯的分析没有到此为止。他接着问：既然企业可以节约市场的运行成本，那么是不是企业越大，节约的交易费用越多，经济就越有效率呢？这个问题有更普遍的意义，如果哪一种经济废止了所有市场交易，根本就不存在交易费用，其经济运行是不是就达到至善的理想境界了呢？科斯对此的回答是，节约交易费用的行为同样也要受到经济力量的制约。这是因为，市场运行不免费，价格机制不免费，企业连同企业家下达命令、行使权威的协调方式，也不免费。用企业来节约市场交易费用，无可避免地要支付另一种成本，那就是科斯本人命名的“组织成本”。

很明显，科斯的思想和分析框架，矗立在任何一个方向的实际活动都受到成本约束的基础上。难道不是吗？市场受交易费用的约束，可以通过企业来节约交易费用；而企业又受到自己组织成本的约束，限制了其所能节约市场交易费用的大小和范围。正是通过对交易费用与组织成本的不断权衡，科斯才确立了企业在市场里的理论边界。

仿佛在不经意之间，科斯就划清了他的企业理论与中央计划经济理论的界限。简单地说，中央计划经济的理论也是一种企业理论：随着企业的规模越来越大，企业内的计划、权威和命令就扩大为整个国民经济的计划、权威与命令。由于不受企业组织成本的制约，覆盖全局的权威、计划和命令再也无须为市场交易留下任何空间，交易被消灭了，交易费用自然也就消失了。这样看，中央计划经济理论的确与

“西方经济学”冰火不容：前者完全意识不到计划、权威和命令的成本，后者则对交易费用没有清晰的概念。唯有科斯冷静地告诉我们，那对立的理论两极共同的思维方法，是无视真实的成本限制。

中国开始知道科斯的时候，中国面对的经济难题不是市场的交易费用太高，而是笼罩整个国民经济的中央计划命令体制的组织成本太高。因此，中国改革的出发点，是如何解决国民经济的决策权力过于集中，计划命令的信息成本过于高昂，以及个人、家庭、单位和地方的工作积极性过低的问题。对于这一点，我在提交给纪念中国改革30年的芝加哥大学讨论会的论文里，有过以下回顾：

> 科斯在1937年创立的公司理论，出发点是覆盖整个经济的“完备的市场”，由价格机制配置一切资源——这也是大多数经济学家的理论出发点。但是，年轻的科斯早在1937年就发现，价格机制并不免费，因为完成市场交易的成本常常极其昂贵。为了节约由科斯在科学上首先定义的交易费用，内部似乎不用价格机制、靠企业家的权威和计划来协调的“公司”就应运而生了。
>
> 邓小平的出发点是另外一极，即囊括了整个国民经济的超级国家公司。在这里，国家用“看得见的手”的权威和计划协调整个国民经济，固然因为消灭了一切市场交易而不再受到狭义“交易费用”的局限，但是科斯定义的另一种成本即“组织成本”，却每日每时困扰着这个超级国家公司。邓小平领导的改革，出发点就是降低超级国家公司的巨额组织成本。为此，他提倡分权改革战略，通过对重新界定权利的合法认定，激发了个人、家庭、基层组织和地方的积极性，同时还把企业家协调和价格机制协调一并请回到中国经济的舞台上。
>
> 我们有幸目睹了历史性的一幕：一个实事求是的经济学家离

> 开了“看不见的手”支配一切的理论原点，向企业家协调与价格机制协调并用的真实世界出发；一个实事求是的政治家离开了计划经济的教条，向市场与计划并用的体制前进——他们“会面”的地方不是别处，恰恰就是改革的中国！当然，在“看得见的手”与“看不见的手”之间，边界尚没有完全厘定，摩擦和冲突时有发生。但是，“两手”之间充满意识形态敌意、非白即黑的那一页已经翻过去成为历史。新的认知是，计划组织与价格机制可以在一个经济体里共存并用，并以实际的运行成本为依凭来划清彼此之间的界限。

据此，我在那篇发言里还大胆地推断，如果科斯教授有机会与邓小平先生谋面，“他们俩可能会互相欣赏”。

其实，唯有在中央计划经济这一端，“交易费用为零”才不再是一个理论假设，而是接近于真实的现实。这是因为，当市场交易被消灭时，再也无所谓交易费用。经济每日每时付出的是另外一种成本，即全盘计划的指令出错、资源遭遇错误配置的超级国家公司的“组织成本”。科斯分析的含义是，如果交易费用真的接近于零，经济的组织成本就一定趋于无穷大——这恰恰是中央计划经济的理论特征。我认为，正是科斯对计划经济即超级国家公司的理论洞察力，启发了中国读者更深刻地理解中国经济和中国改革的现实。这是科斯和科斯经济学具有中国影响力的根源。

这样看，最早触动中国经济学家的科斯经济学，重点并不是怎样通过企业组织来节约市场交易费用，而是怎样发展市场经济来节约权力高度集中的国家超级公司那极其高昂的组织成本。中国在实践中走出来的改革路子，即分权、重新承认并界定产权、发挥价格机制配置资源的基础功能、确立市场经济的法律秩序、给企业和企业家协调更大的舞台，可以在科斯提供的分析框架里得到最简洁的解释：重新在产权、合约、市场的基础上协调国民经济，花费的代价当然不菲，不过只要改革的成本低于原先国家超级公司运行的成本，经济还是会因此而获得增长。在真实成本的限制下，“用一个合约代替一系列合约”所能带来的节约是有限度的，一旦超出限度，得不偿失，那就不妨试试“用一系列合约代替一个组织”吧。

科斯从来不认为他和他的经济学可以“指导”中国的改革与发展。他的道德原则和信奉的方法论也不允许他那样做。1981 年 11 月 18 日，科斯在一次讲演中引用了弗兰克·奈特的话：“科学的基本规则——真实和客观——本质上是一个道德原则，它反对任何形式的自利（self-interest）。客观的先决条件是正直、能力和谦虚。”他本来是用这段话赞扬沃伦·纳特教授的，但是每个直接接触过科斯的中国经济学家，都会同意“真实和客观”，以及支持客观态度的“正直、能力和谦虚”，这正是科斯先生自己的为人风格。他的助手王宁告诉我们，即使到了百岁高龄，科斯老人还是会认真阅读比他年轻不知多少、名不见经传的中国经济学家的文字，还会认真倾听每位来访者的问题、叙述和见解。就科斯而言，我们相信奈特说得对，科学的基本规则本质上是一个道德原则。

在方法论上，科斯坚持的是“真实世界的经济学”。他批评现代经济学的一个流行特征，就是分析的日趋抽象化，似乎因此就不需要对真实经济体系进行详细了解，“甚至在完全没有关于真实经济体系真实情况的前提下，也可以发展理论”。科斯的坚持其实是任何一门经验科学的坚持，因为不从观察现象出发，对规律的猜测就不可能有坚实的基础。科斯对其方法论的坚持也是他的中国影响力日增的一个原因。这是因为，遵循科斯的方法论原则去从事经济研究，中国经济学人就有更大的机会进入经验科学而不是神学的殿堂。科斯本人就给我们做出了榜样。他从求学的青年时代开始，就踏实观察市场里的企业，认真思考可观察现象中那些不能被现成理论（当时是价格机制理论）很好解释的部分，勇敢提出问题，并进而提出自己的理论猜想。无论我们的天分怎样远不如科斯，只要遵循这条路线走，我们总会更有机会做出有意义的科学工作。那么多欧美经济学家连认真观察欧美经济现象的时间都不多，我们是不是可以相信，老天爷正在把观察中国现象、提出中国问题并做出科学猜想的难得机会，更多地留给了中国的经济学人？

最后，科斯的鼓励——中国经济学家要基于中国经验研究“制度在整个经济体系中的地位和作用”——还带给我们极富有挑战性的问题。从某种意义上说，经过30多年的改革开放，中国已经成为一个不受任何教条支配的社会科学的试验场。中央计划经济体制已在分权改革中解体，但国家超级公司的碎片还充斥于市场之中，与私人产权、合约和企业一起参与着资源配置和收入分配。以科斯简洁的概念来看，“交易费用”与“组织成本”还有着过于多样的组合，并无一不在继续发生变动。因此，价格机制的范围、企业的边界以及（中央与地方）政府管制的边界，既没有也不可能得到清楚的厘定。在复杂的转型环境里，中国经济的走向当然与中国经济制度的走向密切相关，问题是我们对后者所知甚少。

也许值得注意，中国经济高速增长的现实——人们更喜欢称之为“中国奇迹”——也刺激了理论家们的胆量，以至任何一种猜测出来的因果联系，都可以声称找到了中国经济增长的真正秘密。例如，有人断言举国体制才是中国经济辉煌的源泉，因此需要把这种体制继续扩展。有人肯定彼此竞争的地方政府运用合法强制力配置资源，促成了中国经济，特别是城市面貌令所有人大吃一惊的变化，因而构成了中国的核心竞争力。有人认为席卷美国和全球的金融危机进一步显示了市场的缺陷和失败，人类正进入一个也许可以由中国领头的、需要扩张政府调控和管制的新时代。我相信，所有这些观点都包含着一些真理的成分。不过，要是以科斯的框架和方法论来考量，我们可能还需要对各个方向上发生的真实成本有更多的了解，才能对中国体制的现状和未来，得出经得起更长远历史检验的判断。

为此，我们为科斯的中国影响力感到鼓舞，也希望科斯的中国影响力保持得更为长久。

过去十年是改革开放收获的十年[①]

一只身形庞大的大象很难藏身树后，过去十年，中国经济的快速发展让世界瞩目。

进入2000年以来，中国GDP（国内生产总值）在世界上的排名逐年超越意大利、法国、英国、德国等发达国家，2010年更是超越日本，跃居世界第二。

但中国还远没有自大自满的资格。

成就的取得，来源于改革开放，既有制度变迁、红利释放殆尽时，我们需要重新审视中国经济进一步的发展动力和源泉何在。

真正实现经济转型依然是我国中长期内面临的重要任务，各类财产权利的再界定、出口与内需的再平衡、城乡统筹的再推进、市场准入的再放开，以及让价格机制发挥更基础性的作用等，需要更大的魄力和决心。

在北京大学国家发展研究院教授周其仁看来，过去十年，是改革

① 本文为《21世纪经济报道》（文中简称《21世纪》）十年专访稿，发表于2010年12月。

开放的收获期，想要在未来有更大的收获，需要再埋下改革的种子。

出口导向的成就与代价

《21世纪》：回顾过去十年，中国经济取得了不小的成就，2000年时中国GDP排名全球第六，2010年我国GDP上升至全球第二，您如何看待这十年的发展？

周其仁：总的说来过去十年中国经济表现很好，老百姓生活、经济结构、国家力量都有大幅度的提升。饮水思源，这和中国确立并坚持改革开放的大政方针是分不开的。当然，任何成就，都不可能没有代价。回顾的时候，两方面都要看到。

加入WTO（世界贸易组织）是一个重大事件，代表中国积极地参与全球化的过程。对外开放带动内部的改革，整个国民经济受到结构生产力的巨大推动。其中最基本的，是巨量人力资源从原先收益很低的部门转向收益较高的部门。这种结构生产力的释放真的是革命性的。

中国凭什么加入全球化？我看到的就是凭三条。第一是原来很穷，就是人民的收入低，一旦开放，就是资源，特别是人力资源的成本非常低；第二是改革开放大幅度降低了原来经济体系的组织成本和体制成本，解放中国人的创造力和干劲；第三就是学习曲线在开放中显著上升，生产率大幅度提高。这三大变量形成了中国在全球竞争舞台上的综合成本优势。

我讲过几次，中国与发达国家原本是差距甚大的两个海平面，一旦打通，相互贸易、互相投资、信息与知识流动，会释放出各自巨大的比较优势。

现在还记得，开始要加入WTO的时候，不少人认为中国门户洞开一定对自己不利，什么狼来了、虎来了，什么产业全面垮台，将有几千万人失业。结果是有来也有往，“中国制造”把很多发达国家的制造替代了。结论是中国为加入 WTO 要做调整，发达国家要做更大的调整。整体看，中国积极参与全球化增加了中国普通人的机会，也大大增加了国家经济实力。这是这十年中的一个越来越明显的现象。

当然也不是任什么产品都由中国制造，让人家的工厂全关门。这不可能，也不应该。我们不买人家东西，人家拿什么买我们的产品？拿印制出来的美元来买，最后天下大乱。

《21 世纪》：随着中国要素价格上升，企业的利润越来越小，优势还有多少？

周其仁：平均看，发达国家的人工成本还是中国平均工资的十倍。这说明还有极大的余地，继续发挥中国经济的综合成本优势。今天很多中小出口企业的毛利的确很薄，但不仅仅是因为人工成本升得急，也包括管理、物流等其他成本降得还远不够快。多年靠劳动力便宜，一俊遮百丑，一旦人工成本上扬，挑战就来了。

《21 世纪》：中国市场已经成为全球企业的必争之地，但是我们发现中国企业，尤其是民营企业多数还是以做出口为主，这是为什么？

周其仁：首先是全球市场非常大，否则哪里可容这么巨量的“中国制造”？这点很明显。比较不那么明显的，是出口生意利用的是现成的全球商业网络，或者说是包括软件在内的商业文明——常常样品寄过去，报价合理就可以签约、生产、发货。就是说，做生意的麻烦少一些，交易费用低一点。

在国内，把生产出的商品分送到千千万万顾客那里，这个网络和国际上的相比还是有差距，交易费用很高，要么货到不付款，要么款到不交货，各方建立信任很不容易，要维系很多复杂的人事关系，还要昏天黑地地喝酒。远大集团的张总（副总裁张晓东）讲，他们6个业务员做国际订单，120个业务员做国内订单，两边做的单子总量是一样的。这说明了什么？

现在舆论上讲内需不足，只看到了一种强制性储蓄，就是收入低，没保障，要省下钱来看病、上学、养老，所以老百姓不敢花钱。这个问题有，要解决。但还存在另外一种强制性储蓄，就是国内市场好商品、好服务的可得性很低，品质不可靠，或者品质好一点的价格就贵得离谱。这也抑制内需。

《21世纪》：开拓国内市场的主体您觉得是否应该单纯由企业来做？

周其仁：这需要全社会共同努力，企业、商人、投资者的进取心和开辟商道的努力当然非常重要，政府的服务和公众参与也不可或缺。一个诚信、少骗人的商业环境对整个国民福利非常重要，反过来就会刺激生产。阿里巴巴有个很好的口号：让天下没有难做的生意！现在的要害，是让国内生意和国际生意一样好做。

《21世纪》：出口导向的高速增长，对国内经济平衡有什么影响？

周其仁：一般看法，谈贸易顺差就只往“国际影响”那个方向想，甚至仅仅争论对美国经济平衡的影响。可是既然叫国际贸易，其中一国又是中国，那包含着巨大顺差的对外关系，对中国自己也必定有重大的影响。

现象并不复杂：每年中国有大量的商品服务净出口，但是生产这些商品所获得的货币收入，却留在了国内。这笔在国内市场没有商品与之对应的货币，数目越来越大，其影响不能小视。统计数据是这样的：中国商品与服务的净出口，1990年为510亿人民币，占国民生产总值的 2.6%；1997 年为 3 550 亿，占 4.3%；2004 年为 10 223 亿，占 5.4%；2007 年为 23 381 亿，占 8.9%；2008 年全球金融危机已经波及中国，但这一年中国的净出口还有 24 135 亿，几乎占当年国民生产总值的 8%。

净出口就是中国商品与服务的总出口额减去总进口。如果问，这部分净出口的商品与劳务是在哪里生产的？答案是在中国国内。而且这部分净出口的商品与劳务也不是白白生产出来的，工人挣得了工资、老板挣得了投资与管理收益、政府抽到了税、银行收取了利息。所有这些收入都是人民币，都有购买力，但是对应的商品服务却出口了。

这当然对国内市场有影响了。因为这部分货币收入，是“剩”在国内的“纯购买力”，在国内市场上没有对应的商品和服务可以买。这么说吧，除非大家把这笔“余钱”存到枕头或炕洞里，或者像一位名家说过的那样，“一把火烧掉”，彻底退出流通，否则，国内市场里的货币与商品劳务之间，就永远不匹配。这解释了这些年来，为什么不是这里“热”，就是那里“热”。倘若政府干脆不管物价，听任没有商品对应的超额购买力全部冲向市场，物价总水平一年上冲 8%，应该没有什么好奇怪的。

物价上涨伤民之际，人言滔滔。政府不可能无为而治，总要以“看得见的手”干预调控。但是，超额货币购买力并没有消失，所以管来管去，最好的效果也不过扬汤止沸，或按下葫芦浮起瓢，但出口导向、大把顺差创造出来的过量货币购买力，还在源源不断地产生出来。货币是存量，发出去就不会死。反之，将如泛滥的江河之水，一直在寻找着新的决口。这是过去十年的成就要面对的一个代价，出路就是进一步改革人民币汇率形成机制。有什么关系呢？进来一美元究竟付出多少人民币，就是由汇率定的。人民币汇率增加弹性，进入中国的美元多，放进国内市场的人民币就可以少一点，对平衡国内经济也是非常重要的。

改革需为未来埋下发展的种子

《21世纪》：前30年中国经济增长接近年均10%，对高速增长形成依赖，如果经济增长低于8%就有人着急，未来中国经济是否能承受经济放缓？

周其仁：经济增长速度高，不是坏事。问题是为此要付出多大的代价？代价太大的事情，好也要限制。更重要的一点，为什么GDP增速低于8%，上下就很紧张？一般的思路，就是增长下滑影响就业，这是很普遍的顾虑。问题是，现在我国GDP增长一个百分点比过去的绝对量可大多了，为什么容纳、带动的就业绝对量反而没有过去那么多？

问题的根子还是发展方式。出口导向、制造导向、服务业上不来。再追下去就是城市化滞后，而工业占GDP的比例，大大高于城市化率。20世纪80年代我们发现国民经济的一个特点，就是“工业化超前、城市化滞后”。几十年过去了，有变化，但基本类型似乎没有大变。

《21世纪》：最关键的障碍是什么呢？

周其仁：城市化是经济自由的结果。在行政管制过多、过密的环境里，不可能产生与经济发展需要相称的城市化。纵向看、横向看，都是这个结果。中国改革开放最本质的内容就是重新界定权利，以此增加人们的经济自由。过去农村改革最成功的经验，就是把人民公社那种管头又管脚的体制，逐步改成资源的农户使用权、经营权以及转让权。权利清楚，自由增加，农产品的供应就有了根本改观。再把经济自由扩大到非农业领域，乡镇企业起来了，民营企业起来了，农民可以进城打工做生意了，整个中国经济的局面就活了。

顺着这条路径再往前走一步，就是赋予农民更充分的土地转让权和流动权，包括转成非农业用地的转让权。其实这就是城市化的基础，因为土地资源向着更高利用价值的方向集聚，是城市发展的一个必要条件。但是，迄今为止我国在这方面的主导体制还是国家征地制，非得由政府把农民的土地拿走，硬变成政府财产，再由政府拍卖出来，才有那么一个半半拉拉的二级市场。

不少人可是欣赏这一套。问题是，以行政权来配置土地和空间资源，服从的是行政体制的等级规则。你是县级，我也是县级，行政平级，征地就平权。但是，国民经济里各种要素的集聚与集中的程度差别非常大。你们总去过义乌吧？那么发达，真正万商云集，但也只是个县级，多要土地也没有。别的县级呢？即便没有什么人气和集聚机会，但征地权和指标却大体是一样的，因为这些都按行政体系分配。结果我们也看到不少地方，占了很多农田，也修了八车道的路，但没有多少车；修大音乐厅，里面没音乐；修气派的大广场，可惜也没有多少人气。

《21世纪》：成都和重庆的城乡统筹改革试点和当初的预想一样吗？

周其仁：城乡统筹有积极意义。刚才讲到，在改革了统购统销体制以后，城乡关系里最实质的就是国家征地制度。可是我们看不到这方面有突破性进展。原因在于，行政权力伸入了火爆的土地市场，征地权带来了史无前例的“市值”，从中产生了极其巨大的利益惯性。这是政府主导或行政权主导的城市化模式。改这套体系，可比当年改统购统销困难多了。为什么成都的城乡统筹改革值得肯定？我们看到的是，那里从“三个集中”入手，就是工业向集中发展区集中、农民向城镇和新型社区集中、土地向适度规模经营集中，初始目标是更集约地利用土地资源，适应城市化的要求。但成都越改越深入，发现不改革机制与手段，根本不可能真正优化空间资源的配置，更不能做到让农民分享城市化的好处。从2008年之后，成都就系统地提出了“还权赋能”，即把农民的土地权利，特别是合法转让权还给农民，并赋予农民的土地房屋等财产更全面的产权权能。至少城乡人民的财产权利要平等吧，同地同权。这就走出一条“确权是基础，流转是关键，配套是保障”的新路子。

《21世纪》：是不是可以理解为，我国还存在巨大的潜在制度性红利有待释放？

周其仁：行政权主导的城市化，城市空间过度扩大，包括那些够行政级别，但人气和资源集聚程度不够的地方，大量占农地。与此同时，在集聚和集中密度很高的地方，城市化却受制于土地和空间，被人为压制。另外，不少农村地区的农民进城打工，但挣到了钱还是回去盖房，盖出来的房常年空着，形成无数空心村。那里完全是另外一套准则，福利分配、占用无代价、让出无收益，结果就是大量农村建设用地占而不用。加到一起，城市和农村的建设用地两头过度扩张，一起挤压耕地，所以就需要“最严格的耕地保护”。

出路是根本改革行政权主导的城市化，根本改革以福利分配为基调的农村建设用地占用模式。这场改革触及到了城乡财产权利的重新界定，触及现行体制的深层矛盾。要是改革推进，最后释放的是以市场机制配置城市化土地和空间资源的巨大潜力，还派生出诸多城乡协调发展的成果。

就是说，唯有实质的改革才能给未来埋下发展的种子。对地方的改革实践，不能总是这个不行、那个也不行。应该点条道出来：究竟什么是可行的？当年的包产到户改革，是底层搞起来的，难免有粗糙之处，打磨打磨，逐步上升为省市的，甚至中央的政策，最后就走通了。

当年要开放，也是这个行业说开不得，那个行业也说开不得，反正谁都说不行，否则就天下大乱。龙永图讲过，WTO谈判最困难的谈判不是跟美国人谈，而是跟中国人谈。如果听任既得利益和观念支配，什么也不动，中国经济就不会有今天。

现在做什么可以给未来十年的持续发展奠基？历史经验很清楚，如果每个时期不在关键的地方认真改革，就难以给以后的发展布下“棋子”。

《21世纪》：你以前写过一篇文章探讨邓小平和科斯，放到中国来看，中国这个“超级国家公司”能向市场化前进多远、怎么走？

周其仁：在实践上，中国经济体制的改革绝不容易。传统的中央计划经济，其实是把一个内部严格执行计划和命令的公司扩展到整个国民经济，形成了一个由国家控制一切资源，靠行政命令来组织国民经济的“超级国家公司”。

怎样降低这个超级公司过高的运行成本，是中国改革的现实出发点。中国的经验是通过超级国家公司的权力下放，重新界定财产权利，而随着分立的，特别是私人的产权重新得到社会与国家的承认，中国逐渐形成了多种产权并存的新局面。

所谓市场化，就是把原来控制在政府手里的资源通过法律界定给民间，然后组织交易，政府当中间人，当裁判员而不是运动员。

《21世纪》：有些权力为什么很难下放？

周其仁：当然这是一个高难度的改革，因为用行政权去干预是政府本身固有的习惯，任何动作都会带来问题。

保守疗法认为维持目前的结构不动，可以减少麻烦。可能吧，但问题也都积攒在那里了。其实出点问题，暴露矛盾，加快法治建设，正有利于把游戏规则改过来，是一种积极平衡的态度。当然改革也会出问题，比如不少地方一讲集约利用土地，就强制农民上楼。这是老毛病，绝不允许在改革的旗号下复发。同时，我们也要仔细分清，是反对强拆，还是一概反对农民上楼？非强制的、以农民选择权为基础的上楼，可不可以呢？

我认为要分开两头讲，各地的农民上楼，凡强制的都是胡闹，根源就是行政权替代农民的财产权，还是过去那个国家超级公司过分集中权力模式的继续。要从确权出发，以确权为基础，根据经济的变动，来选择合适的生产生活方式、居住方式以及流动方式，并像成都近年实践的那样，探索全面重建农村基层治理结构，全面推行城乡公共服务的一体化。

《21世纪》：这么多年您关注很多领域的改革，医改、教改、央企改革，如何看待这些改革的成效？

周其仁：这几年的改革推进的难度越来越大。可能是被既得利益缠住了手脚，也许还有观念的束缚。不少领域的改革，像一句牢骚话说的，“只轰油门不挂挡”，声音大、不下手。大家看这两天媒体报道南方科技大学，努力十年，为天下学子创一个新的教育机会，但就是拿不到招生指标，最后学校只能自招、教起来再说。要不是个人岁数太大，我真想也去报考一个，支持支持那位校长。教改与工业改革一样，要靠“校本位”，然后各试各的，在比赛中互相影响、积极探索。否则一大篓螃蟹，谁也爬不出来。

《21世纪》：所以还是政府之手伸得太长了，管得太多？

周其仁：是该缩的地方缩得太慢，阻碍太多。改革跟投资一样，现在不把这个种子放进去，将来就没有果实可以收。经验很清楚，像下围棋一样，在关键地方布下几个“棋子”，过十年就有一大片。中国这十年收获的果实累累，是因为以前改革开放布下了一些发展的“棋子”。

《21世纪》：如果未来相当长的一段时间，中国经济增速放缓成为常态，要素成本上升，广义的通胀压力则会加剧增长的不稳定和不确定性，企业如何面对这些挑战？

周其仁：只要大的环境对，不用过于担心哪个企业不行。因为学习曲线摆在那里，中国人不笨，在约束下，总能冒出优秀的公司来。

为什么对企业有信心，因为是民营企业，谁都可以进入，不行就出局，谁也打不了谁的包票。市场里企业经营失败，公司破产，但组成公司的生产要素可不会“死”，无非是从这个公司里解放出来，进入其他公司，形成新的生产力。

要担心的是环境出大问题，系统性歪曲，误导企业家努力的方向。

《21世纪》：如何概括过去十年中国经济发展的这一阶段？

周其仁：过去十年中国经济取得了不起的成就，是改革开放的伟大收获期。

《21世纪》：你觉得未来十年还能延续收获期吗？

周其仁：那就要进一步改革。中国经济是有不少红利，不过真正的红利还是改革红利、开放红利。过去的经验告诉我们，唯有进一步改革，在重大的结构性问题上做实质投入，才能为未来的延续发展奠定基础。

第二部分

重新界定产权之路

重新界定产权之路①

对中国和世界都发生了重大影响的改革开放，不是突然从天上掉下来的。中国的改革开放事实上酝酿了很长时间。我自己比较关注两个事件，因为这两个事件为后来的改革开放提供了经验准备。

第一个是非常不幸的事件，就是1959—1961年间中国发生的饥荒，使较大规模人口非正常死亡。其中最早报告到北京的是河南信阳事件，这个地区当时人口850万，根据时任行署专员的回忆录，非正常死亡人口当在百万以上。这是一个极其严重的事件，引起国务院和中央的强烈反应。有记录说，就在决策层讨论信阳事件处理的会上，周恩来总理受中央委托紧急起草了《中共中央关于农村人民公社当前政策问题的紧急指示信》（简称“十二条”），其中有一条第一次明确提出要允许农民保留少量自留地和家庭副业。这是我们可以看到的，在“一大二公”的人民公社制度里，给农民私人权利划下的第一道线。当时没有讲新政策执行的时间有多长，也没有讲这是什么性质的权利安排，因为根本来不及。差不多同时，大饥荒还逼出了波及全国

① 本文刊于2008年1月21日的《经济观察报》。

多个省区的包产到户。回头看，60 年代初的自留地和包产到户，为十几年后的农村改革积累了经验。

第二个事件发生在 1962 年，在广东省宝安县，也就是现在的深圳。那一年，由于各种传言，说香港要开放关口，当然也由于内地的经济困难，就在宝安这个地方，曾经有 10 万人意图偷渡逃港，他们来自全国 12 个省区、广东 62 个市县。这成为当年很大的一个事件，也由周恩来总理亲自处理。据现在看到的资料，当时约 6 万人逃了过去，其中大部分被港英当局遣返回来，加上没有出去的人，当地政府做了安顿和疏散，并严格限定了出境制度。也在那个背景下，当地还提出过“利用香港、建设宝安”的政策，以边境的贸易活动来活跃市场，改善民生。现在回头看，这个事件埋下了未来开放的契机。

这两个事件对后来的历史都有深刻的影响。但是，仅有局部地区对灾难性事件的自发反应，不足以直接酿出中国的改革开放。因为逼出来的行之有效的政策，等形势好一点，还是可能被改回去。这就是过去讲的：吃饱了饭，又要瞎折腾。事实上，从 60 年代初到 70 年代中，我国经济政策还是日子好过了就继续向“左”，比如靠政治运动促生产，“穷过渡”“割资本主义尾巴”等，对外开放更谈不到。

真正的中国改革开放元年还是 1978 年。因为这一年发生了思想解放运动，召开了党的十一届三中全会。最根本的，是整个执政党看待体制、制度和政策的思想方法改变了。邓小平当时说：“一个党，一个国家，一个民族，如果一切从本本出发，思想僵化，迷信盛行，那就不能前进，它的生机就停止了，就要亡党亡国。”这个思想路线就是改革开放的思想路线，因为达到这个层面，人们才会去想，中国选社会主义也好，选公有制也好，选计划经济也好，讲到底，最终都是为了满足人民日益增长的经济和文化的要求，为解放和发展生产力。从这个出发点看问题，前人写下的本本，苏联实行过的制度，一定要接受我们自己实践的检验。选错了的就要改过来，不合适的就要调试。任何体制安排，不管出发点多么正确，逻辑多么有力量，做的效果不好就必须改。回头看，这是中国改革开放得以进行的最重要的政治思想条件。没有思想解放，以后的一切都谈不到。

所以，恰恰在 1978 年以后，刚才讲到的那两个历史事件才有了完全不同的结果。从农村看，包产到户在几年时间内席卷全国，一步一步得到合法化承认。其实，根据杜老的回忆，邓小平早在 1960 年就讲过，包产到户能多打粮，不合法，就让它合法起来。但 1960 年就没有这个政治条件，非要到了 1978 年后才行，虽然农民和许多基层干部对于用什么办法可以多打粮、少挨饿，早就是明白的。包产到户被合法承认了，就意味着从传统的全盘公有化体制里，清楚划出一条农户私人权利的界线。这样，经由一个承包合约，中国正式开始重建私人产权。这是所有社会主义"本本"上从来没有讲过的事情。中国的改革，就是这么起步的。

开放也是逼出来的。历史说,1977 年宝安又一次发生了"大逃港"事件。当时广东的主政者习仲勋去调查，知道很多逃港农民跑过去两年就寄钱回来盖房子。为什么到香港有这么高的收入？答案就是扩大经济自由：农民不但务农，也可以打工，并开放市场，活跃生意。那时深圳靠香港边境有一个罗芳村，对面也有一个罗芳村，原来都是这边罗芳村跑过去的人建起来的，只是对面村民人均年收入比这边高出 100 倍！这样就逼出一个想法：能不能把门打开，划出一块地方，让香港企业开到境内来，这边的农民不逃港也可以打工？广东第一线提出这个构想，汇报到北京，邓小平赞成，至于用什么名字，邓小平说，就叫特区，因为陕甘宁边区就是特区。

回头看，包产到户、分配自留地、允许农民小自由、逃港事件、"利用香港、发展内地"等，历史上都多次发生。但是，只要政治思想路线不对头，那些来自第一线的探索，顶多就是一个权宜之计，既不可能持久，更不可能推广。所以，中国的改革开放是逼出来的，到“解放思想、实事求是”思想路线的提出，才成为更主动、更系统的变革过程，成为“多方面改变同生产力发展不适应的生产关系和上层建筑，改变一切不相适应的管理方式、活动方式和思想方式，因而是一场广泛、深刻的革命”(《中共十一届三中全会公报》)。

世界上还真有人以为，中国的改革开放是什么“华盛顿共识”指导出来的结果。我认为那是对历史的无知，因为那个时候中国人的绝大多数人并不注意华盛顿在干什么，也不知道那些人究竟说了些啥。中国人最关心的问题，就是怎样把饭吃饱搞建设，怎样把过去被死教条捆住的手脚解放出来。还有人要编“北京共识”和人家打擂台。我也看不出有什么必要，因为北京共识早在1978年就有了，那就是改革开放。

农村改革和特区开放，两端发力把整个神州大地卷进了改革开放的大潮。我不过是取一个角度来观察经济体制大变革的一条线索。过去全盘公有化的计划体制是一套权利的界定，因为不适合生产力发展的要求，就在改革开放中重新界定。概略地说，我国产权制度变迁是分为四个层面展开的。

第一个层面，是原本全盘归国家和集体所有的公有制，除了抽象的“全民”或“集体”为其所有者，所有具体的、有实际行为能力的个人，在里面到底是一个什么样的权利地位？到底公有制里面可不可以再划分出一些权利界线来？改革开放找到了一个方法，就是公有制可以通过承包合约再把行为的权利——包括责任和义务——重新界定到个人头上。农业承包，工商业承包，做的就是这个层面的权利界定工作。

第二个层面，是通过承包划出的私人使用权，又发生转让。就是说，从使用权演变为转让权。这当然引发了更复杂的问题，比如可转让的范围、转让价怎样形成等。其实，全盘计划转向市场经济，真正的基础就是转让权。什么叫市场经济呢？一般讲就是价格机制在资源配置中起决定作用。什么是价格机制？无非就是有人喊价，有人还价，而喊价还价都首先是一个权利，如果没有喊价权和还价权，教科书上写的“市场价格”又从何而来？于是，中国产权改革的第二个层面就启动了市场经济，从使用权入手，进到转让权、定价权、喊价权和还价权，资源配置就再也无从靠苏联教科书那一套范畴运转了。

第三个层面，改革开放重新承认了生产资料的私人所有权。比如可以自由找工作，就是承认所有劳动者身上拥有的劳动能力，是他本人可控制、可拥有、可支配的。企业家才能更是一种生产性资源，个人可以合法拥有，可以和其他要素结合起来创业，办民营企业。这一条对中国生产力的解放起到了巨大的作用。各个方面都有人成为优秀的企业家。如果没有这层权利界定，当年的陈志雄就不能去养鱼，年广久就不能搞“傻子瓜子”。这在当时都引发了大争论，要邓小平、胡耀邦直接干预才没有一棍子打下去。回头看，如果没有这个权利保障，怎么会有后面的局面？怎么会有这么多中国产品生产出来，销售到全球市场上去？谁想得到，柳传志领导的联想从计算所传达室打到纽约？马化腾这么个年轻后生就“抓”得住几亿中国QQ客户？马云立志为中小企业服务就真的心想事成？内蒙古大草原呢，有一个伊利不算，又生出一个蒙牛？

第四个层面，就是无论承包来的、转让来的，或者重新确立的私人产权，都可以在自愿互利的前提下放到一个合约里面来，形成“以私产为基础的公产”。过去的公有制非排斥私产不可，但股份制经济可以私产为基础，通过一个合约形成“公司”，也就是以私产为基础的公产，来容纳相当一部分生产力。这是第四个层面，也是积聚新生产力的权利安排。没有这个层次，资本市场从何谈起？至于到境外资本市场上市的公司，更要和全球范围的私产结合，学习、练习被叫作“公司治理结构”的那一套利益结合、制衡、共用的文明。

事实上，这四个层面的产权改革，到今天还有大量未解决好的问题，还在引发不同意见。不过从大势看，这条路开始走出来了。绝大多数人愿意继续探索，并让国家、市场、法律、道德、舆论和公民意见的直接表达，一起发挥更好的合力作用，不断完善改革和权利重新界定的过程。特别重要的是，正如科斯所言，“清楚界定的产权是市场交易的前提”，中国的产权重新界定奠定了市场经济的基础，也奠定了刺激经济高速增长的基础。

应该准确地说，今天中国经济的主要特征并不仅仅是高速增长，而是开放下的高速增长。开放下的中国产品，没有一定的国际竞争力是进不到别人国家里的，这与封闭经济自我循环的“高增长”不可同日而语。但是对中国今天的国际竞争力，人们有不同的解读。比如国际上有种流行的意见说，中国就是劳动力太便宜，才有国际竞争力。国内不少人也相信这个解释。对此我有不同意见。我的问题是，改革开放前中国的劳动力难道不是更便宜，为什么那时中国产品远没有今天的国际竞争力？从道理上看，劳动力便宜是要素，有竞争力，但要素不会自动变成产品。把要素变成产品，要经过组织和制度，过去中国由于体制不对头，要素固然便宜，但组织和制度的成本极其高昂，结果就是产品并没有多少国际竞争力。

中国高速增长或者开放下的高度增长，真正的秘诀是什么？就是大幅度通过改革开放降低制度和组织的成本。这就使得廉价劳动力开始发挥作用，中国的农民、工人、技术员、企业家、地方和整个国家才能发力，才经由学习曲线的提升，把产品越做越多，越做越好，才在世界上占有可观的一席之地。这就是重新界定产权，经过制度成本的显著下降，对经济活动的绩效带来的影响。

当然，中国改革开放有渐进的特点，就是哪个领域里的问题严重，或者比较容易启动改革，就先动一动，过不下去了就先改一改。这带来一个结果，就是权利界定不是全面并进，而是不整齐的、不均衡的，远远没有达到普遍的权利厘定和保障。这样，就不可避免地带来矛盾和冲突，特别是不同权利之间怎样取得平衡，成为改革的一个难点。从目标来说，产权设置必须是普遍的，绝不能保护了这一方，侵犯了其他方。经济自由也是有边界的，那就是不能侵犯他人的自由，否则不可能有持久的秩序，也不会为社会所接受。但是渐进改革的实际情况，却是有的走得快，有的走得慢。一些领域的改革，甚至停滞很长时间。

现在大量的实际问题，包含环境污染、农地征用、矿产开采权、旧城改造、山林经营权的确定，以及行政垄断行业进一步的市场开放、政府本身的体制改革等难题，讲到底难都难在权利怎样进一步清楚界定。这些问题要具体研究涉及很多细节，不是今天的题目。但它们的共同困难，是产权界定从来就不是完全靠民间自发活动就可以解决的。产权界定是稀缺资源的排他性制度安排，没有拥有合法强制力的国家的介入，不可能划清楚，更不可能得到有效执行。这里面有一个悖论性的难题：要求合法强制力提供产权界定的公共服务，但社会怎样约束、监督合法强制力不被滥用、私用，从而使产权界定过程变歪，远离普遍的、原则面前人人平等的权利承认和保障体系呢？

中国的经验教训说，这个难题没有简单的解。邓小平以来的许多领导人多次讲过，没有政治体制改革，经济体制改革就无从推进。问题是，能够与我国经济体制改革匹配的政治体制改革，又谈何容易？从学术上看，这个问题超出了经济学的范畴，但我所知的优秀经济学家，同样也关心这个问题，例如杨小凯临去世之前写的那些文章、笔记，中心关注点就是这个问题。我自己在国内做调查也碰到这个问题，比其他问题有更大的难度。当然总思路也可以说有了，那就是法治（the rule of law），即不是说一些人拿上一些法条去统治别人，而是所有的人、任何人，都要服从同样的准则，即法律面前人人平等——用同样的准则约束所有人的行为。我相信这也是摆在未来的一个重大任务。中国要自立于世界，没有强大的国家不行。但强大的国家力量，怎么保证在公共服务的轨道里运行，限制权力即合法强制力不被滥用，是一个我们的历史传统尚没有很好回答的问题。在这种情况下，权力势必参与整个资源的权利重新界定过程，越来越成为继续推进改革的难点和要点。

现在的麻烦是，中国早已远离了饥荒，遭遇的国际竞争的压力也比过去为小，因为中国经济的表现至今在国际上相当抢眼。在这种情况下，进一步改革的动力何在，是一个很实际的问题。我们认定，继续改革的未来收益很大，因为从局部的渐进的权利界定，成长为普遍的权利界定，一定会进一步扩大不侵犯他人的经济自由，从而走向一个普遍约束权利、普遍保障自由的现代国家。问题是，进一步改革的难度也远比过去为大。如何汇集新的动力，推进中国在30年改革开放后继续坚持改革开放，是未来要面对的问题，尤其是年轻朋友们要面对的问题。

一部未完成的产权改革史①

从完达山到北京

《经济观察报》：你早年在黑龙江下乡十年，对于底层社会有切身

---

① 本文是作者与《经济观察报》记者马国川的对话，刊于2009年1月19日。

的了解，这对你后来的经济学研究有什么影响？

周其仁：我是 1968 年从上海到黑龙江上山下乡的。那时黑龙江的国营农场由军队管理，叫生产建设兵团。去了先在农业连队劳动，后来被分到完达山里狩猎八年，到 1978 年邓小平决定恢复高考才考到了北京。十年下乡，使我有机会对中国农村的真实状况有了直接的观察和体验。如果说这对我后来研究经济有什么影响，我想最主要的就是脑子里有很多挥之不去的问题。

在完达山狩猎的年月，深山老林里就我和师父两人，差不多样样自给自足。我们住的茅舍是自己盖的，吃的食物不是从山上打来的，就是小菜园子里种出来的。我的师父可能干了，懂得各种野生动物的活动规律，在野外就是倾盆大雨之下也有本事生出一堆火来，他甚至还能自制洗衣用的“肥皂”和猎枪子弹！可师父的生活实在很穷，每件衣服都是补丁，至于山里人民公社的农民家庭，那就更是一贫如洗。比起我远在上海的父母，师父和农民们的本领显然更为高强——我的父母只懂一点专业，从来不会自制肥皂——可若论收入水平来，样样都会干的师父比只懂一点点的父母要穷多了。这到底是为什么？当时的说法是因为城乡差别。可是，为什么城乡之间有如此大的差别，我得不到现成的答案。

《经济观察报》：你在上山下乡期间读了些什么书？这些书对你的疑问是否有所帮助？

周其仁：记得到乡下后不久，父亲就开始不断从上海给我邮寄书刊。那时还是“文革”时代，就是新中国的出版物，绝大多数也是非法的，市面上的书少得可怜，可读的就更少了。没办法，家父就把一部郭大力、王亚南翻译的《资本论》寄到了完达山。那本书很旧了，纸发黄，还是竖排本。翻译用的中文，与时下流行的中文又有很多不同。论经验基础，这本巨著讨论的是西方工业化发达的经济，开门见山第一句话就讲到“惊人庞大的商品堆积”——可在我生活的那个地方，方圆几十里全是寂静的山林，离我最近的一家小杂货店也要在40公里以外，且里面的商品少得可怜。我不过是一个初中毕业生，应该读不了《资本论》的。可是很奇怪，我还是把这部书读了下来。我想马克思本人不会想到，他的著作会在100多年后被一个远离现代工业文明、在深山打猎的中国青年阅读，并为这个年轻人开启了接触西方思想文化的一丝门缝，带来了一个不同的参照系，使这个中国青年开始蒙眬地打量自己所处的时代与社会。

我还读了斯密的《国富论》，那也是郭大力和王亚南翻译的。记得是1973年，家父从上海买到后邮寄到我那个没有电灯的山中窝棚。翻开来，卷首是批判性说明，可以不加理会。也许是古典政治经济学的开山之作，马克思主义的三个来源之一，当局再“左”也不好意思禁止吧？读下去，我被这本书吸引，慢慢就知道，“分工水平”才是理解经济现象包括富裕程度差别的一个关键。

《经济观察报》：下乡十年，当地的农村有什么变化吗？

周其仁：总有一些吧。不过很多所谓的“变化”，就是“张书记开沟李书记埋”，来回折腾的那一套，很热闹，更辛苦，可是财富并没有增加多少。知青下乡最大的贡献，我看还是改善了当地教育。因为相对来说，城市下乡知青的文化程度总还是高一点，知青当了农村中小学的老师，培养教育了当地孩子，后来出了不少人才，带头走向外面的世界，这是知青带给当地最大的变化吧。

《经济观察报》：在清朝，东北地区是流放犯人的地方。后人写的《东北流人史》说，流人对当地的最大贡献就是提高了当地的文化水平。

周其仁：知青又何尝不是“流人”？在知青之外，还有其他历次运动中的“戴罪之人”，对提升当地人的知识文化水平帮助也很大。1977年我准备参加高考的时候，因为自己没上过高中，要自学补习。很幸运，那时我已经到了农场场部工作，遇到一个下放的右派，是水利工程师，他利用晚上教我高中数学，至今我还记得他是怎么给我讲log函数的情形。

《经济观察报》：1977年邓小平决定恢复高考，第二年你考入大学，算是脱离了底层社会的生活。

周其仁：遥想1978年早春时节，我站在北大荒农场的一只高音喇叭下面，一边听着恢复高考的消息，一边盘算着如何填写志愿。本来不用任何犹豫，心目中最好的学校就是北大，而我对于只凭考试成绩、不论其他的竞争是向来不怕的。无奈1977年黑龙江省的“土政策”规定，除了1966年的老高三学生，其他凡超过25岁的一律不得报考。那一年我已经28岁了，北京大学要不要我这样岁数大的学生呢？远在千里之外，我觉得毫无把握。思虑再三，只好放弃填写北大，最后按第一志愿被中国人民大学经济系录取。

《经济观察报》：那时大学的气氛很活跃。

周其仁：1978年10月后的北京，是中国伟大变革的旋涡中心。大学的气氛非常活跃，许多同学都有过丰富的社会阅历，大家刻苦读书，又不拘泥于书本知识。我常到其他学校去旁听课程和讲座，结识了不少校外朋友。在一个聚会上，我们听到了安徽农村包产到户的消息。那是亲到现场调查的人带回的第一手报告：大旱天气增加的饥荒威胁，逼得农民悄悄把集体土地分到了户；结果，粮食大幅增产，但“包产到户”却不合法，所以农民只好秘密进行。这个故事让我们兴奋，原来农村也存在迅速改变的路径！令人困惑的是：为什么被实践证明可以促进生产、解决农民温饱的生产方式，却得不到“上层建筑”的合法承认呢？

当时，北京城里争论激烈。反对者责问包产到户的“方向”，支持者辩说包产到户大幅度提高了产量。我和《未定稿》的编辑王小强合作，写了一篇文章论证包产到户。该文起于一股不平之气：为什么增加产量的就一定违背“方向”了呢？文章写出来后，没有地方可以发表。当时中国社会科学院农业经济研究所副所长王耕今先生把我们的文章推荐给1980年全国农业经济学会年会。记得会上一位什么权威专门找到北京农科院院长的秘书赵晓冬，质问这两个人是不是共产党员，赵答：不是。该权威说，你总是共产党员吧，可不能理这两个家伙！

《经济观察报》：真是够刺激的。

周其仁：也许是下乡十年的经历，对农村的实际生活有直接的观察与体验，所以那些教条化的理论，一概不能吸引我们的兴趣。当时，类似我这种情况的老三届学生不少。气味相投的，就聚到一起读喜欢读的书，讨论喜欢讨论的问题。后来，我们自发组织了一个业余读书小组，大家关心学问，也关心时事，聚在一起度过了许多难忘的时光。

很巧，当时人大经济系的资料室有位老师叫白若冰，没有上过大学，但对理论问题有浓厚的兴趣，也参加了我们同学的读书活动。白若冰的父亲跟杜润生是战友，他去看杜润生的时候转述了我们读书会上争来吵去的一些话题。杜老当时官居国家农委常务副主任，竟然也对我们的议论有兴趣，把我们这些“毛孩子”约去交谈，听我们那些意气风发而又难免书生气的见解。1981年的早春，以部分北京在校大学生为主成立的中国农村发展问题研究组，立志研究中国农村改革和发展面临的重大问题。由于全部有过上山下乡的经历，其中有几位本人就是农民出身，大家志同道合、心甘情愿地重新走进农村和农民的生活。发展组得到了当时中共中央书记处两个研究机构的领导人邓力群和杜润生的支持。杜老在会上说："农民不富，中国不会富；农民受苦，中国就受苦；农业还是落后的自然经济，中国就不会有现代化"——他是为了这么一桩伟大事业后继有人，才支持我们青年人自发汇聚起来的。杜老还要大家记住他的话："开头不易，坚持难，坚持到底更难。"这是多少年后我们都忘不了的。

走上农村调查之路

《经济观察报》：发展组成立的时候，农村正涌动着改革大潮。

周其仁：发展组成立后不久，国家农委开具介绍信，还给了一点调查经费，我们就利用暑假到安徽滁县地区做农村调查。这个地方是1977年后全国又一轮包产到户的发源地之一。我们跑遍了定远、凤阳、嘉山等地的农村，详细调查包产到户的起因、做法、效果和面临的新问题。当地干部和农民向我们介绍这一改革的艰难历程，回顾历史上自发的包产到户怎样成为他们的"救命田"，要求包产到户长期化、合法化。现实告诉我们，一场深入的农村改革势不可当。调查结束，发展组撰写的研究报告，得到一位国家领导人的赞赏。他批了一大段话，说这个报告对包产到户后的农村问题讲得一清二楚。后来还听到传达，他在中央会议上专门谈到，中央的经济决策必须以系统的调查研究为基础，要求各中央国家机关从有过下乡经历又考入大学的年轻人中，抽选一大批来做调查工作。因为这个讲话，1982年的夏秋之际，发展组就成建制进入中国社会科学院农业经济研究所——我们尚未正式毕业就已经被"分配"了。

《经济观察报》：也就是说，你们就成了中国社会科学院的研究人员。

周其仁：是的，正式毕业后，我们进入了中国社会科学院农业经济研究所。从此，农村改革发展的调查研究就成为我们的工作。发展组在建制上是农经所的一个研究室，但研究调查工作由杜老的中央书记处农村政策研究室直接领导。1985年，发展组的部分成员组建了中国经济体制改革研究所，隶属国家体改委，留下的研究骨干继续研究农村问题，到1986年正式组建了发展研究所，直属中央书记处农村政策研究室和国务院农村发展研究中心。这两个机构是一套人马，主任都是杜润生。所以，我们从大学毕业前开始，就一直在杜润生指导下工作。杜老拥有深厚的农村、农民和多方面的科学知识，一辈子注重调查研究，对新情况、新问题永远抱有强烈的求知欲望，他思想开放、待人宽厚，尤其对年轻后生，从来都是循循善诱。正是这些合金般的品格组合，使杜老拥有无与伦比的感召力和协调力。他从不在乎年轻年老，不在乎级别高低，不在乎身份来历，只要有好的观察、独到的想法，他就愿意听、愿意与你讨论。正是杜老的坚持，一批年轻人才被吸收到中央农村政策的制定过程中来。

《经济观察报》：那也是你们离政治最近的一段时光。

周其仁：我是一个非党人士，不懂政治，很喜欢舒尔茨的一句格言，“关心时势，不热衷于政治”。不过机缘巧合，在杜老领导下我参加了80年代5个中央“1号文件”起草的全过程。有一年文件稿出来以后，通过了相关程序，杜老精心修订文字，最后指派我和另外一位年轻人到国务院印刷厂做最后的校订。平时很调皮的我们，也知道责任重大，工作很仔细。等到文件付印，我突然想到，这份党内文件印出来后我应该是不可以过目的！真的感谢那个时代，农民、基层和地方的改革创新源源不断，而执政党决策层由实事求是的思想路线主导，主政者思想开放、求知若渴，力求在可靠的经验基础上决定经济政策。我们这些年轻人生逢其时，在村庄田野和中南海之间来来回回，调查、访问、整理、汇报，不经意之间就走进了一个书本上没有的学问天地。

《经济观察报》：从农发组到发展所，都同中国政策的决策系统有千丝万缕的联系，调研报告可以直接送到中央领导人的办公桌上。为什么当时的一些决策者这么看重一个主要由年轻人组成的研究机构呢？

周其仁：我理解首先是因为分权改革的需要。大家知道，在改革开放以前，中国是一个高度中央集权的体制。毛泽东去世以后，这种模式难以为继，开始了分权化改革的新历程。分权化改革要求决策者的眼睛向下，了解分散于各地实践的真实信息。但是，分权改革也使掌握真实情况变得越来越困难。80 年代中期后的北京和各个省城，形势讨论会层出不穷，就是因为改革推进之后，怎样准确估量形势变化成为正确决策的关键。在那个背景下，需要从不同的角度提供信息和判断。从这个意义上也许可以说，分权改革开发出了一个决策信息的“市场”，发展组 / 发展所的年轻人生逢其时，提供了一点农村社会的真实情况，也提供了一点自己的分析和判断，创出了一小块招牌。

《经济观察报》：所以在 80 年代，发展组 / 发展所很有知名度，而且颇有些神秘色彩。

周其仁：知名度不是炒出来的。一方面，这个研究团体在农村调查这一件事上坚持了近十年，另一方面也主要是借光于那个伟大的改革年代。因为 80 年代中国农村的改革有声有色，才使发展组 / 发展所的文章越做越气派。另外，我刚才也讲到，分权化改革战略本身要求有一个独特的信息和分析的市场。可能是刚刚开始的缘故，决策研究还不是那么普遍，所以就有点你说的“神秘色彩”吧。

中国走出一条新路

《经济观察报》：从大学期间你就开始参加农村改革调查，前后持续了近十年。通过农村改革调查，你对中国农村的改革有哪些认识？

周其仁：那时的农村调查，是直接为中央制定农村政策服务的，所以除了农民和基层组织的经济行为，国家行为也进入了我们的研究视野。观察和参与带给我的最基本的概念是，农村包产到户改革是自下而上搞起来的。早在上层采取任何政策行动之前，分户承包集体土地的改革早就在农村底层开始出现了。我们现在知道最早的包产到户，发生在1956年下半年的浙江永嘉县，当时也得到了县委领导的支持。但是，高层不能接受，结果是县委书记李云河被革职，遣返老家务农长达21年之久。1959—1961年，包产到户出现在“大饥荒”最严重的所有省份，其中仅安徽一地就蔓延到了全省40%的生产队，安徽农民把责任田称为“救命田”。所以，包产到户是被逼出来的。搞来搞去种田的农民连饭也吃不饱，那还不要改革？前几天原来农口的老人纪念改革30年，曾在广东省负责农村工作的杜瑞芝，人称“小杜主任”，讲了一句很好的话，“农村改革的第一动力是农民的肚子”——饿得不行被逼着要改革。

《经济观察报》：既然农村改革在1978年以前已经数度出现，为什么我们说改革是从1978年开始的呢？

周其仁：农民自发的改革要有合法承认。因为包产到户在本质上是一个合约，农民和生产队约定，农民负有什么样的义务，集体给农民什么样的权利，农民及其集体又对国家有什么权利和义务。这个过程就是重新界定权利，即重新确定了一套行为的规范，各方可以做什么、不能做什么。既然是合约，就有一个时效性问题，大家关心承包合约能不能长久，如果自发的改革得不到合法化的承认，那只不过是一种权宜之计，动不动又变了，农民就不会有长期稳定的预期。

《经济观察报》：但是，在中共中央十一届三中全会通过的农业文件中，仍然明令禁止实行包产到户啊。

周其仁：是的，那个文件里还有“不准包产到户”的字样，但执政党的指导思想路线，在十一届三中全会中已经有了根本的变化，开始纠正错误的思想路线，重新强调实事求是。在这条思想路线下，人们可以想，过去的公有制和计划经济模式，讲到底都是满足人民日益增长的需求的手段，绝不能倒过来，为手段而手段。前人写在本本上的东西、苏联做过的事情，不能变成教条。被实践证明是选错了的，要改过来。任何体制和政策，不管讲起来多么头头是道，效果不好就要调整和改变。这是中国改革开放最重要的思想基础。

从农村看，包产到户在几年内席卷了全国，一步一步得到了合法承认。其实，邓小平早在1962年就讲过，包产到户能多打粮，现在不合法，就让它合法起来。但1962年还没有这个政治条件，非要到了1978年后才行。回头看，这个合法承认过程也很有讲究。先是自发试验、由地方肯定，比如万里在安徽肯定包产到户，周惠在内蒙古肯定两定一奖制等。至于那些不愿意承认包产到户的地方，中央也不强制，由他们去比较。等到很多地方都承认了包产到户以后，中央才开始承认。中央的承认开始也是一种局部承认，说哪些地区在哪些条件下才可以包产到户。等到大多数地方的农民都选择家庭联产承包，中央文件才给予全面的承认。后来，更把政策承认升格为立法行动，全国人大通过了《农地承包法》。

《经济观察报》：你的意思是，包产到户开始是农民的选择，得到地方和中央的事后承认？

周其仁：正是。记得有一次向万里同志汇报，万里就讲我们就是奉行“事后承认主义”。农民和地方做得对的，就用国家的权威性给予合法性认定。包产到户从一年不变延长成三年不变，后来是十年不变、三十年不变，最后说长期不变就是永远不变。这个过程创造了产权改革的一个全新的经验。因为全盘公有制以后，究竟怎样重新界定农民私人的权利，是一个全人类都没有经历过的难题。

《经济观察报》：没有经验可以借鉴，只能摸着石头过河。

周其仁：中国找到了这么一个办法。土地还是属于集体所有的，但把土地的使用权、种植权、收益权，最后连转让权都一起承包给了农民。这就走出一条路，在法理和意识形态严格禁止私人合法拥有生产资料的环境里，经由一个承包合约，重新界定出农户对土地的权利。科斯在1959年说，清楚界定的权利才是市场交易的关键前提。这听起来不难理解：要是一个东西不是你的，你怎么能拿出去卖呢？但是我想对科斯说，中国的经验表明，合约的过程同时就是界定权利的过程，两个过程是一回事。否则，“清楚的权利界定”是从哪里来的？就是说，农民和基层自发的产权界定，加上地方和中央给予的合法化承认，共同成就了产权的重新界定。这个经验非常有意义，我甚至认为对整个人类都有意义，因为将来再走错路也不怕。担保不了哪天又有人要胡闹，再误入“一大二公”的死胡同，那至少还有一个办法可以走出来，预备下了一服可用的解药。

《经济观察报》：你多年来的研究重心就是公有制产权的改革与变迁，你是什么时候开始接触产权理论的？

周其仁：经济学家喜欢说，没有选择，就没有经济问题。可是，当我开始对经济产生兴趣的时候，可观察到的经济制度似乎没有任何自由选择可言。在中央计划公有制的体制下，生产和投资由政府指令控制，人们不能自由择业，生产要素不能自主流动和重组；至于生产组织形式的选择，更事关“方向和道路”，普通人不得问津。在那套体制下，有什么选择可言呢？

但是，在黑龙江下乡时，我观察到的却是，在看似不容自由选择的体制之下，人们还是在顽强地进行选择。那个现象，就是同一个农民在公家地与在自留地里的劳作态度判若两人——那可是同样的天气、同样的土地和同样的劳动力——劳动者在选择努力的投放程度。这是我学到的经济行为的第一课。当时我还没有可能问：在一切资产都归公的制度下，本来是由“公家”决定生产什么、生产多少和怎样生产，可是，为什么私人仍然在事实上决定着向公有生产体系提供多少劳动、努力和辛苦？那些不合法的、看似微不足道的“个人权利”，究竟是怎样在法律上一切归公的经济里扎根的呢？

问题还没有清楚地提出来，公有制经济就开始了改革。农村的包产到户之后，城市国有企业出现了松绑、自主权扩大、承包以及改制，私人企业开始以“个体户”的名目重新出现，“外资”则在沿海地带登堂入室。几十年前被国家权力消灭了的私人产权，重新出现并生气勃勃地成长。为此，中国数度修订了《宪法》，以便与新的产权结构相适应。这不能不引起我的思考：在清一色的全盘公有制的内部，怎么就产生出改革公有体制的力量来？

《经济观察报》：那么，私产权利究竟是怎样从国家维护的公产制

里产生出来的?

周其仁:计划公有制从法权上铲除了私产,主流意识形态几十年一贯地坚持“斗私”。可是,恰恰就在这样硬的约束条件下,产权改革还是在中国发生了,私产还是得以重建。这到底是怎么发生的?要认知这一点,思想和学术的开放有重要意义。1979 年,我在旁听北京大学厉以宁教授组织的外国经济学说讲座时,第一次知道舒尔茨传统农业转变的理论,并以自己下乡的经验加以衡量与验证。后来,大约是 1986 年,我从当时四通公司发展部的朋友那里得到了他们私自影印的张五常的两本小书,通过他的中文转述,知道了科斯、阿尔钦等现代产权经济学家提出的问题与基本概念。根据我对这门理论的理解,产权并不像许多赞成或反对产权理论的人自以为的那样,是从人性为私的假设里自动推导出来的。产权是在竞争环境里对谋取自我利益的个人实施的一套制度性约束,而不同的产权约束对一个经济的整体交易费用水平有重要的影响。

当时,我对“交易费用”概念的感受不深,但对“产权界定”从看到的第一眼起就受到很大的思想冲击,因为这么一个简单的概念,把多年来我自己观察和感受到的中国农村经验讲清楚了。为什么“自留地”?为什么“包产到户”?无非都是产权界定的中国称谓,内容是一致的,就是通过产权约束的变化改变人们从事经济活动的激励。这个理论简单,远离教条主义,因为它在方法论上特别强调对约束条件的仔细观察和调查。

《经济观察报》:1986 年你和戴小京合作执笔完成的研究报告《农民、市场与制度创新》,着眼点是什么?

周其仁:那个研究报告记录了我们对农村产权改革的认识。该报告首先提出,农户的土地经营权需要有相应的“法律表现”,如果

“所有制的革新变化得不到相应的法律肯定，倒退也就难以制止”。同时，根据从包产到户推进到统购统销体制全盘改革的实践，这个报告还认为，农民家庭土地经营权的重建，使整个国民经济的运转体制变得不适应，因而需要根本的全盘变革。

1987 年，加州大学洛杉矶分校德姆塞茨教授的学生肖耿到发展研究所访问，我请他尽可能多带一些产权与交易费用的原版文献来。此后两三年，我们阅读肖耿带来的以及我们能寻觅到的科斯、阿尔钦、德姆塞茨、诺斯和巴泽尔等人的作品。至今我还是分外怀念那时的生活方式：背上一书兜文献到农村调查，在观察、访问、座谈、收集资料之余，就是阅读和讨论。车马途中，则是思想神游的大好时光。当时我不能读英文，几位同事就翻成中文为我当“拐棍”。1990 年秋，经盖尔·约翰逊（Gale Johnson）教授的推荐，我到芝加哥大学经济系做访问学者。

《经济观察报》：做访问学者期间，你主要关心的是什么问题？

周其仁：差不多还是自己在国内关注的那些问题。在芝大的一年，除了修一门本科级微观经济学和旁听贝克教授给研究生上的入门课，我主要就是在图书馆内阅读。那时崔之元在芝大的政治学系，他很博学，我开玩笑管他叫“图书馆动物”，因为他熟悉芝大图书馆里任何一个角落的图书和刊物。崔之元给我很大的帮助，几乎每天都把有意思的读物介绍给我。不过对我影响最大的，还是从传统农业转变理论基础上搞起来的人力资本理论。其中，最重要的收获是接触了约拉姆·巴泽尔（Yoram Barzel）的工作，特别是他在 1977 年发表的关于美国奴隶制的经济分析。为什么美国南部和西印度群岛的奴隶社会中偶尔也有奴隶通过赎买而使自己变成自由民呢？巴泽尔的回答是：奴隶主行使其法律所有权的费用基于一个重要事实——奴隶的生产价值讲到底是由奴隶本人控制的。为了减轻这种费用，一些奴隶主就利用定额制来刺激奴隶劳动并降低奴隶主的监督费用，使一些能干的奴隶终于积累起足以赎身的钱财。巴泽尔的这项研究靠近我的问题：私产何以在排他性极强的全盘公有制里诞生？但是即便是在奴隶制下，奴隶人力的“私产”，也是在没有遇到国家强制力反对的条件下发生的。

《经济观察报》：做访问学者之后，你又进入加州大学洛杉矶分校研究生项目，后来获得博士学位。这期间的研读最重要的收获是什么？

周其仁：一个收获是，我认识到经济增长的一种基本要素——人力资源连同它的各种表现——是天生附着在个人身上的资产。个人在实际上控制着人力资产的发挥和生产性供给，这在任何经济制度下都是一样的。所谓市场经济，就是法律正式承认私产，特别是私产的转让权利的制度。这决定了人力资源在不同经济制度下得到了不同的利用和发挥。我以为这是一个理论支点，有助于解释公有制下人们的行为，有助于解释公有制的改革，更重要的是，有助于解释在国家强制性剥夺和消灭私产制之后，私产为什么还能够得以重建。

怎么理解自留地和包产到户？为什么把地划给农民，他们的积极性才发挥了出来？很简单，因为农民身上的人力资产只有他们本人才能完全开动，他要不想好好干，任谁也拿他没办法。为什么社会主义的改革，最后还是要把私人产权请回来？因为最重要的人力资产总在人身上，努力、积极、责任、创造、学习等，天然归个人控制。法律可以不承认私人产权，但那样的话，一个社会的人力资本就不能充分发挥，全社会都受损。

《经济观察报》：你的求学也是由“问题主导”的？

周其仁：早就知道，自己当不成象牙塔里的学问人。也许这是经历决定的，因为我们这一辈人，先深入了社会，有了很多观察和思考，然后才有机会接受科学训练。这样，很自然就格外关心真实世界里的问题，倾向于到书本知识以外的世界里求解。所以我对在想象的约束下表现高超智力的学问没有什么兴趣，虽然那差不多是美国当代经济学的主流。中国文化传统对我也有一点影响，比如“行万里路、读万卷书”。经济学是经验科学，观察是基础的基础。对世事知道不多，观察很少，怎么可以成事？当然从演化的角度看，也许这样由“问题主导”的求学方式有利于我这样的人避短扬长吧。

重新“接地气”

《经济观察报》：1996 年你受邀回国到北京大学中国经济研究中心任教，出国五六年，中国发生了许多变化，你是不是感到有些隔膜？

周其仁：隔膜还谈不上，1993 年后为了毕业论文，我也数次回国实地调查。但毕竟“离土”已经六年，自己的“实感”被岁月磨去不少，希望有机会补补课，接一点“地气”。好在回国不久，机会很快就来了。杜润生先生要我到山西参加一项从黄河引水到太原的大型工程的研究工作。水工，历来是中国经济史上的一个重点，多年之前我就有过兴趣。在当代，水成为“国家的公共资源”，产权界定的模糊无从发挥价格机制的作用，结果是到处喊“水资源危机”，同时到处浪费水资源。显然，这是一个不应该放过的题材。1996 年秋，我就和宋国青教授带了几位学生，直奔黄土高原而去。

《经济观察报》：这项研究进行了多长时间？有什么收获？

周其仁：差不多持续了三年多。因为有约定，至今我们还没有公开发表过一个字的报告。但是借着这项研究，我们对水权、水价、水市场、“国家工程”的决策与执行以及国家工程的建设体制，对竞争、垄断（包括所谓自然垄断）等问题，都有了一个比较透彻的理解。

这里得到的认识是可以举一反三的。譬如1998年以后我开始着手研究电信问题，最早的感觉就是与自然垄断有关的。基础电信网络似乎与大的供水系统一样，只能有一个网络才能保持技术上的“最优”。所以不少人认为，最顺理成章的体制，就是这类产业由政府独家专营。但是我们在山西供水工程的调查研究中，恰恰对所谓“自然垄断”带来的巨大成本有极深的感受。这提醒我们，理论上“最优的”制度安排，本身并不是没有代价的。问题是，“黑板经济学家”对真实的成本或代价所知甚少，所以他们推导出来的“最优”，一旦加入真实的成本之后究竟还有多优，往往是个大问题。正确的思维，是对不同制度安排的不同费用进行比较：允许独家垄断有代价，打破独家、引入数家竞争也有代价，关键是两害相权取其轻。《三网合一、数网竞争》就是这样写出来的。事先不知道的是，中国为了进入WTO，正酝酿电信业的又一波开放。因为写了一系列电信问题的评论文章，结果我就成了“电信问题专家”。

《经济观察报》：网络产业经济问题和“水工”问题似乎是风马牛不相及。

周其仁：其实，无论农村问题、水工问题还是电信问题，对我来说，区别只在于经济行为的技术约束和制度约束有所不同。至于人的经济行为本身，基本逻辑是一致的，所以通用的经济学就可以了，本不再需要什么特别的“专家”才能够加以解释。刚才讲到，在电信开放的论战中，我对网络产业经济问题的认识其实来自“水工”。后来放胆去“碰”教育、邮政、股市、医疗等话题，分析的基本线索都是一样的，只是各业的具体约束不同，“碰”起来多彩多姿，各有各的意思。

《经济观察报》：在“水工”之外，你还走进企业，对企业进行调查研究。此前你似乎一直关注农业问题，好像对企业研究用力不多。

周其仁（笑）：这是一种误解吧。对公司研究的兴趣可算由来已久。你刚才提到的那篇研究报告，就是20世纪80年代农村调查研究的一个理论小结，其中很重要的一点，是数亿中国农民卷入城市化、工业化的进程，在组织上不能只靠基于血缘关系的家庭，更不能靠基于行政命令和强制力的国有组织，而要靠基于市场契约的公司。

《经济观察报》：作为西方文明的一个主要体现，基于市场契约的公司文化非常发达，但是在计划经济体制下，中国没有公司，有的只是工厂。

周其仁：计划经济体制下的工厂并非基于市场契约的公司，而是行政结构的一个附属部分。即使回到计划体制建立之前，我国传统的组织文明也存在一个缺陷，那就是行政等级维系的国家组织比较发达，靠血缘亲情维系的组织也比较发达，唯独基于自由契约的市场组织远不够发达。所以，中国的现代化——特别是把数亿农民卷进来的工业化与城市化——不但要面对计划体制的组织遗产，而且要面对传统历史的组织遗产。最重要的，是发展基于契约的市场组织。有了这个认识，我对“公司”的兴趣就经久不衰。在美国留学期间，我对科斯的企业理论下过功夫，为回国以后开展的企业调查做了一些“家庭功课”。大约从1996年起，我就陆续获得进入中国企业调查的机会，包括济南的小鸭洗衣机厂、上海几家纺织系统的公司。我还“混”入联办投资管理公司，和那里的同事搭伴调查公司，前后参与了近20家公司的融资和改制的调查研究。

《经济观察报》：国有企业改革一直是改革的焦点。你对企业进行调查研究，发现了哪些问题？在哪些方面促进了你对产权问题的思考？

周其仁：我看到，传统国企有两个问题要解决：一个就是从来不承认“公产”要以公民的私产为基础。另外一个，就是通过行政命令，而不是靠自愿的契约把各种要素组织起来。问题是，离开了在清楚的私产基础上发展的市场合约，难以支持分工水平的不断提高。在全盘公有化时代，财产的唯一主人是抽象的“全民”，而不是任何一个活生生的自然人，因为任何私人都不得合法拥有生产性资料的财产权利。公有企业的这种性质，决定了大量资源处于“公共领域”之中，刺激了形形色色的私人攫取行为，却无从充分动员保卫公有资产的力量。

《经济观察报》：2004年香港中文大学教授郎咸平对几家内地公司提出的质疑，在网民和媒体的持续关注下，最终上升到对整个中国产权制度改革的争论。你也参与了和郎咸平的争论。

周其仁：产权改革并不是哪一个好事之徒策划出来的。如果传统国企有竞争力，谁想改也改不动；如果其他的办法可以解决问题，产权改革根本就提不上日程。我对很多无谓的争论没有兴趣，因为常常只是凑热闹，却没有认识上的进步。但是，当有的舆论从指控个别公司改制侵吞国资，升级为“所有产权改革都在侵吞国有资产”，甚至声称不但要“结束‘国退民进’的产权改革”，而且要“改变国家政策的方向”，把中国变成“大政府主义的国家”，我觉得就不能不站出来回应。自从20世纪60年代末到东北国营农场上山下乡以后，我对那种名义上是全民的财产，但实际上人们连对眼看发生的浪费和挥霍都无能为力的体制，早就有了实际的体验。那样的体制不改，中国经济怎么会有希望？

在国企的改制过程中，确有外部投资人、企业经营者与国资的管理官员利用权钱交易侵吞国有或者集体财富的事情。我一直在揭示这种攫取行为，认为这是改制走向邪路的现实危险。这里面的规律是，凡是含糊不清、未得到清楚界定的权利，总有人千方百计地下手“攫取”。传统公有制一天不改，花样百出的资产攫取就一天不会停止。要终结攫取，只有根本改革那种名不副实的传统公有制。因此我认为，叫停改革，不论主观动机如何，实际效果只能是延长国资被攫取的时间、增加国资被攫取的机会和数量。正确的选择，是坚持改制的方向，同时增加改制的透明度，提升改制的程序合理性，尽最大可能减少改制中的攫取损失。

改革30年：产权的重新界定

《经济观察报》：古人云“三十而立”。到今天，中国改革也迎来了自己的而立之年。作为一个经济学家，你如何看待这改革的30年？

周其仁：改革开放是逼出来的。过去全盘公有化的计划体制其实是一套权利体系，当这套体系运转不下去的时候，它就要被重新界定。这就是改革。所以，我们也许可以把产权的重新界定，作为观察经济体制变革的一条主线。概略地说，我国产权制度变迁是分为四个层面展开的。（相关内容见“一部未完成的产权改革史”一文。）

改革与腐败赛跑

《经济观察报》：在你看来，中国走的是一条渐进的产权界定路线，这样的路线有何利弊？

周其仁：重新界定产权是一个渐进的过程，哪一个方面的问题严重了，就先动一动；过不下去了，就先改一改。这也带来一个结果，就是权利界定不是全面地齐头并进，而是不整齐、不均衡推进的，远远没有达到“普遍的权利厘定、约束与保障”。这样，改革就不可避免地带来新的矛盾和冲突，需要在不同的权利之间重新建立平衡。这是中国改革的一个难点。从体制目标来说，产权安排必须是普遍的，不能保护了这一方，就侵犯了另外一方。经济自由是有边界的，起码是不能侵犯他人的自由。否则不可能有持久的秩序，改革也不能为社会所接受。问题是，渐进的改革过程，却在有的方面走得快，有的方面走得慢，一些关键领域的改革，由于种种原因长期滞后。

现在大量的实际问题，包含严重的环境污染、农地征用、矿业开采、旧城改造、山林经营权确定，以及行政垄断行业、政府职能转变等，似乎很难取得突破。这些问题难就难在权利怎样进一步得到清楚界定，其中最困难的一点，是产权界定的自发活动，能不能及时得到拥有合法强制力的国家的承认？没有强制执行的“产权”，不可能成为市场秩序之源。

《经济观察报》：这里面有一个悖论性的难题——要求合法强制力提供产权界定的公共服务，但社会怎样约束和监督合法强制力不被滥用、私用，而使产权界定过程变形呢？

周其仁：这的确是一个关键。中国的经验说，没有简单的解。当然总思路也可以说有了，那就是法治，即所有人，任何机构，都要服从同样的准则，在法律面前人人平等——以此约束所有人的行为。这是尚未解决的一个重大任务。中国要自立于世界，没有强大的国家机器不行。但是强大的国家权力，怎么保证在公共服务的轨道里运行，怎样有效防止权力的滥用，是我们的历史传统没有很好回答过的问题。改革遇到的挑战是：权力参与、渗透到了产权重新界定的过程，产生了形形色色的腐败。

《经济观察报》：建设法治的市场经济，就意味着限制权力即合法强制力不被滥用。也就是说，要进行政治体制改革。

周其仁：邓小平 1980 年就讲过“改革党和国家的领导体制”，但那时还缺乏可操作的细节。到了 1986 年，经过 8 年的改革，他看到了不改革政治体制，经济体制改革便很难深入，改革的成果也得不到保障，就开始推动政治体制改革。中共十三大通过了中国政治体制改革的纲领，但还没等到实施，“价格闯关”的失败以及随后发生的一系列事件，就再也没有给中国推进政改的机会。1992 年邓小平的南方谈话，主要也限于推动经济增长与经济改革，而不是政治体制改革。所以说，中国的政治体制改革，是邓小平未完成的事业。

《经济观察报》：政治体制改革的目标，就是建设一个民主、法治的国家。但是在一些人看来，民主、法治并没有那么紧迫，中国不是已经利用“后发优势”发展起来了吗？而且相对于民主、法治这些似乎有些空洞的目标来说，经济发展也更为重要。

周其仁：“后发优势”是存在的，但也要当心杨小凯讲过的“后发劣势”。小凯不是不知道发展中经济可以利用后发优势，比如技术、资本、信息等方面到从先行发达的国家那里“借光”。但他想到更深的一个层面，就是由于存在着后发优势，能够分享“后发红利”，所以反而对制度改革掉以轻心，以为不改不是也很好吗。这样掩盖问题，实质改革提不上日程，等到毛病发作的时候，就来不及了。

《经济观察报》：杨小凯始终对“中国经济奇迹”有一点保留。

周其仁：产权的选择要受到很多其他制度安排的影响，其中最重要的就是国家或政制的影响。因为国家是唯一掌握合法暴力的权威机构。如果国家行为不上轨道，私人产权就难以上轨道，整个市场的基础就怎么也不牢靠，或者歪歪斜斜的，难以成为长期经济增长的可靠基础。小凯当然看到中国经济成长的成绩，但他也认为，目前还没有充分的证据可以说，国家、私产、市场等这一套协调分工水平不断提升的制度基础已经很稳固了。正是在这一点上，小凯对“中国经济奇迹”有一点保留。他后来关注宪政经济问题，提出“国家机会主义”的概念，区别所谓“好资本主义与坏资本主义”，特别是上面提到的警告世人要当心“后发劣势”，都是由此而来。

事实上，因为权力没有得到有效的约束，转型时期的腐败非常严重。权钱交易、官商勾结，不少披露出来的故事令人不寒而栗。中国面临腐败和改革赛跑的挑战：如果改革的进展不能遏制腐败的蔓延，腐败不但可能吞噬改革的成果，而且将瓦解公众对改革的支持，引发激烈的社会冲突，成为终结改革的致命杀手。

《经济观察报》：现在似乎丧失了进一步改革的动力。

周其仁：现在的情况是，中国早已远离了饥荒，遭遇的国际竞争的压力也比过去小，而中国经济的表现至今在国际上相当抢眼。在这种情况下，进一步改革的动力何在？这是一个很实际的问题。我认为，继续改革的未来收益很大，因为从局部的渐进的权利界定，到发展成为普遍的权利界定，将进一步扩大不侵犯他人的经济自由，从而走向一个普遍约束权利、保障自由的现代国家。问题是，进一步改革的难度也远比过去为大。如何汇集新的动力，推进中国在30年改革开放后继续坚持改革开放，是未来要面对的议题。

《经济观察报》：在面对未来的时候，人们往往习惯于回顾过去，近年来社会上就兴起了反思改革的思潮。

周其仁：反思在什么时候都有意义，不过不要把实践证明做对的事情再“反”掉。对于过去的改革还来不及完成的事情，我们要面对，积极创造条件解决。这样，中国就会继续保持活力，保持发展。无论如何，十几亿人要进入中等发达经济的水准，是人类历史上的一个非常巨大的挑战，不会平平稳稳的。

《经济观察报》：继续推进改革已经成为共识，但是如何推进仍然是一个问题。

周其仁：从历史经验里学习，是很有意义的。比如早期的农村改革说明，难度再大的问题，底层也总有人找寻解决问题的办法。包产到户并不是北京的领导人、领导机关或专家发明的，而是处在现实约束下的生产队里的农民先干出来的。什么叫改革？改革就是把能解决问题的办法合法化。30 年的改革，尤其是早期农村的改革经验，也许为我们指明了未来改革的道路：尊重基层的创新实践，把国家权威用对方向，降低人们对制度变化的心理障碍、认识障碍，使得分散的、矛盾的个别利益合成一般建设中国现代化的伟大力量。

公司理论与中国改革[①]

从科斯说起：公司是市场海洋里的岛屿

计划经济的一个思想起源，是公司理论。马克思论述过，大公司内部有计划，而整个社会无计划，正是这个矛盾将把资本主义推向灭亡。那时的看法，是生产力越来越社会化，所以公司就会越来越大，

① 本文是作者在天则经济研究所、广东人文学会纪念改革开放 30 年研讨会上的发言，文字经本人修订，刊于 2008 年 10 月 9 日的《南方周末》。

直到覆盖整个经济，把大公司的内部计划变为全社会的计划。这样看，计划经济的理论，其实最早就是一个关于公司的理论。列宁讲得更清楚，无产阶级领导的社会主义，就是把全体社会成员都变成国家公司的雇员，整个经济就是一个超级的国家公司。

科斯回顾他的公司理论时，明确讲，他自己曾经受到列宁上述思想的影响，即国家也可以看作是一个大公司。当然科斯提供了关于公司的经济学分析。他首先问：在“充分竞争”的市场里，既然可以用价格机制配置一切资源，为什么还存在内部似乎不靠价格机制运行的企业呢？科斯的答案是市场的价格机制有成本。这个“成本”，不是原来人们都熟悉的生产成本，而是在生产成本以外、为了完成产品的交换而发生的交易费用。随着市场的扩大，交易费用要耗费很多资源。在一些场合下，把运用价格机制的“市场协调办法”，换成在内部不讲价钱、靠命令指挥的“企业协调办法”，可以显著节约交易费用。按照科斯的这个理论，公司无非是节约交易费用的一种组织。

非常有意思，科斯是从“完美市场”出发，发现了市场交易存在费用，然后走到了市场里的企业组织。不过，科斯可没有走到国家超级公司那么远，因为他的分析还顾及另外一个成本，即“组织成本”——当公司把原本通过市场交易的活动集中到企业内部之后，公司组织的成本（包括决策、监督、管理的成本）就上升了。

完整地看，科斯的企业理论就是同时考虑两种成本：公司可以节约市场交易的费用，但又必须为此支付组织成本，当公司节约的交易费用与由此增加的组织成本在边际上相等的时候，公司与市场的边界就确定了。科斯用了他老师当年用过的一个形象的比喻，真实的市场经济好比大海，公司就是海洋中的那些大大小小的岛屿。在科斯看来，在交易费用与组织成本并存的真实世界里，海洋不可能覆盖一切，岛屿更不可能覆盖全部海洋。

改革起点：运转不灵的超级国家公司

社会主义国家的改革，与科斯的出发点刚好相反。科斯从当代经济学的“完美市场”假定出发，发现了企业或公司存在的理由。苏联和中国的体制改革，则是从实践上的计划经济，即一个超级国家公司的现实出发。这个超级国家公司，把所有经济资源掌握在自己手里，靠国家机器的政治权威、强制力和全盘计划来组织国民经济。虽然列宁掌权后有过一段“新经济政策”，就是国家仅仅控制经济命脉，而把大量小工业、小商业和小农业都交给私人和市场，可是那一段很短暂。斯大林推进了全盘国有化，把苏维埃经济组织成列宁在革命前设想的超级国家公司，内部靠行政命令组织计划经济，不给私人产权和自由市场活动留有合法地位。

轮到中国在更落后的一个农民国家里建设社会主义，大框架也是学苏联。不过毛主席对苏联的高度集权也不甚满意，几次试验分权，把中央的权力下放到地方。回头看，那也只是在中央政府与地方政府之间分权，就是一个超级国家公司外加许多地方政府公司。这当然还不能构成市场经济的基础，因为在“一大二公”这样的问题上，毛主席一步也不让。真有哪里的地方政府把经济决策权放到私人手里，他老人家一定叫停，如 1962 年批“三自一包”，叫停“包产到户”。所以整体看，改革前中国虽然有分权，但绝不接受私人产权，也没有私人之间的自愿订立市场契约的合法空间。整个经济架构还是一个超级国家公司，不过内部则是一个程度不如苏联那样“高水平”的计划经济。

这样看，社会主义改革的实际出发点，并不是交易费用太高，所以要靠扩大企业组织去节约市场交易费用。多少年来困扰社会主义经济建设的，是超级国家公司的组织成本太高，计划经济失灵，资源配置的效率太低。千百万人在和平时期要改善生活，涉及多少供求的变量及其协调？靠计划经济、超级公司集权决策去对付，信息成本太高，而人们工作劳动的激励不足。1977 年中国改革的前夜，开过一个国务院务虚会，反思为什么中国与西方主要国家的经济、技术差距被拉大了，主要结论就是过度集权的中央计划经济越来越转不动。

改革发动：权力下放与农村包产到户

问题是，超级国家公司成立之后，一旦发现组织成本太高，究竟走哪条路线才能把经济运转的成本降下来，确是一个前无古人的任务。科斯的理论发现，说的是市场里的交易费用太高，可以扩大企业组织来加以节约。但是社会主义改革面对的困难，完全自成一家：国家超级公司太大，组织成本太高，怎样才能有效降低呢？

方向似乎容易确定，那就是从覆盖全部国民经济的超级国家公司，转向给“市场的海洋”更大的空间，让看不见的价格机制之手在配置资源方面发挥更大的作用。这也许就是“市场化改革”战略的由来。但是，在铁板一块、一切归公的体制下，市场究竟如何重建，人类历史并没有现成的经验和理论。

科斯在 1959 年的一篇论文里提到，清楚的权利界定是市场交易的关键条件。这个命题包含了一个朴素的道理：如果一件东西不是我的，那我哪里有权就把它卖给你呢？所以，交易要以权利界定为前提。既然市场经济以交易为内容，那么市场的前提就是清楚的权利界定。

中国的改革，在实践上是从重新界定权利入手的。在《邓小平做对了什么》一文里，我回顾了这个过程。原来的公有制计划经济，其实是一套权利界定，即人们可以怎样行为、不可以怎样行为的一套制度规范。在改革形势的逼迫下，权利被重新界定，正因为重新界定了权利，特别是重新承认了私人产权和转让权，市场关系才重新在中国发展了起来。

1978 年十一届三中全会部署的改革，是扩大国有企业的自主权。那是基于四川的地方改革试验，把原来由国家经济机关控制的决策权，放到企业层面。这也是对外部冲击的一种反应，因为外资开始进入中国，它们可以快速做决定，但国企不行。什么都要批准，很大的国企连盖个厕所都要申报批准，所谓“打酱油的钱不能买醋”。福建的国有企业厂长说，不是我们没有竞争能力，而是我们的手脚都被捆着，国家要先给我们松绑。新华社记者调查重庆钢铁公司的故事很有名，那里有一套设备是洋务运动时代的，能耗极大，如果把动力改一改，两年的能耗节约就可以把投资收回。可是报告打了多少年，还是没有批。所以当时改革的口号是放权、松绑。

有意思的是，扩大企业自主权还没有在全局推开，农村的包产到户改革就提上了日程。在纪念农村改革 30 年的会上，当年主管广东农村工作的杜瑞芝讲了一句精彩的话：农村改革的第一动力是农民的肚皮！就是种地的人吃不饱饭，肚子饿得不行，被逼着搞包产到户。也不是第一次，最早的包产到户是在温州永嘉县，1956 年下半年高级社就开始搞了；1961 年安徽省有 40% 的生产队搞了包产到户。问题是以前每次形势一好转，临时政策就收回了。

中国路径：底层创新，合法承认

仔细观察 1978 年后的农村改革，同过去一样，是农民和生产队干部首先在底下改，自发地搞包产到户。不一样的地方在哪里呢？就是上层的政治思想路线有了根本变化，执政党痛定思痛，提出实事求是，反对本本主义、教条与僵化。在这条思想路线下，一些地方敢于率先承认底层的改革实践，至少不打棍子，允许试一试、看一看。一批地方看到了改革的效果，中央再用政策文件给予承认，最后立法承认，完成权利重新界定的合法化全过程。

这条“中国路径”非常有价值。因为权利的界定与重新界定，行为和预期，如果预期不稳定，人们就不会有长期行为。中国的办法是对底层改革先局部承认，然后不断重申“政策不变”、“长期不变”，最后时机成熟，推进立法，把改革重新界定的权利真正在法律层面“定”下来。

杜老在他的回忆录里提到，邓小平早在 1962 年就说过：“生产关系究竟以什么形式为最好，要采取这样一种态度，就是哪种形式在哪个地方能够比较容易、比较快地恢复和发展农业生产，就采取哪种形式；群众愿意采取哪种形式，就应该采取哪种形式，不合法的使它合法起来。”很幸运，这样一种为政的态度，到十一届三中全会上成为主导路线。这改变了中国的命运，因为在底层、在第一线，总会逼出一些解决实际问题的办法，问题是，它们能不能得到“上层建筑”的合法承认。得到了，重新界定权利就有了一个制度性的成果。得不到呢？底层经验还是个别经验，顶多是权宜之计，断然不能长久。

“上层建筑”不简单。思想和观念有很强的顽固性，何况各方的利益有矛盾，而各人看问题的角度也常常不同。1980 年中央会议讨论农村改革，省委书记那样的大官也因为观点不同而闹到不欢而散。“你走你的阳关道，我走我的独木桥”，是吴象同志当时的一篇大作，反映的就是底层自发改革要得到上层的承认不容易。所以，实践检验真理是一个知易行难的过程。

重新界定权利可以激进，也可以渐进。中国改革的历程大体上是一步步来的。就是今天看，农村土地的所有权还是属于集体的，似乎与几十年前一模一样。只是所有权的内涵改变了，无非通过承包合约，把农地的使用权、经营权、收益权直至承包期内的转让权，一项一项都界定给了农户。农地的集体所有权还在，不过在这个所有权的“箱子”里，还剩下一个内容，就是定期把农地发包给农户，除此之外别无所为，“集体”也因此就成为一个消极的所有者。在生产和经济活动中，积极的是承包者即农户。

有朋友批评这样的承包制不彻底，说还是维护了一个所有权意义上的集体，因此也就给基层权力人物侵犯农民利益留下一块制度的基础。这个批评有道理。可是如果当年不走包产到户这一步，中国农村根本就走不出来。先走了这一步，后面沿着进一步界定产权的路子，总还可以继续走下去。比如承包制还算集体资源的一种经营方式，但农户的承包所得，已是清清楚楚的合法私产。这说明，“不彻底的”承包制，在重建“彻底的”私产制的一座可行的桥梁。这个改革的逻辑，不但在农业承包中是成立的，在农村非农业活动，直到小城镇、大城市的国有工商业承包改革中，也都是普遍成立的。这是后话，按下不表。

承包制是权利重新界定的一种中国形式，也是超级国家公司从高组织成本的困境里走出来的一条现实通道。从公有制的承包经营，到包括私产制在内的多种产权制度的形成，终于奠定了中国走市场经济之路的基础。

“剥削”疑云：承认雇工的合法性

产权不是拿来说的，而是要拿来用的，特别是用来保障与他人的合作，通过交换形成专业化分工。这里面有一个事情比较麻烦，就是雇工。随着农业大锅饭的终结，农村出现了大量“剩余劳动力”，农业里面用不了，要进入商业和工业，于是出现了雇用工人的现象。这涉及传统社会主义的敏感点。原本搞超级国家公司，目的之一就是要消除资本主义剥削，当时的政策，私人雇工超过 7 个就是资本家，就是剥削阶级。

这是继包产到户之后，改革碰到的第二件大事。这个事处理得比较成功，基本办法就是先看，不贸然做决定，更不准一棍子打死。

当时抓住的案例有几个。一个是广东高要县的陈志雄，承包养鱼池，有 300 多亩水面，靠家庭劳动力和几个帮手就不够了，雇工超过 7 个人。这是不是就是资本主义呢？很多人开始讨论，后来胡耀邦亲自过问，要求把情况弄清楚，不同意见可以辩论，但不要打棍子，还决定在《人民日报》上公开讨论。这样的问题原来是不能讨论的，真放开来讨论，发现也没有想象的那么可怕。

第二个安徽芜湖的年广久，有名的“傻子瓜子”，雇工 60 多人，工资水平比当时当地的国有企业的工人工资水平高，只是没有那些福利，而被他雇去的人原来也并没有端上国企“铁饭碗”。当时的调查最重要的发现是，由于年广久炒瓜子成功，很多人就跟着炒瓜子，互相竞争，你炒瓜子要雇人，他也要雇人，雇主之间增加了竞争，对工人就有好处。杜老亲自组织了调查，把情况摸得非常仔细：到底雇了多少人，发了多少薪水，给国家交没交税，老板总共得多少利润，都查清楚，然后把不同意见的论据也搞清楚，整理了一份材料报给邓小平。记得传回来的邓小平指示，就是五个字——“先不要动他”。这个“动”字大有讲究，过去批资本主义，不但用批判的武器，而且常常是“武器的批判”，就是用专政手段来对付。这次小平说“不要动”，就是不准沿用旧法。在“不要动”的前面有个“先”字，我们的理解是为了让党内不同意见有个缓冲余地，至少可以看一看、试一试，最后下结论也不迟。

看来看去，社会主义承认私营企业并没有什么真实的危险。这是中国经济发展非常重要的一步。其实邓小平重新执政不久，就重新起用荣毅仁，也就是过去的民族资产阶级的代表，办法是国家出资办中信公司，但把管理全权交给荣老板。实际上是国有资本加上企业家的能力——这是过去不可能想象的事情。另外，包产到户后民间自发生成了很多新的企业组织形式，邓小平一直说看一看，不要动，这么一个政策取向大概维持了两三年。1986 年的中央五号文件开始宣布，可以把私人企业放到社会主义的框架里来处理。中国的工商登记开始有了“私人企业”这一类别。开始很多人不敢公开去登记，觉得还是戴个红帽子比较安全。只有温州是个例外，据说那个登记条例一出来，温州当天就有百十家民营企业去登记，有的拿证时流下了眼泪，觉得终于有一个合法地位了。其实就是开公司，炒瓜子、做鞋这样的事情。这是中国改革的第二次飞跃，不但承认劳动者基于自己劳动能力的财产权，还可以在法律和政策的框架内，通过市场合约包括雇工合约来组织经济、发展生产。

惊险的价格闯关

邓小平的改革政策最了不起的地方，是在多种形式的经济组织发展起来以后，及时发动价格改革。逻辑是这样的：当一个超级的国家公司分解成许许多多分立的公司，加上新形成的民营公司，整个经济就不能再靠计划和命令来指挥，要充分发挥市场价格机制的协调功能。从 1988 年春天开始，邓小平开始推进价格改革。中国把价格改革叫作“价格闯关”，是很有道理的，因为这是经济体制改革的核心和关键。原来苏东国家比如波兰，改造价格体系就出了大问题。这是一个大的关口，没有坚定的政治支持过不了这个关。

邓小平坚决推进价格改革，这一点难能可贵。通常讲，经济学家理解和相信价格机制，总的说来比较容易。但大权在握的政治家，要相信价格机制一般就比较难。因为所谓“看不见的手”会把“看得见的计划之手”，在不经意之间替代了。价格机制发挥作用的地方，审批之手、权力之手就没有什么用。邓小平当过中央总书记，指挥过千军万马，分明拥有强有力的“看得见的手”，而且是世界上最强有力的。像邓小平这样的大政治家以及他的同事们，对价格改革不遗余力地支持和推进，是改革最不容易的地方。没有强有力的政治支持，价格改革很难成功。可是，要政治家支持价格改革，又谈何容易？

当然，1988 年那一波价格闯关的发动，并没有成功。那年中央政治局关于价格和工资改革的决定一发布，全国就发生了抢购和挤兑。主要的教训是在货币太多的情况下，放开价格就把隐性的通胀变成显性的通胀，群众无法接受。不过，邓小平并没有因此就把价格改革当作不能再碰的禁区。他耐心地等了几年，直到把超发的货币收拢得差不多的时候，于 1992 年再次推动价改。中国价格改革的大步推进，是在 1993 年完成的，连最厉害的粮食价格都放开了。这为中国社会主义市场经济的确立，奠定了一个基础。

概略一点看，邓小平领导的中国改革，通过重新界定权利、激活市场合约、确立市场价格为基础的协调机制这么三个要点，把传统社会主义的超级国家公司模式，从根本上改变了。在这个改革过程中，社会没有发生大的震荡，经济活动和生产不但是连续的，而且在连续中保持了高增长。中国正是通过改革开放，成为一个有全球影响力的发展中大国。

靠法治约束权力

回头谈科斯的公司理论。他的出发点是离开当代主流经济学的那个“完美的市场”（perfect market），科斯不相信有完美市场这回事，因为他发现了交易费用，而形形色色的企业组织与合约形式，正是为节约交易费用才活跃在真实的经济世界里。科斯理解的公司，就是通过内部下命令、搞计划和战略、有老板和经理、靠“看得见的手”指挥，从而节省了市场的交易费用。但是，科斯也不相信公司越大越好，因为他还发现了大公司不能不面对的组织成本。至于超级国家公司，即把整个国民经济组织成一个通通不用市场价格机制、只靠命令指挥的中央计划经济，固然能把所有交易费用都省掉，但这种“节约”活动的本身也要付出代价，因为超级国家公司的组织成本会史无前例的高。这样来看科斯的理论就是坚持从成本的约束出发，分析真实世界里的市场、企业和政府。“成本”是一种现实约束条件，非下功夫调查不可。离开成本约束，“理想的模式”从完美市场到超级国家公司，都只不过是想象而已。

中国改革的出发点，不是完美市场，而是超级国家公司或者说完美的计划经济。因为搞了多少年，固然没有市场经济里的那些麻烦，但面对的是计划体系内部的麻烦——信息成本高、激励程度低。所以，改革的基调是从国家超级公司即计划经济出发，走向更多地利用市场价格机制。那么，改革是不是要走向“完美的市场”呢？谢天谢地，因为有了科斯的工作，人们知道天底下根本没有那回事。现实的体制出路只能在两个极端的中间，既不是超级国家公司，也不是所谓的完美市场。

改革的难度在哪里呢？就是离开了完美市场和超级国家公司这两极，中间还有一个伸缩余地很大的体制选择空间。中国从超级国家公司走出来，靠的是重新界定权利。问题是，权利的重新界定是一个过程，其中有一个关键，邓小平提出来了，但并没有解决，这就是国家行政权力的界定和约束。因为过去的超级国家公司是政企合一、政经合一，改革下放权力，把行政权和经济权一起放下去了，新问题是，下放的权力靠什么去约束？离开有效的约束，行政权力进入了市场，腐败就不是个别官员的道德问题，而是制度性的问题了。行政权力广泛地搅进了市场交易，怎么解决？

邓小平做过很多探索。1980 年就讲党和国家体制的改革，1986 年他重提这个话题，讲得非常清楚，一是说如果不搞政治体制改革，经济体制改革的成果是守不住的；二是，如果不搞政治体制的改革，经济体制改革是不能继续下去的。就是说，在经济改革发动以后，一定要适时发动政治体制改革。改革的要点是把超级国家公司的那部分行政权力，重新约束起来。1987 年中共十三大通过了政治体制的改革纲领，但是 1988 年价格闯关失败，接着又发生了北京风波，没有实施政改纲领的机会。1992 年邓小平南方谈话再推改革，主要推的还是经济改革、市场化和加快发展。所以政治体制改革，是邓小平的未竟之愿。

超级国家公司不纯粹是一个企业，它同时还是一个权力系统，不仅仅是“产权”关系那样简单。“权力”的含义是合法强制力，不受竞争的市场的约束。所以权力的重新界定，比产权的重新界定要困难得多。我的看法，超级国家公司通过分权之路走向市场的途中，是不适合用一个合约的理论框架来处理的。一些经济学家习惯用市场性合约理论来处理，用什么委托代理模型、地方政府竞争等，我认为他们可能看漏了一项关键的约束，就是合法强制力不受合约的约束。现实中的中央政府部门或地方政府，虽然看来很像公司行为，但是里面有一个因素，即权力因素、合法强制力的因素，并不是市场合约可以对付的。譬如收入分配不公，公众的意见很大。但收入问题不单单就是差别问题，更根本的是凭什么造成的收入差别？姚明的收入高，是一回事，而武汉火车站那个腐败站长的收入高，是另外一回事。利用倒票获取的不法收入，来自权力即合法强制力，并不是市场竞争力量可以节制的。

“分配不公”就是凭借合法强制力赚钱。要明确，这个问题不是单靠经济改革可以解决的，更不能把这些活动“化装”成市场竞争。我们要肯定，中国的改革从超级国家公司那么一个极端走出来，取得了巨大的成功，有了农民承包，有了民营企业，有了国企的改革，也有了一个按照价格机制配置资源的市场经济的基础，这些改革极大地解放了生产力。但是，我们也要看到，改革并没有完成。最大的挑战是，政企合一的超级国家公司，在放权以后，产权可以通过市场竞争去约束，但放出来的行政权力却要靠法治才可能加以有效约束。这是更困难的改革。

土地、垄断国企与价格改革是难点

有一种看法，认为中国的改革在策略上是渐进的，或一些学者概括的“增量改革”，以区别于俄罗斯的“大爆炸”。也许有点道理吧。不过渐进改革要坚持“进”并不容易。突出的就是上文讲到的行政权力分权后进入市场，一旦获得巨大的经济利益就不容易再改了。这里的困难，不再是认识上的，或纯粹意识形态上的，而是非常坚硬的、实在的既得利益。目前的观察，凡是难度大的改革，都与此有关。

比如土地产权制度的改革最早发生，但到今天还有一些要害问题没有解决。农地农用的体制基本顺了，就是承包到户、长期不变、落实转让权，可以基本适应生产力的要求。但是，农地一旦转为非农业用途，还是那个国家征地制度普照天下。为什么农民的土地一旦转为非农业用途，就一定要国家强制征购，然后要由政府把土地批租给市场呢？这是最明显的行政权力进入市场的例证。现在大量的社会冲突都发生在这个领域。为什么农村的集体建设用地，就不能直接进入土地市场呢？讨论了多少年，局部试验的经验也不少了，还有更多地下、半地下的做法，为什么就是迟迟不能完成全国范围的合法化？我认为找不到别的理由，就是权力搅市场的收益太高，既得利益方绝不肯自动放弃。

像大都市周边的农民“小产权”房，是全世界都没有过的：房子是私人财产，但底下的那块宅基地却不是私人财产。几亿农民进城，城市用地当然要增加，但乡下作为福利分得的宅基地，农民却无权转让和交易，那份土地资源的配置，因此也就不受市价的指引。结果中国快速的城市化不但没有更集约地利用土地，反而造成土地的更不集约的利用。一方面城市地价高悬，另一方面农村有大量未加利用的建设用地。如此的“土地危机”，是改革没有适时推进的必然结果。最近国家开始推进林地产权的重新界定，是一个重要的改革。类似的水权、矿权等等的重新界定，尚有大量文章可做。

再比如，民营企业有很大发展，近年还通过了“非公经济三十六条”，但大型垄断国企还是偏多偏大。毕竟改革30年了，现在凡是国家搞赔钱的，一定会改。问题是剩下的“高赢利”部分，在市场禁入或限入条件下赚取的高额利润，对国民经济整体而言究竟是什么含义？当下没人讨论这样的问题，反正有天文数字的赢利，高歌猛进，似乎只有继续做大做强这么一件事情。

价格改革究竟完成了没有？大部分价格由市场决定是事实，但一些关键的价格还是行政定价。汇率、利率、能源如油煤电，近年凡严重困扰国民经济的，看来看去都与价格机制未能发挥作用有关。经验证明，价格管制不但影响资源数量的配置，还要影响商品服务的品质。没有进一步的价格改革，很多乱象难以根除。

总之，中国改革成就伟大，任务艰巨。只有认真总结自己的经验，才能更好地前进。现实的现象和问题纷繁复杂，本文借用公司理论的简单框架，认识过去，面对未来。以上这些看法，供各位批评。

农民、市场与制度创新[1]

——包产到户后农村发展面临的深层改革

我国农村的经济体制改革，从 1978 年安徽、四川等地又一次实行包产到户算起，已经过去了整整 8 个年头。这场动机和手法都比较朴素的改革，扭转了当初深陷于“贫穷社会主义”困境的农村经济政治形势，促使中国农村生产力引发了一场令世界瞩目的伟大解放。

像历史上许多重大的改革那样，包产到户后所引发出来的问题，比它直接解决了的问题来得更为广泛和深刻。正当国内外舆论普遍肯定中国农村改革大功告成的时候，更深层的改革任务却连同着它们极为繁难的特性一起，一下子从农村现实中露了头。越来越多的农民、农村工作者和研究者，都用不同的方式表达着对农村面临的新问题的困惑，表达着对解决这些新问题前景的困惑。这个绝对不应掩饰和回避的现实，表明大规模发展现代商品经济，超越了中国农村以往积累的全部经验。

正视中国农村发展面临的深层改革任务，并探索其解决之道，是对包产到户 8 年的最好纪念。深层改革任务是由改革的历史引出的，因此，重新清理近年的历史线索，可能有助于对新任务的把握。

财产权利和身份自由：农民的双重解放

农村改革的主体是农民。改革解放了生产力，最根本的是解放了

① 本文于 1986 年 10 月完成初稿，12 月完成修改稿，参加撰稿的除本书作者外，还有戴小京。文稿经发展研究所诸多同事讨论、修订，曾以“发展研究所综合课题组”名义发表于《经济研究》，1997 年第 1 期。

生产者。包产到户编年史的中心线索，是农民状况的变化。在经济方面，财产权利具有根本的意义。

改革前的中国农民只拥有很少一点归他们所有的财产。1978 年每个农户平均拥有 3.64 间住房，估价不超过 500 元；年末拥有 32.09 元储蓄；有很少一点实物储蓄，如余粮和存栏家畜；还有数量微不足道的一点简单农具。估计全国农民自有财产不足 800 亿元。此外，农区每户有 0.5~0.7 亩自留地，归集体所有但由农户占用，原则上限于自给蔬菜和部分口粮；牧区还有少量自留畜。考虑到当年全国农民对国家银行、信用社和社队集体负有数额可观的债务，那么，改革前的中国农民几乎已近于农村无产者。这是 1956 年高级社取消了农民入社土地分红制度以来 20 多年历史的一个结果。

那时，农村财产的唯一主体是人民公社集体。根据抽样调查，1978 年每个公社拥有固定资产 305.9 万元，推算全国总额为 1 614.6 亿元，全国的集体耕地估值为 12 665 亿元。此外，还有 55.6 亿元集体存款和若干公共存粮。抵销掉集体所负债务之后，人民公社财产总额共约 14 335 亿元，其中地产占 88.4%。

几乎一切财产都归集体公有，作为 20 世纪 50 年代中后期社会主义改造“要求过急、速度过快、工作过粗”的产物，遗留下一系列严重问题。农民在理论上是集体经济的主人，但他们与集体财产之间的实际关系却始终未能名副其实，“政社合一”的体制导致财产权利对行政权力的附属。即使后来所谓的“三级所有”，也由于其内部各层权利界限的天然模糊性，构成了人民公社时代“平调”之风不绝于史的制度性原因。在每一级集体内部，公有财产的形成、支配及其收益的分配，普遍没有形成稳定的、有法律保障的规范，靠急风暴雨式的政治运动充当集体财产的保护神，至少到了大规模的“四清”运动中就已被看清根本不可能奏效。事实上，“集体的、公有的财产关系”

并没有普遍构成改革前广大农村的真正现实，相当一些地方，集体财产的劳动农民公有性质完全被侵蚀得面目全非。这当然无法使农民建立起对集体经济的基本信任，他们甚至不把集体财产看作是自己也有一份在内的共有财产。那时最通行的行为表现是：农民与“公共财产”相结合来从事劳动的积极性低落，集体大田的生产率差不多只及农民小块自留地的1/7~1/5；农民对社区范围内的公共事务和利益的兴趣和责任感没有持续培植起来；部分农民，只要有机会就会参与集体财物的侵占和蚕食。

改革前的农村经济体制，对农民择业、迁移和改变社会身份的自由，也设置了种种束缚和限制。20世纪50年代中期以前，农民招工、搬迁和谋生的自由还比较大，但随后发生了一系列逆转。50年代末的“大跃进”终于导致60年代初近2 000万人口重新回到农村，从此农村的非农化和城镇化基本停滞了。人民公社的口粮制度、工分制度和户籍制度都朝着严禁农民流动的方向完备起来，农民被强制束缚于他们生身的土地上。到了“用无产阶级专政来办农业”的时代，不仅农民改变社会身份的自由丧失殆尽，而且连农民怎样当农民的自由也在相当程度上遭到剥夺。此时的农民尽管“无产”，但绝不可能“像鸟一样自由”，结果对经济发展和人口素质的提高产生了深远的不良影响。

1978年全国农民人均年度纯收入为133.57元（《中国统计》，1985，第9页），比1975年增长60.62元，年平均递增率只有2.9%（《中国统计》，1985，第5—7页）。是年约有2亿人口尚不得温饱。当时一个贫困地区的省委在一份报告中写道：过去我们不仅剥夺了农民的财产，也剥夺了农民的自由，这是造成农民贫困状况几十年改变甚少的两个重要根源。农民之所以至今还没有起来打扁担，主要是由于我党在战争年代与农民有过非常牢靠的血肉关系，后来又结束了战争，建立了人民政权，并给了农民几十年和平生活。但如果今后还不对过去的农村政策做出重大调整，农民终究会起来打我们的扁担。这篇警世之言的适用性显然超出了贫困地区的范围。

几亿农民的财产权利缺乏基本保障，身份自由受到严格限制，不能完全用意识形态方面对马克思学说的“误解”来加以解释。经济方面的根源是我国国家工业化面临的特殊困难及对解决问题方式的选择。工业化需要巨额资金的积累，在落后的农业国，积累的主要来源当然只能是“农民的贡赋”。贡赋可以是公开的，例如日本明治以后的重租重税；也可以是隐蔽的，例如价格剪刀差。中国选择的是后一种形式：采用农产品的国家定价形式，从农民手中低价统购，又对城市居民和工业企业低价统销，用以维持大工业的低工资和低原材料成本，提供不断产生超额利润的条件，最后又通过大工业利税上缴，集中起国家工业化的建设基金（宋国青、罗小朋）。这就是统购统销制的经济内容。但低价统购总要引起农民的不满，由此采用的一系列配套措施有其内在的必然逻辑。

在生产领域，归并农民独立的土地权利，严禁土地流失以抑制地租对农产品价格上升的推动作用；限制农业劳动力流动，压低劳动的机会成本以维持农产品的低工资成本。

在分配领域，对农民一手低价统购，一手低价供应农用生产资料和无偿投资作为补偿；对城市的居民，则一手配给低价食物和其他福利，一手保持低工资。

在流通领域，实行购销的国家垄断经营，关闭市场、限制区际交易、严禁长途贩运。

统购统销服务于国家工业化的积累目标，形成了一套相当完善的制度。它在农村的组织基础，就是政社合一的人民公社（高小蒙，1986）。

这样看来，改革前农民的权利和自由状态虽然很大程度上具有前现代化的特征，却是服务于现代化（工业化）进程的基本目标的。据估计，30 年来在农产品价格剪刀差形式内隐蔽的农民总贡赋为 6 000 亿元以上，这是中国农民对国家工业化做出的历史性贡献。

问题不在于农民贡赋的历史必要性，而在于贡赋方式的效率。统购统销制总的政策方向是抑制商品经济在我国的发展，但落后国的工业化却时时感到商品经济猛烈的冲动。原有经济体制非伴有意识形态和政治方面的高压不可，否则自发的商品经济浪潮足以改变早期国家工业化的经济流程。高强度的资源动员奠定了我国工业化的物质基础，但工业化成果的消化和工业化效率的提高却必须依托于商品经济的充分发展（中国农村发展问题研究组，见周其仁，1993）。在农村，剥夺农民财产和限制其身份自由对生产力的禁锢还在高级社和人民公社创建之初就被发现了，甚至在 1956 年下半年，浙江永嘉县就萌发了第一次包产到户的浪潮。尔后 20 多年时间内，“资本主义”批而不绝，“小生产势力”打而不倒，都从反面度量出原有体制仅仅是对经济生活内在矛盾的一种压制，而绝不是一种解决方式。囿于此期间国家政权的使用方向与社会体制的需要不相一致，甚至背道而驰，因此，改革没有可能成为现实。农民对人民公社体制的反抗，消极地体现在极低的农业生产率上：农产品供给的匮乏、农民的贫困以及国内市场的狭窄，成为整个国家经济发展的瓶颈。年积月累的现实似乎可以说明一切都是先天的自然：天气就是这样，土地就是这样，农民就是这样，农业就是这样，谁有办法去改变？

改革成为改变当时状况不合理程度的一面镜子。20 世纪 70 年代末，首先在群众长期穷困、不得温饱的地方揭竿而起并迅速见效的包产到户，才显露出种种问题原来有另一种解决的途径。在党的十一届三中全会思想路线的鼓舞下，包产到户的潮流只用了两三年的时间便席卷全国，它像闪电一样揭示出一个基本事实：几乎全体农民都拥护对人民公社制度进行根本性改革。1984 年底，全国 569 万个生产队中，继续维系原有统一经营方式的不足 2 000 个，仅占 0.04%，其余全部包产、包干到户。

包产到户并没有高举“改革所有制”的大旗。但是，承包产量从一开始就以分户承包集体财产（主要是地产和农机具）为必要前提。其结果大大刺激了总产出和剩余产品的增加，反过来又给了农民把归自己所得的剩余产品再行投资，并逐步形成私有财产的权利。承包集体财产与农民自有财产形成之间的内在联系，虽然很晚才引起注意，但回过头来看，这正是农村财产关系变革的起点。

随后，原有集体财产的存在形式发生了根本的变化。它表现在：（1）集体所有的不动产，主要是几乎全部的耕地，以及相当一部分水面、草场、山林、荒滩等，都已承包给农户独立经营，收益在农户和集体之间分成，承包的年限在 1984 年后普遍已延长到 15 年以上。1985 年全国耕地价值 20 000 亿元，平均每个农户承包占有地产 10 500 元。（2）另一部分集体的牲畜和大中型农机具等，经折价处置，实物流转到农户，折价款则留归集体，1985 年末，推算已流转到农户的集体资产当在 200 亿元以上。（3）原社队企业的固定资产，部分承包给企业集体或经理（厂长）经营，部分作价折股归还生产队或农民，并吸收新的股份重新组成新的企业实体，部分折价转卖给农民个人。1985 年末，全国乡村两级企业实体固定资产原值 750.38 亿元，其中约 90% 以上已运用各种形式承包或折股。

改革重建了农户私有的财产权利。根据住户调查资料，1985 年全国平均每个农户拥有的生产性固定资产、私人住房、现金和储蓄存款、余粮等项加总额为 3 812.77 元，推算当年全国农户总资产在 7 000 亿元以上。这部分财产增长最为迅速，按相同口径计算已经比

1981年增长了1.68倍，年平均增长27.37%。

适应扩大经营规模的要求，在部分财产基础上，形成了一批超越家庭范围，但又截然不同于原有集体模式的新经济联合体、合作企业和私人企业等新的财产主体。1985年，全国合乎统计指标要求的新经济联合体共48.47万个，拥有固定资产48.81亿元。同年，由部分社员联营的合作企业、其他形式的合作企业等共拥有资产估值210亿元。此外，农村私人企业也正在发展，据对1985年全国129.3万个从事第二、三产业的专业户的统计，其中每户雇请帮工、徒工8人以上的共18 169户，平均每户雇工10.97人。这批专业户实际初具私人企业的雏形，推算资产总额约为10亿元。

上述变化交织成一幅中国农村财产关系的新画面。为了有个总的把握，我们用来源不一、且精度都有限的数据勾勒出当前的总图景：农村财产总额为30 000亿元，其中20 000亿元地产为集体所有，农户独立承包经营；生产性固定资产投资共2 700亿元，其中农户拥有的占55%，新联合体占1.78%，原有集体占42.43%，私人企业占0.07%；非生产性住房共约5 000亿元，农户占90.6%。此外尚有2 000亿元以上货币及实物储蓄，农民家庭占60%以上。

现在农民的财产，大部分为非生产性的房产（占62.42%），生产性固定资产只占20.79%。在农户自有的生产性固定资产中，役畜、大型铁木农具和农林牧渔机械又占57.4%，外加一部分现金和实物，这些都必须同承包的集体土地相结合，才能从事生产活动。改革前集体通过统一经营和对收益的直接支配来实现对土地和其他财产的所有权，现在主要通过获取农户上交的承包金来实现。1985年平均每个农民向集体上交的承包金额为10.79元，全国总上交为90亿元；加上全部乡村两级企业账面上交集体的利润67.73亿元（实际数额不限于此），集体年度的财产发包所得当在150亿元以上，比1978年集体提留（103 亿元）增长了 45.6%。因此，这场 8 亿农民深深参与其中的财产变革，尽管也不可避免地包含一些财产重分的因素，但其主流却是在迅速增长的财产总量中，形成新的财产主体。

肯定农民的财产权利，相应就要求扩大农民从事经济活动的自由。在中国，几亿农村劳动力面对 20 亿亩耕地，经济活动的空间显然过于狭小。因此，扩大农民的经营自由，就不能仅限于扩大从事农业活动的自由，而必须扩大农民从事非农产业活动，进而扩大改革其社会身份的自由。1978 年以后，中共中央、国务院陆续发布了一系列重要政策文件，逐步解除了原有体制对农民经营自由的重重禁锢。从肯定多种经营方针，明确社队企业的地位，承认多种所有制和经济形式的存在，允许土地转包，繁荣小集镇政策，直到允许农民进城经营各类工商服务业，甚至自理口粮落户，这都是过去几十年间不可想象的方向性改变。

1979—1985 年，我国已有 4 577.2 万农村劳动力从农副业活动转向非农产业活动；同期，城镇人口净增 12 700 万，此外还有约几十万至上百万农民作为流动人口常年停留于城市中谋求各种营生；农村年度外出的临时（合同）工劳动力达 600 万；城镇每年扩大就业的人数中来自农民的约有 100 万左右。就是说，近年约有 1/5 的农民改变了就业范围、居住地点和实际社会身份，使得他们的生活方式、生产方式和社会交往方式等多方面发生了质的变化。1989 年农村乡镇劳动力的分类已达 12 个大门类，其中非季节性和临时从事农林牧副渔业以外的劳动力占 19%。这些在实际上已经扮演着新的社会角色的“农民”，只有两点还不同于原体制下的城市人口：（1）没有由国家全包下来；（2）还在某种程度上保留与土地的联系。但是，他们显然不再是传统意义上的农民了。这标志着占中国人口 80% 的农民，按照经济社会发展的需要，变换职业和社会身份的自由有了显著的提高。

财产权利和身份自由，是包产到户变革中的两大法宝。它们唤起几亿中国农民对土地的热爱、对劳动的热情和对生活的憧憬。1979—1985 年间中国农业和农村经济的高速增长，不仅超出了自身历史的常规，而且超出了战后各大国的常规。促成这次超常规增长的条件很多，包括累积的物质条件、潜在的市场容量和财政因素等。但是，这一切，若无农民的积极性，都不足以充分有效地发挥作用。改革是我国农业超常规增长的真正秘密。这个事实有助于总结在农民占人口多数的国家里，如何从事社会主义事业的教训：无论如何不应该凭借政权的取得而去剥夺农民的财产和限制农民的自由。在社会主义时代，如果试图把农民剥夺成无产者，然后再强制其参加“社会主义建设”，那么，这样的主张必定要遭受到农民群众消极的，但却是最难于制服的反抗。无论哪里这样做，总要付出农村社会生产力停滞不前的代价。而任何地方只要敢于起来纠正剥夺农民财产的错误，都能在短期内获得巨大的经济和政治方面的矫正效益。

冲突和摩擦：农村商品生产的初级发展

农村多种主体的产生和财产结构的重建，农民随社会分工的发展而显著提高变换社会身份的自由程度，要求农村商品货币关系必须有较大发展，才能合乎形势的需要。1979—1985 年，全社会农副产品收购总额增长了两倍。如加上农民内部通过集市完成的交易额和乡村非农产品的出售量，1985 年我国农村总的商品率已达到 63.9%，农民人均现金收入占总收入的 65.3%。目前全社会 50% 以上的购买力在农民那里，社会零售商品总额的 60% 以上销向农村。同时，全社会市场货币存量的 60.42% 也在农民手里。中国农民的生产和生活还从来没有同如此大规模的商品交易和货币利用联系在一起过，这的确是一个历史性的飞跃。

有意义的是，农村商品货币联系的发展甚至也从财政压力中获得推动。1979 年国家大幅度提高了农副产品的收购价格，这项重大的措施发挥了显著的作用。但是，仅有调整性的处理还不足以解决问题。新提上去的农产品购价，不仅依然不能灵敏地反映农产品价值和市场供求形势的变化，而且由于维持销价基本不动，形成了财政上巨额的农产品购销倒挂。以致越是丰收，财政问题、货币问题和通货膨胀问题就越尖锐，这样悖理的现实给酝酿中的全局改革罩上了某种阴影。1984 年末，农民提供的商品农产品数量达到了有史以来的极大值，而我国农产品的最大买主——国家，却陷于购不进、销不动、存不下、调不出的重重困扰之中。财政作为国民经济的中枢神经，发出了再不改弦更张，连过日子都困难的信号。

当时所面临问题的实质，是人民公社微观制度改革的进展，同国民经济的整体体制发生了冲突。1985 年初，中共中央、国务院宣布，全面改革长达 30 年之久的农产品统购统销制，从当年起结束粮食的统派购而代之以合同定购。这项决策的基础是 1979 年后农产品流通领域内业已发生的一系列改革：恢复集市贸易、以多渠道经商打破独家垄断、陆续放开绝大多数农产品的购价和销价。不过，粮食毕竟是整个中国经济运行的“高压电”，改革的锋芒指向粮食体制，比较起来，可说是改革史上最大胆的决策之一。

这就触及了我国经济体制和以往发展战略的基础。统购统销的根本特征是以商品买卖为表，以国民收入的直接分配为里。分配寓于交换之中完成：农民每卖一份农产品，等于交出一份贡献；工人企业每买一份农产品，则等于得到一份福利。现在，表现的“买卖”要转向真正的市场等价交换，就不能不牵动全部生产者、消费者和经营者比较根本的利益，不能不导致整个经济运行组织方式的重大改变。

1979—1984 年我国农业特别是种植业的超常增长，累积起相对充裕的农产品储备，这为改革统购统销提供了一个有利条件。但是，改革的必要性并非植根于“农产品多了”的基础之上。中国农业自然资源相对于人口的匮乏，已达到的农产品供给水平远低于发达国家乃至世界平均水平，都不是需要什么人耳提面命才不致忘怀的常识。而恰恰是我国土地资源的高度稀缺和其他农业资源的相对不足，才使这场改革比在其他国家显得更为紧迫和必要。道理很简单，因为在基本解决温饱问题以后，如果听任种种把福利补贴暗含其中的“低价食品”人为地去刺激需求，如果强制供给的领域从生活必需品的范围扩大到超必需品（如吃肉）的范围，那么，我国经济的中长期发展必将步履艰难。苏联、东欧某些国家补贴肉食供应，形成过度消费，以致在人均 GNP（国民生产总值）100 美元时，恩格尔系数竟比西方国家同等收入水平阶段高出 10%（刘运梓，1985，92），这个教训值得记取。中国的土地资源相对于苏联、东欧更为稀缺，因此，在刚刚走出温饱阶段时大胆地在食品（特别是肉食）供求中引进市场机制，对长远的发展是有战略意义的，因此这场改革只有出台早晚的选择，而根本没有回避的可能。

更重要的是统购统销制把补贴的福利放在“售卖”中实现，固然以廉价食品维持了低工资，以廉价原料保证了高额上缴利润，但它也歪曲了工业化过程所耗用的各种来自农业生产要素的真实价格，从而削弱了企业对要素价格变动的适应能力。这是导致全社会经济系统的无成本意识蔓延，经济效益太低的一个重要原因。1952—1981 年我国经济的综合要素投入的年平均增长率高达 6.3%。但附加价值的年平均增长率仅为 6%，导致综合要素生产率每年平均递减 0.3%。它说明我国原有体制虽具有极强的经济资源动员能力，但对高强度动员起来的资源的利用效率却极其低下。如果不通过对原有体制实行改革来根本扭转这个无法令人甘心的事实，我国的现代化是难有指望的。

改革毋庸置疑的必要性并不能自动保证改革的顺利成功。现在必须承认，我们当初对改革的复杂性预料不足。如果要对公开宣布改革统购统销体制以来的两年情况做个总的估量，那么是否可以说，虽然已经对旧体制产生了重大冲击，但改革的初级目标还未达到，尚未根除“回头浪”的威胁。

实践中有两类突出问题可能对改革的成败产生决定性的影响：（1）一些农产品的购销“放而不开”，形成拉锯和反复；（2）另一些放开了的产品面临过于剧烈的供求波动，形成市场振荡。前一种情况可以粮食为典型，初始设计的改革路子，是从废止粮食统派购入手，建立合同定购制予以替代。在1984年农民卖粮难，希望国家多购的背景下，这条路子走得通，当时最关键的条件，是市场粮价逐步下跌以致大范围低于国家实际购价。但问题恰恰是支撑这一关键条件的主要因素都在发生变化：财政补贴负荷过重需要减轻，农用工业资料价格开始大幅度上涨，农民对连续几年的卖粮难做出自发的减少投入、缩减播面的反应，种植业以外的致富的门路正在开通。这些因素的综合性结果，一方面是1985年春天的合同粮价平均比上年降低10%，另一方面则是同年夏秋之后集市粮价出现恢复性上涨。单从粮食供求形势来判断，这两个方面的变化基本正常，并未因此形成粮食供应危机。真正的危机发生在改革方面：当市价高于合同价时，农民就不再自愿订立合同，收购的保证程度一反上年形势而大大下降，但销售方面却毫无相应减少的可能。于是，“新体制能否保障供给”的恐慌由此先从销区发生，随后又波及产区。以财力提高合同购价，每斤粮食似乎只不过区区几分钱，但集中到任何一级财政都是一个大窟窿；用工业物资挂钩换购，实际兑现程度很低；靠乡镇企业“以工补农”，难以全局奏效。最不确定的因素是市场粮价的趋势，谁也不知道总的物价形势对它将会产生何种短期和中期的影响。改革只能以不中断供给为边界，于是，只好对农民宣布定购属指令计划，不自愿也必须完成交购。从窗口出去统派购又从大门回到合同制身上。配套措施也是现成的，那就是在区域内限制集市（“先完成合同后开放粮市”），在区域间封锁粮食交易。不同的是，合同定购的数量比统派购更多，对品种的要求更严。这就是1985—1986年，粮农普遍抱怨“合同比统购还统购”的由来。这是一种“放而不开”的情况。

另一种情况即剧烈的供求波动，相当普遍地发生于猪、菜、禽、蛋、果、水产和麻类等一系列业已放开的农产品身上。价格的猛涨猛跌在先，产量的陡起陡落在后，形成同一农产品品种严重过剩与严重不足的反复交替。某些消费替代弹性大的产品，受剧烈波动的影响较小，容易收敛（水产品）；而对于那些替代弹性小的产品，过于剧烈的波动则易形成市场振荡，对供求双方都会产生灾难性的后果。

从两个方面看，改革都遇到了棘手的问题，需要寻找暴露问题症结并予以解决的形式。在这样的时点上，社会似乎一下子都陷入深深的反省之中：为什么要引进市场机制？为什么要遭受此种痛苦？一切好像曾作为改革的前提，是早已解决了的问题，这时又重新像陌生人那样站在农民、各类商业机构、消费者和政府管理部门面前。如果在最基本的认识问题上得不到清理，以抓住深入改革的真正症结，那么，改革的热忱势必被挫伤，人们就可能有机会再一次听到旧体制在暗中发出的笑声：这就是“市场机制”的炼狱，还是回来吧。

市场表象及深层构造

区别商品货币关系的初级发展与市场机制的界线是一个关键。通常把市场机制描述为：（1）生产者对生产不同产品的收益差别做独立选择和决策；（2）消费者的购买行为完全受自己的货币收入、信用和消费偏好制约；（3）各种产品分别占用多大比例的要素资源，听命于社会购买力的需求结构的要求；（4）供求的矛盾由价格变化来反映，并通过影响生产者和消费者诸经济行为来调节（弗·布鲁斯，1983）。但是，我们应当进一步思考，价格信号能够如此权威地迫使全体生产者和消费者都做出如期反应，这需要什么样的制度规范、公行准则和组织载体等深层构造的条件。

从经济的事实来概括，市场的深层构造包括两大点。首先是社会经济的单元利益独立化为明确的所有权，这是社会分工的发展和各种依附性社会关系解体的共同结晶。独立的经济人格构成商品交换普遍化的原动力，而只有受到法律保护的排他性所有权体系的确立，才能迫使全社会所有经济单元无一例外地通过平等竞争来谋得自己的利益，只有安分地经过平等的交易来完成他们之间的交往。明确而独立的所有权是市场机制最基本的构造。

所有权为了避免自身成为“法学上的幻想”，必须包含非常具体而完全的经济行为规范。这就是市场深层构造的第二要点：完备的商业法规。任何商品经济发达的民族都以极其完备的民商法规为其全部经济活动的基础，在这个基础上，绝大多数人都被严格训练成遵守契约原则来行事。没有这个条件，初级的商品货币关系只会造成不得利和侵权行为的普遍。脱离财产所有权和系统的商业法规，大谈“市场机制”甚至“市场深化”，是文不对题的。

因此，自由的价格及其对资源配置的权威作用，并不是由这种形式自身决定的，它取决于市场深层构造的特点。这段抽象论述也许有助于提示我们，价格形成的扭曲和价格调节功能的扭曲，都要从社会深层构造中才能找到真正的原因。

目前我国农村的基本单元是：农户，多种农民企业，各级政府及其经济技术部门。如果用改革前的状况来衡量，它们在包干到户后都发生了巨大的变异。但是，我们若用另一把尺子，即建立起能使价格机制对资源配置全面发生调节作用的深层组织构造来衡量，就会发现已有改革的成功基础并不牢靠。始于包产到户的经济体制改革，到了扩大应用价格机制解决流通问题的阶段，何以出现了步履艰难的局面，也许可以从下面的分析中得到说明。

如前所述，包产到户之后，独立的财产权利的重建和自由决策权的获得使我国农户成为积极的商品生产者和消费者。但是，它们普遍还有两个值得注意的特点：第一，仍保留不同积蓄的半自给性，1985年全国抽样样本农户总收入的34.7%和总支出的33.5%，仍属非商品性的。第二，经营规模狭小，全国平均每个农户的耕地面积不足0.51公顷，系全世界最小的农户之一。加上绝大多数农民家庭兼营多种土地产品、工副商业和劳务，因此，产品经营规模狭小。即使占总农户1.67%的种植业专业户，年度专业总收入也不过每户5 379.3元。这就制约了农户的如下经济行为：不能够对价格信号做出调整自身生产和消费的灵敏反应；多数农户对投入品市场的反应比对产出品价格的反应更敏感，只有少数专业性较强、规模较大的农户才相反；承受价格风波的实力很小，“赚得起，赔不起”是普遍写照，难以对价格的周期性波动实行所谓“逆风向调节”；环境信号一旦过于不利，多数农户就通过少买少卖、扩大自给性活动来自卫。这些行为都可以看作是合乎“舒尔茨假定”的，即农民也能在权衡长、短期利益之后，为追求最大利益做出合乎理性的反应（黄宗智，1986）。农民行为的“不正常”，其实只是对环境不正常的正常反应。

于是我们可以理解，为什么农户越受独立财产权利的驱动去追求货币化的利益，它们对环境的要求就越高。能否保持并发展一个不断满足农户日益繁杂需求并给予长久激励的环境，就成为包产到户变革后经济持续增长的最重要条件。

谁是满足这些要求的组织载体呢？首先是各级政府在农村的经济

技术部门（包括生产技术、商业、金融等系列在内），这个系统无论从哪一个侧面观察，都的确是当前农村投入产出的“主渠道”。长期服务于统购统销制度的历史，生成其如下组织特性：高度附属于纵向的行政权力，完全实行行政命令的控制方式。为了保障供给，它既不需要尊重任何财产权利，也不需要遵循平等交易的规则。改革之后，初级货币化侵入部门系统，使其内部各系列各单元的利益相对独立化，形成追求多种目标（从完成上级下达任务、扩大商业性服务直到多得本单位奖金）的复杂动力结构。问题并不在于部门和地方各有独立的利益，而在于所有个别的利益是否遵守同一规则才能获取。目前的实际情况是，“半市场化”的地方和部门利益，既有行政性垄断的权力，又有追求自身利益的动机。一旦环境发生对其不利的影响，它们可以超越一般商品生产者的行为规范，采取诸如强制命令、封锁市场、垄断性涨价、任意处罚甚至无理勒索等特种手段。组织构造上的政企不分带来行为规范上的行政活动混同于商业活动，这种状况的结果甚至使最正规的组织也无组织了。安徽某地一个乡税务所，为了从大户那里中饱私囊，竟明令其不准建账！这是农价改革以来，“生产者涨一分，中间环节涨三分”的重要原因。

作为抗衡，农民自行组织起来进入流通。1985 年，农民商业企业共 14.7 万个，此外还有 325 万个城镇个体商业劳动者也帮了忙。但是，农民自组织的有效性一旦越出集市贸易的范围，外部风险就陡然增大，相应便显示出经营规模、经济实力和内部组织特性等多方面的不适应，无力在大商业环境中争得应有的稳定份额。所有自组织从事大商业活动的交易费用极高，这或许可以解释，农民流通队伍为什么多半只能在价高利大的经营项目中有所作为，而难以为生产农户提供稳定的、大规模的产前产后服务。1986 年统购统销改革遇到障碍，农民自发的商业组织中不仅没有中流砥柱，反而数量急剧减少。

问题并不到此为止。农户通过“中介”走向市场，而市场的那一方则是城市居民和工厂。在这条长长的通道上，价格对农产品供求双方的调节强度极不对称。城乡体制原先就有重要的不同，加之城乡改革的不同步，使国家与农民关系的货币化程度率先提高，但国家与城市居民及工厂关系的货币化程度实质上仍然很低。重要的农产品如粮食、棉花等大部分仍由国家负责平价包销，因此，不论生产者价格发生多大起伏，销售数量和价格都可不作任何反应，其他产品如菜、猪和某些工业原料，销价虽然放开，但由于城市企业职工和城市居民都居于极强的谈判地位，能够把他们受到的价格压力传导到企业和事业单位，或者导向工业品价格更大幅度地上涨，或者导向国家财政。国家财政也并不是压力的最终承受者，它通过内部（中央与地方）分担、向银行透支、转移开支（如农产品提价后相应减少对农业的财政性投资）来分担压力。一旦这几种方式都不足应付，就由政府出面重新指令农民完成低价供给。在这种不对称受压的价格改革传导体系的背后，就是城市经济体制的组织构造依附于行政权力的企业和由国家包下来的居民。传统已结成了巨大的既得利益的惯性，改革在这里的步履比在农村还要艰难。

农价改革的压力直接、间接地传回到刚刚欢天喜地的农民身上，这才是我国经济改革风险和压力默默无闻的承受者。农民固然得到了一部分农产品价格上升的好处，但马上又在工业投入品价格的更大幅度上涨和形形色色的中间费用膨胀中得到了回报。计量研究表明进入1985年后，农村居民产生的国民收入与其最终使用的国民收入之间的系数发生逆转，这不能不减弱农户对技术创新和积累的兴趣。根据抽样调查资料，承包农户及其各种组合（包括私人企业）已成为农村生产性投资的主体。但是，农户的生产性固定资产投资占其总支出的比例，却在1983年达到了顶点（5.7%）后开始下降，1984年为4.7%，

1985年为3.8%，1986年前三季度为3.43%。更值得注意的是，农户在温饱满足之后，一旦退回到自给性经济中以避免市场风险时，传统农村文化习俗就很容易吞噬它有限的积累能力。1985年，湖北荆州地区每个农户用于请客送礼与人情往来的金额平均达200元；安徽凤阳县农民办红白二事的花费差不多比5年前增长了5~10倍。全国而言，与1985年市场波动问题同时尖锐起来的农业投入问题，绝不像肤浅的观察所表明的那样，仅仅是量多量少的问题。

统购统销改革中的反复，甚至也动摇着农村现有改革最重要的成果，即承包经济的巩固和稳定。承包经济是既包括公有财产（地产和社队企业），也包括农民部分私有财产的复合权利体系。但是，迄今为止，承包经济内部双方的权利和义务都缺乏明确的法律性规范，许多最基本的权利经常遭受着各种形式和不同程度的侵犯，得不到切实有力的保障。比如，耕地承包权多半是依仗其“人人均分”的特点，才使它受到非规范的保障。即使这样，与其密不可分的种植自由权和产品出售权，也因为第一步改革的不顺利而时常遭到形形色色的任意性很强的干预。在耕地承包收益分配中，“苛捐杂费”日渐增多，承包者负担太重。此外，农户家庭人口的变动对耕地的长期承包形成了经常性的压力，其后果将导致耕地的进一步细分或重分。这个致命困难又同土地承包权的流转规则没解决有关。这一切都使耕地承包长期不变的政策目标无法用制度来保护，反过来，它又将从根基上动摇着中国农村经济应用价格机制的进程。

如果要对改革的困难做一个简洁的分析，那么，我们的结论就是：包产到户提高的生产效率，因缺乏全面的深层构造改革，正在遭到交易费用急剧上升的抵销。人们常常奇怪为什么现在东西多了价格反而越来越贵，重要的原因之一，就是近年“硬东西”（产品）的生产固然增长了，但“软东西”（把产品和要素转化为商品的市场组织和规则）却相对“供不应求”。交易费用的膨胀大大减少了农产品大规模等价交易的可能。

力量对比显然无法保证农产品价格改革的直线进攻。“双轨制”由此产生，它的本意是逐步逼近改革的目标模式——充分的价格机制的形成。在过程中以指令性购销保住经济大局的平稳，其余部分则推向“市场决定”，借以发育新机制，培植替代力量。然后通过此长彼消，导致价格机制的全面形成。但是，“双轨制”包含的深刻矛盾不应回避。行政指令计划与市场价格机制能不能在统一的经济生活中像两道铁轨那样并行不悖、安然相容，迄今为止还只是一种愿望性的假设。从农产品价格改革的经验事实来看，两者之间的冲突倾向比共处倾向更强烈、更现实。国家统购渠道之外的集市贸易早已存在，但它的稳定性发育却时时受到限制以至被关闭。不仅如此，行政控制系统还可以农产品供给无保障为借口而不断扩大自己的权力，以大大增强这些机构的谈判地位。与此同时，这个系统保障供给的责任却自动缩减，任何市场压力随时都可以向财政和农民转移；“市场轨道”始终只能作为补充，难以发育成替代系统。因此，问题的关键在于，是否能够在作为过渡办法的“双轨制”时期，及时发动深层构造的改革，放弃这方面的努力，“双轨制”不可能自动走向价格机制的全面灵验。

改革的重新定义：从组织创新到制度创新

深层改革遇到的困难不是借用某种技巧就可以快速解开的。因为当我们进入到深层构造内来观察问题时，又发现缺乏有效的现代商业中介组织来不断降低初级商品货币关系的发展所带来的交易费用上升。确切地说，农价改革遇到了组织危机，而这方面不像农户家庭经营那样，有现成的传统组织资源可供我们利用。

我国在组织资源方面所接受的历史遗产是一种两极的构造：中央

集权制的政府和家庭宗族。两极之间，既缺乏社区或地方自治的传统和经验，也从未出现自由市民为主体的城市。庞大而复杂的行政系统通过非官非民的乡村一级而与分散、孤立的家族相联结，缺乏有效的中间组织，而呈现出一种特殊的脆弱性。行政垂直系统高度集中国家资源不断创造的辉煌业绩，总以日益膨胀的管理费用为代价。一旦越过家族所能承受的界限，控制就失效和陷于混乱。新中国成立，我国一改一盘散沙的旧貌，实现了空前的统一，这是自 19 世纪以来，从未有过的有利政治条件。中国基本上依靠自己的力量，发动广泛而深刻的社会变革，进行了大规模的经济建设，取得了国家工业化方面的突出成绩。30 多年的历史表明，中国有很强的动员社会资源的能力（中国农村发展问题研究组，见周其仁，1993），这在一般的发展中国家是很难得的。国家政权在党组织的帮助下深入到了乡村范围，破坏了在乡村地主基础上的旧的等级，通过对新组织的建立，家族和血缘关系也受到很大的抑制，从而高强度地动员了大量的地方资源。但是，这种从中央到地方最基层的新的组织结构，对经济和社会生活的协调和控制过分依赖于垂直的行政系统，在权力过于集中时，也严重束缚了地方和基层的主动性和活力，使控制和协调的成本增加，效率下降。另一方面，由于这种调控方式使我国的组织结构十分单一，层次虽然不少，但这些中间层次缺少利益的独立性，在组织内部和组织之间缺少职能分化的机制，因此在分权时，各种组织很难通过相互协调的自组织过程来改善社会整体协调的能力和效率。“放——乱——收”周期性地重演并不是放的决心不大，而是我国既有的组织资源严重不足，认识这一点对把握农村深层改革任务具有决定意义。

新组织的要求几乎从责任制刚刚开始实行时就萌生了。从农户耕地连片、换工协作、合购耕牛和机械到形形色色的新经济联合体，自组织过程一直在进行着。原来完全隶属于政府的各农村经济技术职能部分，也迈开政企分离甚至“恢复民办”的步子。一系列经济组织都进行了适应性改组，同时又重建了一大批形式各异的公司、协会和中心。经济发展内在的压力推动人们投入积极的组织创新。但是，我们必须看到，迄今为止，农村已有的组织创新基本上还局限在非正规组织领域内花样翻新。这里所谓的非正规组织，系指无须明确行为规范，同时各成员对规范遵守与否也没有统一的社会性强制为担保。这种组织在现实中，就是以血缘、邻里、亲友、门路等初级社会关系网络为依托，以人情等特殊媒介（而不是货币和法律这样的一般媒介）黏合起来的，它们具有极大的灵活性且非常容易产生，所以几乎遍地都有。这种组织的局限是：选择对象受天赋条件约束极强，无法在更大的范围内优化；组织的内部关系主要靠初级的社会规范来维系，在很大程度上取决于当事人的交情和个人道德，因而极不稳定；组织的社会地位得不到正式的确认，使外部世界对它难以产生稳定的预期。这一切都导致非正规组织领域内的创新成果无法积累，不足以承担大规模节约组织费用和交易成本的重任。

改革在正规组织领域内至今没有获得实质进展。这个领域有两个特征：第一，组织成员的行为有统一而明确的规范；第二，各成员违反组织的行为规范，要受到社会强制性的处置。如前所述，我国虽有强大的正规组织传统，但其中的行为规范及约束体系，却长期唯一地服从纵向的行政隶属。脱离行政权力系统就不正规，这差不多已成为我国不成文的“宪法”。这种正规组织类型的单一化，正是深入改革的主要障碍。农村改革以来，“政企分开”的纲领终难实行，关键是我们的“企业”一旦与政府分开，除了到非正规组织领域内寻找血缘、人情关系等非正规的保护和承认（如个人、家庭承包），再也没有一个可容它作为正规组织存在的空间了。我们民族的历史上，还从来没有为既超越家庭宗法关系的羁绊，又不依附于行政权力的独立经济组织，提供过正规保护和约束规范的记忆。仅有坚决的放权决心，是无法弥补这种先天性缺陷的。

非正规组织领域的变革达到一定的临界点，也产生出正规化的内在要求。因为明确而统一的行为规范及对遵守规则的强制约束，是任何从事大规模商品交易组织的必要条件。这时它们也感到没有了“第三空间”的痛苦，正规化只好到原有的纵向行政隶属系统中去完成。这样农民在非正规组织领域里的大量创造，如基于独立权利的合作或联合、合伙人企业、股份公司、民间金融和各种横向联合等，一旦有了正规化的要求，首先就要完成“挂靠”，即为自己找到一个行政上级。新组织幼芽非得牺牲自己商品经济的特性才能合法化、正规化。所以生活中老有新东西产生，但总是长不大；长大了的，多少就变了味儿。无论何种形态，用经济分析的语言来讲，都无法大规模节约交易费用。

市场机制的全面而大规模运用，为什么同正规组织领域内超越传统的创新密切相关呢？这就要联系对市场经济发生过程的重新认识来回答。事实上，前文论及的市场深层构造的两大支点，即独立的财产权利和契约基础上的商业法规，固然能够支撑起古典的市场，但随之而来的市场纵深发展，又对所谓“以均衡价格实现资源配置的帕累托最优”设置了时空限制。价格形成及供需双方的反应调节过程，都要花费时间。时间有价值，信息要有代价，这就是“交易成本”概念的由来（亨利·勒帕日，1986，9）。市场的空间范围越大，经济过程越复杂，交易费用就越高，古典市场也随之成为一种代价昂贵的构造（亨利·勒帕日，1986，11）这就是通常所说的“市场失灵”。为了克服这种失灵，各种市场组织的发育被提上了商品经济的现代化历程。企业是最早一种内部不用市场规则而用命令、计划和等级制，但又从事市场经济活动的组织。最简洁的解释是，企业节约了交易费用（罗纳德·科斯，1937）。随后，一系列企业间的中介组织更有了长足的发展。现代市场经济大大更新了“生产劳动”和“分工”的种类和内涵，创造了股份公司、现代银行体系、证券交易所、批零市场、期货交易直至信息服务网络等一系列新组织。它们的共同特点是以节约交易费用为存在理由，同时又不破坏市场深层构造的基础。这方面最重要的制度创新是企业法人制的确立，它使任何节约了内部组织费用的大组织，都享用早期市场制度对个人财产权利提供过的那种保护。

早期市场分散的小私有权经过组织发展成大私有权，它把市场关系推向全球的同时，也以垄断、技术停滞和通过对小私有权的侵犯造成巨大的社会不公平，危害到市场机制本身。政府干预经济的时代到来了，它导致税收、金融和财政等制度的又一次创新，不仅全面更新了市场机制的规则，甚至对绝对的财产权利——主要是大私有权——也做了使之不再完全排他，但仍由法规明确这种不完全程度的限定。这一切已为现代各国市场经济打上共同的烙印。不过，市场与组织之间的博弈并未因此结束。政府干预经济带来投资冲动锐减、福利病盛行以及国有企业的低效率，引来新自由主义经济学派的尖锐批评。

中国作为一个发展中国家绝不仅仅是这场世界性博弈的旁观者。我们应当从中得出对自己有用的结论：第一，市场的深层构造并非一经生成就不再变化，它一直没有停止从低级形态向高级形态的演化；第二，较高级的市场组织形态中包含着其低级形态的最基本规定，如股份公司扬弃了绝对排他性的私有权，但明确界定其不完全性的所有权却依然得到保持；第三，基于明确而不完全财产权的商业法规，较之于早期的体系要丰富得多，但它仍然是统一的，对所有当事人的行为都具有社会强制的约束；第四，在不同时代、不同社会制度下市场经济组织的个别经验中，包含着人类解决关于自己经济生活方面困难所积累的共同文明财富，只要善于借鉴，后进国家能够直接面对极为丰富的“组织规范”，有可能对如何建立本国市场的深层构造，做出更优的选择。

从这样的角度来思考深入农村变革的方向，我们就不能满足于仅仅在非正规组织领域中日新月异的创新。改革的重点必须移向正规组织领域，而全部关键则要在这个领域里创建起能够接纳摆脱了非正规组织和行政隶属这两种传统约束的新经济组织的制度规范，为大规模节约交易费用、彻底完成统购统销改革铺平道路。

依据现有的认识，能够支持新的正规经济组织空间确立的根本基础，还是市场深层构造的两大因素：包含有现代内容的财产权利体系和完备的商业法规。在这两个方面展开工作，对中国都具有某种超经验性的和极不确定的风险，这里只能简略地涉及某些关键性的困难。

在财制权利制度方面，第一个根本问题是所有制的法律表现是否只是具有形式的意义。理论经济学似乎已经养成撇开所有制的法律表现去谈论“本质”问题的学术偏好，但中国的问题恰恰是各种所有制都极度缺乏自己的法律表现。在这种情况下，所有制的革新变化得不到相应的法律肯定（如农村承包经济牵动几亿人的根本利害，但至今仍无一个完备的法律），倒退性变化也就难以制裁。

第二个问题是如何对待财产形成中的“非劳动收入”。任何国家，更无须说中国这样一个发展中的社会主义国家，如果“非劳动所得”在财产形成中的权重过高，都会给经济和社会发展带来不良影响。但是，何谓“非劳动收入”，比如经营活动和商业性“中介”活动是否可算“劳动”，以及怎样确定各种不同劳动的量，都有大量的混乱认识需要清理。在商品货币的形式下，“非劳动收入”如银行利息是和股息等构成了商品生产的重要组织媒介。现实中货币关系的迅猛发展已经使红利、股息、租金（包括地租）等一系列“非劳动所得”的形式在事实上得到应用，如何在社会观念和法律上对待这个问题，成为我国财产制度确立中的一个敏感方面。市场经济的经验表明，对“非劳动所得”加以法律程序，如征收所得税的限制，这样做的管理成本显然要小，问题是我国如何应用这种经验。

第三个问题是如何确立公有财产的权利体系。这同目前仍隶属于行政权力的“企业”独立化密切相关，集体公有财产的成立、估取、收益和流转的法律细节规定和程序的有效性，取决于它们对各个成员个别利益的承认方式和对真正合作的鼓励程度。全民财产（如国营粮食企业）的权力不完全性如同股份公司不完全的私人属性一样是明显的事实，但不同规模和不同产业的全民财产不完全性的程度差别，用明确的法律语言来规定是一件困难的事情。还应考虑到，对不完全国有财产权利的法律调整，甚至在最发达的市场经济国家也缺乏完全成功的先例。

在商业法规方面，首当其冲的是理顺利益关系与建立市场规则的先后顺序问题。流行的看法是利益不理顺，规则就建不起来。但没有规则，利益恐怕永远理不顺。比如目前从省到乡级政权都拥有的封锁市场权，如果不先通过一个简略的“反封锁法”来加以初步约束，那么，即使是“双轨制”策略也未见得真行得通。在各种规则中，如何约束财政向银行透支的程序，以及限制行政权力施行任意的超经济强制，对于市场关系的确立最为重要；其次，如何为日益活跃的信用经济提供简便而有效的法律保障，也显得格外紧迫。从初级商业信用到高级的金融往来，对于旨在节约交易成本的新组织的生存和发展无疑有重要作用。但是，缺乏严格的法规容易导致连锁毁约甚至欺诈横行。当务之急是对从事信用活动的当事人设置资产审查和担保的程序，防止传统无组织势力利用信用手段危害市场和公众利益。在更广泛的基础上，我们必须从清理最基本的商业活动规范做起，如从事买卖活动，必对社会负有维护公平竞争的种种义务，抑制“无商不奸”的传统习俗对改革中不规则扰动的放大效应。总之，这里需要大量的建树，而缺乏文明商业的传统和经验，没有清醒的、倾向坚决的舆论与对商业道德的基准的支持，专业人才的稀缺和几乎社会性的对“规则”的轻视，必然构成这方面的重重障碍。

从组织创新到制度创新都不可避免地涉及多样化和规范化的关系。为了冲破旧有体制及其价值观念的束缚，多样化的改革实践显然减少了风险，提高了成功的可能性。同时，中国幅员辽阔，经济政治社会发展的不平衡也是多样化改革模式的客观基础。不过，对多样化的肯定不能超出合理的限度，因为整个旧体制的交替过程，总在较深层次上有一些共同的问题，要靠共同的制度和组织规范才可能真正解决。如果找出的似乎仅仅是只适用于一地一时的答案，那么，这种解决方式就难以制度化，难以向更普遍的范围推广，进步的速度可能因此大大减缓。对于具有极强的中央集权统一倾向的我国而言，地方模式也属于非正规组织领域，因此，前文的观点在这个问题上也是适用的，只在非正规组织领域内允许创造和突破，否则永远不会得到制度性成果。例如，目前包括温州模式在内的各个地方模式都尚未完全解决明确的财产法权体系的问题。因此，所有地方模式的稳定、巩固和继续发展，都应进一步面对在深层构造中具有同样性质，因而也需要同样的解决原则才能解决的问题。丰富多样的个性中所包含的内在稳定的共性，是农村深层改革中十分值得注意把握的命题。

最后，我们特别强调借鉴。比较现代化的研究表明，现代化关系大规模变革的阶段，都包括两个基本的革新过程：转化，即改造在现代以前已经存在的特质；借鉴，即参照适用于自己的模式建立新的制度和价值标准。区别在于，那些已具备现代化主要前提的国家，可以在很大程度上依靠转化；而缺乏某些必要前提的国家，转化的机会较少，借鉴的必要性就相应增加了。中国在全球现代化过程中的落伍，与拒绝借鉴和学习有极大的关系。因此，善于独立地借鉴一切有用的国际经验，显得格外重要。正像马克思主义绝不是背离人类文明大道的产物一样，实践中的社会主义也没有可能闭门在孤寂中完成自身的创新。第二次世界大战以后着手进行现代化的国家都面临大量的新知识，这些知识简直无法像19世纪末的日本那样在一代人的时间里加以吸收。中国人应当睁开眼睛看人类文明已提供的创新成果，实行勇敢的拿来主义。在借鉴中保持民族的一体性而不使社会解体，这对促进接收现代文明知识具有更大的意义（西里尔·E·布莱克等，1984）。后包产到户阶段是创新的阶段，面临着十分繁重的深层构造改革的使命。8年成功的改革给它以鼓舞，而停顿下来舍弃前功的危险，则给它以鞭策。

参考文献

[1] 国家统计局农业统计司:《我国农民生活的巨大变化》，中国统计出版社1985版，第5—9页。

[2] 宋国青、罗小朋:《经济结构与经济改革》,《农村·经济·社会》，第2卷。

[3] 高小蒙:“粮食备忘录”,《发展研究通讯》，总第21期（1986年10月）。

[4] 中国农村发展问题研究组:《国民经济新成长阶段和农村发展》，见周其仁编:《农村改革与发展》(上卷)，牛津大学出版社1993年版。

[5] 刘运梓:《发达资本主义国家农业和农村》，农业经济学会1985年铅印本，第92页。

[6] 黄宗智:《华北的小农经济的社会变迁》，中华书局1986年版。

[7] 弗·布鲁斯："社会主义经济和运行问题"，《社会主义经济模式问题论著选辑》，人民出版社，1983 年版。

[8] 亨利·勒帕日：《美国新自由主义经济学》，北京大学出版社 1985 年版，第 9—11 页。

[9] 罗纳斯·科斯，1937 年。

[10] 西里尔·E·布莱克等著：《日本俄国现代化》，商务印书馆 1984 年版。

第三部分

土地制度改革

农村改革：国家与土地所有权关系的变化[①]

——一个经济制度变迁史的回顾

中国的经济改革正在广泛地改变资源利用的产权形式和效率。这场变革的背景，是原有社会主义国家对经济活动控制模式的失效和日益松弛。本文讨论这场大变革的发源——农村改革的经验。

20 世纪 80 年代的中国农村改革，一方面是国家集中控制农村社会经济活动的弱化，另一方面是农村社区和农民私人所有权的成长和发展。经过 10 年分权化的渐进改革，国家与农村社会的关系已经发

① 本文发表于《中国社会科学季刊》（香港），1995 年第 6 期。本文及其更早的一个草稿曾分别在加州大学洛杉矶分校（UCLA）中国研究中心召开的“社会主义农业体制转型：苏联、东欧与中国”讨论会（上海，1993 年 8 月）和中国农业部农村研究中心召开的“90 年代中国农村改革和发展”讨论会（北京，1993 年 12 月）上发表。作者感谢上述两个中心的邀请，感谢麦克阿瑟基金会和福特基金会对作者参加这两次会议的财务支持。会议的讨论使作者得益匪浅，特别要感谢杜润生、黄宗智、白凯（Kathryn Bernhardt）、陈锡文、杜鹰、林毅夫、刘守英和龚启圣的评论和建议。在写作和修改的过程中，与宋国青、崔之元和罗小朋的多次讨论，对作者最为重要。当然文中的论点仍由作者自己而不是由上述任何机构或个人负责。

生实质性的变化。本文通过对农村改革经验的回顾，把国家行为引入农民所有制建立、执行和改变的说明。本文的中心论点是，国家保护有效率的产权制度是长期经济增长的关键。但是，国家通常不会自动提供这种保护，除非农户、各类新兴产权代理人以及农村社区精英广泛参与新产权制度的形成，并分步通过沟通和讨价还价与国家之间达成互利的交易。中国的经验表明，有效的私产权利可以在原公有制的体系中逐步生成。

本文共分五个部分：第一部分讨论国家与产权关系的理论，第二部分概述改革前农村产权制度的特征和由来，第三部分研究在人民公社体制内包含的变革因素，第四部分分析 20 世纪 80 年代农村产权改革的经验，最后是一个结论性评论。

一、已有的讨论：所有权和国家

（一）所有权悖论

人们在广泛讨论所有权或产权的问题时，常常利用的概念包括合约、激励机制、监督费用、排他性收益权、风险、机会主义倾向、组织成本和资产专用性等。所有这些概念，涉及的基本上是社会成员的私人考虑和私人之间的关系。[①]这表明，自科斯和其他经济学家开创性的工作以后，经济学理论对一个交易费用不为零和、信息不对称不

① 这主要是指科斯（1937，1960），阿尔钦和德姆塞茨（1972），张五常（1969a，b）和诺斯（1973，1981，1990）等人的工作。这方面的主要文献近年已被盛洪、陈郁（1990），刘守英等（1991）和陈郁、罗华平等（1991）译成中文。杨小凯的文章（1993）介绍了产权经济学及其数学模型的最近进展和他本人在这方面的工作成果。新制度经济学中的另一个学派即“不完全信息学派”批评上述“交易费用学派”不足之处的文章，可看普拉纳布·巴丹（Pranab Bardhan，1990）。

完全的现实世界的理解大大加深了。[①]在这个世界里，所有权安排对于经济发展，再也不是无足轻重。但是，进一步的问题是，如果不把国家及其代理人的行为引进来，我们是否能够真正理解所有权制度安排及其变迁呢？[②]

如果产权纯粹是一种私人之间的合约，并且可以由私人信守来得到履行，那么国家就并不构成产权安排的一个要件。[③]遗憾的是，在任何大规模交易的现实中，不存在这样一个世界。[④]因此，当产权经济学家阐述产权的"排他性收益权利"时，通常都要强调产权是被强制实施的，因此产权的强度不能不涉及国家所提供的保护的有效性（阿尔钦，1965，243）。

国家当然不可能免费保护产权，它为保护产权所能花费的资源归根到底来自产权的"负赋"。换言之，所有权从一开始就不那么完整独立，而注定要遭到国家的纠缠。当然，产权也可以通过纳税来购买国家保护，在这个场合，国家不过是一个唯一可以合法使用暴力并具有"规模经济"的组织，产权与国家的关系与任何其他平等的契约关

---

① 科斯（1937，1960）提出的交易费用概念挑战了新古典经济学一些似乎不言自明的假设，中心是维持一个充分竞争市场的制度费用为零。结果，正如舒尔茨（1953）尖锐批评的："经济学家的观点常常给人这样一种印象，好像只要有市场，企业和家庭就足以实现经济系统的运行。"

② E·菲吕博滕（E. Furubotn）和S·佩杰威齐（S. Pejovich，1972）指出，产权虽然是一种排他的权利，但不要因此指望它会成为不受限制的权利。由于大部分限制来自国家的强加，因此如果没有一个关于国家的理论，就不能说完成了产权理论。

③ 科斯定理似乎强调私人调解权利纠纷的重要性，但这仅以交易费用为零作为前提。当费用不为零时，不仅产权安排十分重要，与其执行有关的制度和意识形态安排更重要。盛洪和陈郁（1990）把科斯定理分为第一定理和第二定理两部分，有助于我们理解这一点。

④ 在产权起源的讨论中，总免不了要遇到国家问题。罗伯特·考特和托马斯·尤伦（1988）为此构造了一个模型来说明这个问题。

系似乎并没有什么不同。[①]

问题在于，国家为什么不能凭借其唯一的对合法暴力的垄断地位而索价更高？如果国家也具有自利倾向，那么当它有可能凭其独一无二的地位索取高于其提供服务的租金，甚至干脆完全剥夺私人产权来聚敛财富时，有什么机制可以阻止它这样做？正如我们在经济史上看到的，国家侵犯产权引起长期经济衰退的教训，常常并不足以阻止国家及其代理人拒绝短期租金增加的诱惑。毕竟任何国家代理人的生命、任期及其理性程度都是有界的。也许正因为这个原因，德姆塞茨在提出“所有权残缺”（the truncation of ownership）这一重要概念时，不能不特别提到国家。他指出，所有权残缺是指完整的所有权权利束中的一部分被删除，而之所以如此，是因为“控制废除私有权利束的职位已被安排给了国家，或已由国家来承担”（德姆塞茨，1988，18—19）。很清楚，所有权残缺是国家侵权的一种结果，完全不同于私产所有者等价购买的国家服务。德姆塞茨没有进一步展开讨论这一点，因为他认为关于国家的经济理论尚未发展到足以使我们充分理解国家及其成员的行为。（德姆塞茨，1988，19）现在我们看到一个我将之称为所有权悖论的逻辑。一方面，所有权不能完全离开国家而得到有效执行；另一方面，国家的引入又非常容易导致所有权的残缺，以至我们即使在理论上假设存在着一个理性国家，也无法完全避免无效产权的后果。

（二）诺斯难题

诺斯和他的合作者（1973）曾经对西方世界的现代经济增长做

---

① 见科斯和尤伦（1988），这也是詹姆斯·布坎南和戈登·塔洛克的论点（1962）。但还有其他分析国家行为的方法，见林毅夫的引述（1989，23—24）。

过一个简明的结论，即有效的经济组织（产权）是经济增长的关键（D·诺斯，R·托马斯，1973）。不过他后来发现，有效的产权安排只是国家与私人努力互相作用所产生的多种可能结果中的一种，而不是在相对要素价格变化条件下的必然而唯一的结果（诺斯，1981，1990）当诺斯后来试图回答一个更有意义的问题，即为什么在经济史上有大量无效率的经济组织长期存在时，他提出了一个关于国家的分析框架，在那里，国家被认为具有使统治者租金最大化的动机，同时也愿意在此前提下降低交易费用以使税收增加。不过，诺斯（1981）注意到国家的上述两个目的并不总是完全一致，因为“在使统治者和他的集团租金最大化的所有权结构与降低交易费用和促进经济增长的有效体制之间，存在着持久的冲突”（诺斯，1981，25）。正是这个基本矛盾，说明了为什么许多经济无法实现长期增长。这样看来，早期荷兰和英国的成功，即国家租金最大化与有效节约交易费用之间的一致性，反而是一种偶然的巧合了。为什么恰恰这两个地方如此幸运地与众不同呢？①

哈贝马斯（1989）基于早期现代西方社会结构转型的研究，可能有助于我们理解这个问题。他从17世纪的英国和18世纪的法国历史中抽象出来的中心概念是“市民阶级公共领域”（bourgeois public sphere），即一个由私人市民阶级集合组成的公共空间，其功能不仅在于协调各种私人权威（private authority），而且在于代表市民社会（civil society）监督、约束、抑制和对抗国家可能侵犯社会的行为（哈贝马斯，1989，14—26）。按照哈贝马斯的研究，早期西欧社会向现代化的转型成功，关键就在于这个“公共领域”保持了市民社会和

---

① “国家的存在是经济增长的关键，但是，国家也是人为经济衰退的根源”（诺斯，1981，20）。诺斯的这一精彩概括给每个民族获得增长与衰退各一半的希望。

国家之间的制衡机制。但是哈贝马斯的理论过于哲学化，似乎难以应用于其他非西欧社会的实证研究。[①]一个问题是，许多早期现代社会都出现过类似的非官方的市民社会，但并不是每个这样的社会都有能力或机会达成和国家权力之间的均衡。[②]另外，哈贝马斯的逻辑似乎也不能解释英国和法国经济的区别。其实英国的市民社会和国家双方都成熟到了有能力达成妥协，而在法国却更多的是双方的持续冲突。因此我们也许可以把上述讨论概括成，当新兴产权及其代理人的集体行动，强大到可以迫使国家及其代理人只有通过保护有效产权来谋求其自身的利益，才可能出现一个对双方互利的结果。国家在此基础上追求租金最大化，产权则在此基础上成为逐利行为的规范。

这并不意味国家与社会之间的权利关系可以一次性界定清楚。相反，从此一个国家与市民社会之间不断进行制度化的讨价还价的新时代开始了。迈克尔·曼（1984）把“基础结构的权力”（infrastructural power）定义为，国家权力有能力渗入市民社会，但必须而且越来越依靠与市民社会之间制度化的协商和谈判（institutional negotiation）来执行政治决定（迈克尔·曼，1984，185—213）。他指出政治现代化的基本趋势是基础结构权力的加强，因为一个基础结构化的权力才能够更有效地动员公共资源。[③]这很好地反映了这个新时代的特征。

---

① 黄宗智（1993）对此评论说，当哈贝马斯作为历史学家时他注重于再现早期的西欧历史，但他作为一个道德哲学家时，又试图把他的中心概念一般化，据此评论当代现实，并规范世界。

② 例如，罗威廉（1984）在1889年以前的汉口，冉玫铄（1986）在19世纪后半期的浙江，以及戴维·斯特兰德（1987）在20世纪20年代的北京，分别发现由城市资产阶级、地方绅士和市民组成的公共领域。但魏斐德（1993）在他们的著作中找到反面的证据来说明这些“公共领域”不同于西欧早期的性质。

③ 例如没有一个政府不期望收更多的税，但任何一个最强硬的专制权力都不曾实现像当代北欧国家那样高达50%的税收。

（三）一个新假设

现在我们回到诺斯的问题，为什么有些国家走向保护有效产权而导致长期经济增长，另一些国家却只得到短期的国家租金最大化而陷入无效体制的长期困境？利用哈贝马斯和迈克尔·曼的讨论，本文提出一个新的假设：只有当社会与国家在对话、协商和交易中形成一种均势，才可能使国家租金最大化与保护有效产权创新之间达成一致。在这里，个别新兴有效产权有可能响应资源相对价格变动的诱导而自发产生，但是它却无法单独做到让国家来保护它。在另一方面，国家通常不会自动这样做，因为其租金最大化与保护个别新产权常常不一致。打破这个僵局的唯一可能，是新兴产权超越个体水平的集体行动，它们同时提高国家守护旧产权形式的成本和保护产权创新的收益，直至重新建立国家获取租金的新的约束结构，使国家租金最大化与保护新产权之间达到一致。概言之，长期经济增长的关键，既不是孤立的国家（无论它多么明智），也不是孤立的产权形式（无论它们多么有效），而是产权与国家之间先是随机进行，而后被制度化了的默契。

上面的讨论省略了许多细节，但是这个粗略的新假设有助于我们防止把最不可分的问题分开来讨论。这一点对于研究大规模的制度变迁来说，至关重要。下边我们通过回顾中国农村改革的制度变迁过程来验证和修订这一假设。鉴于过去研究的不足，我们必须从改革前经济制度的特征和机制开始。

二、国家控制的集体经济

（一）何谓集体经济？

集体化经济（collectivizational economy）绝不是农村社区内农户之间基于私人产权的合作关系，就其实质来说，它是国家控制农村经济权利的一种形式。按照字面含义把集体公有制解释为一种合作农业（cooperative agriculture），不但容易误导对集体经济的认识，而且无法对改革有正确的理解。

关于国家如何控制农村集体经济的运行，可能需要更多的篇幅来阐述。这里仅指出，国家通过指令性生产计划，产品统购统销，严禁长途贩运和限制自由商业贸易（哪怕由集体从事的商业），关闭农村要素市场，以及隔绝城乡人口流动，事实上早已使自己成为集体所有制配置其经济要素（土地、劳动力和资本）的第一位决策者、支配者和受益者（发展研究所综合课题组，1988）。集体在合法的范围内，仅仅是国家意志的贯彻者和执行者。它至多只是占有着经济资源，并且常常无力抑制国家对这种集体占有权的侵入。事实上，早在1958年，中共中央关于在农村建立人民公社的决议就已经写明，人民公社带有全民所有制成分，并且这种成分“将在不断发展中继续增长，逐渐代替集体所有制”。[①] 因此，与农民合作经济组织不同，集体公有制经济在一开始就处在国家的控制之下。

要注意，国家在这里已经不再作为一个外在的对所有权及其交易予以保护和仲裁的角色，它早已侵入并控制着农村所有权。有趣的是，当国家以全民的名义这么做时，它不仅消灭了传统的农民家庭私有权，而且消灭了一般意义上的所有权。因为正如德姆塞茨（1988）所说，在所有权制度安排中，最重要的是经济资源的排他性收益权和转让权。社会主义国家控制的“全民”经济使一切排他性制度安排（在国内）成为多余。而取消了权利排他性，也就取消了资源利用的市场交易。这一点，在我看来是理解传统社会主义经济体制反市场倾向的关键。

① 转引自薄一波，1993，下卷，746。

就这一体制特征而言，农村集体所有制与国家所有制是一致的。并且，集体所有制并非注定意味着是一种较为宽松的国家控制形式。集体所有制与全民所有制的真正区别在于，国家支配和控制前者但并不对其控制后果负直接的财务责任。但国家控制全民经济时，却以财政担保其就业、工资和其他福利。因此，国家对集体所有制的控制和干预，更易为“浪漫主义”所支配以至为所欲为。[①] 集体并不能完全决定生产什么，生产多少甚至怎样生产，更无权在市场上签订购买生产要素和出售产品的合约。这一切都先由国家决定，自上而下贯彻执行。当然，集体要承担这一切自上而下命令的经济后果，也就是确定最终分配水平，包括集体提留的数量和社会工分的价值量。这时，也只有这时，集体经济才实与名符。

概言之，集体公有制既不是一种“共有的、合作的私有产权”，也不是一种纯粹的国家所有权，它是由国家控制但由集体来承受其控制结果的一种农村社会主义制度安排。集体经济不适于应用西方“合作经济”理论来加以分析，因为此种制度安排的基础完全不是拥有所有权的私人之间的一种合约。

（二）国家工业化面对按人口平分地租

理解中国农村集体经济的第一个问题是，什么动力机制使国家的控制在20世纪50年代以后深入到乡村一级（这是中国以往任何传统时期都不曾做到过的）。然后，我们要回答，人数众多的农民何以接受了这样一种非合约性的制度安排。

国家控制史无前例地深入乡村社会，这件事是与国家工业化的目

---

① 几乎整个人民公社史都可以说明这个论点。但最荒唐的行为还是集中发生在1958—1959年。见薄一波，1993，下卷，第26—27章。

标紧密关联的。首先，1949 年革命对 19 世纪以来中国积贫积弱的主要总结，第一是没有强有力的国家机器，第二是没有发达的本国大工业。因此，强化国家对经济资源的集中动员和利用，加快推进工业化特别是优先发展重工业，就成为革命后新政权合法性的最主要基础。国家工业化，这个在 50 年代中国官方文件中出现频率颇高的词，不但是指把工业化作为整个国民经济发展的迫切目标，而且是指，国家要在工业化进程中扮演决定性的主导作用。

国家工业化的资本积累，主要源于本国的农业剩余。[①] 维克多·利皮特（1974）曾估计革命前中国农民通过田赋和地租提供的剩余占农业总产出的 30% 左右。这表明，中国很早以来就并不是一个所谓剩余不足的国家。[②] 问题是，这些农业剩余只有很小一部分用于近代工业化积累。当革命重建了统一的民族国家和社会基本秩序之后，新的政权有可能更多地把农业剩余转化为工业化积累。不过，要做到这一点，国家首先要做到把农业剩余更大限度地集中到自己手里。这意味着，革命后的国家不仅仅要代替旧国家掌握来自土地的赋税，而且要替代原来的地主控制和利用地租。

在税的方面，20 世纪 50 年代前期的农业税率已达到总产量的 11%。[③] 这一税率高于明清时代和抗战前的国民党政府，但低于日本

---

① 宋国青（1982）首先提供了一个分析构架来理解这个问题，刊于中国农村发展问题研究组，1984，第 1 卷。

② 伊懋可认为传统中国陷于一个“高水平均衡陷阱”之中不能自拔。他图解这一概念时，指出人口压力耗去了必要消费以上部分的剩余（1973，313）。

③ 见王耕今和张宣三（1992），高小蒙和向宁（1992），崔晓黎（1988），沃克（1984）。但是华南农村土改后有过 30% 的税收记录（Yang，1959，56—57，155—156），并见黄宗智（1990，170—171）。

统治的中国地区和抗战以后时期。[①] 就这一点看，共产党新政权已经是这个国家历史上和平时期最有效的征税者了，只是它似乎并不满足于这一点。

但是，传统中国农业剩余的主要部分即地租（加利息），却在土地改革中被全体农村人口平分掉了。按照上文引证的利皮特关于农业剩余为 30% 的估计，在土地改革后，除开农业税以外，至少约有 20% 的农业总产品落到农民手中。农民平分地租增强了他们对新政权的政治支持，但是，加快国家工业化的既定战略不能够容忍 20% 的农产品从剩余（即可能的工业化积累）转化为农民私人的消费和投资。自 1953 年开始的国家与农民关系紧张，[②] 从现象上看是土改后的农民惜售粮食和其他农产品，导致国家收购农产品的困难，但是在本质上，这是一个地租被农民平分完毕的小农经济与雄心勃勃的国家工业化目标之间的矛盾冲突。

国家试图通过扩大征税重新拿回一部分流失了的地租。但是，20 世纪 50 年代几次高征税引起农民的集体抗议行动，表明征税加上各种附加费达到农产品的 15% 即是一个界限（崔晓黎，1988）。超越这个界限，国家的征税成本将大大上升以致得不偿失。毕竟，面向全体农村住户把一部分地租缴入国库，比之于仅仅面对地主和自耕农做同样的事情，要困难得多。结论是清楚的，国家如果仍然作为一个传统的征税者，根本不足以把平分了的地租重新集中起来用于国家工业化。

---

① 明清时期的税率占土地产出的 2%~4%（Wang，1973）。抗战前华北国民党政府的税率为农民收入的 2%~5%（黄宗智，1985，290—292）。日伪时期农村税率上升，华北从 1941 年的 6%~8% 直线上升，而在江南有过 50% 的收税记录（黄宗智，1990，172）。同期国民党统治区实际税率约为 20%，陕甘宁边区约为 13%（马克·塞尔登，1971，181—183）。

② 薄一波，1993，上卷，第 12 章。

（三）剥夺农民私有权

新的国家必须超越传统的国家行为规范而行动。它不仅深入到乡村一级，而且干预到农民家庭和宗族的决策。它不仅重组乡村政治生活和精神生活，而且控制农业产品的生产、交易和分配。特别是，它必须控制城乡关系。简言之，20 世纪 50 年代以后的国家，对社会而言再也不是一个“天高皇帝远”的道德国家了。国家对社会无所不在的控制和影响，固然源于新政权要改造整个旧社会的宏大志向，但是在经济上，运用征税以外的手段集中平分于小农的地租，则是当时一个更为实际和更为迫切的目标。既然农民平均分享地租是耕者平分土地的结果，重新集中地租就不能不从根本上改造小农的个体所有制。

国家权力逐渐侵入农民所有权。在第一个阶段，国家政策仅仅限制了农民个体所有权，但并没有在法律上加以消灭。比如，规定每家每户的粮食和棉花生产指标，对产出定购定销，禁止雇工、租佃和借贷，以及关闭集市贸易并切断农民与私商的联系通道。所有这些并没有改变农民的名义所有权，而只是对农民产权的使用、收益和转让给予某种限制、管制和干预。或者按照产权经济学家的分析，国家造成了农民所有权的“残缺”。重要的是，这部分对农民而言残缺了的所有权，事实上集中在国家手里，构成国家获取税收以外的农业剩余的来源。[①] 国家通过建立并保护农民私有权来获得了税，进而又侵入农民的土地所有权而获得一部分地租。租税在中央集权的国家手中，整合为一体了。

集体化进一步消灭了残缺的农民私有权。互助组运动联合了农民的生产活动，初级社归并了农民的主要财产，高级社消灭了土地和

① 过去我们曾把国家低价强制统购称为一种“暗税”（发展研究所，1988），现在看来，称之为暗租似乎更为恰当。

牲畜的分红，人民公社则在更大范围内推行公有化。杜润生（1985，10—18）。至此，国家拆除了农村社会的所有权篱笆，行政权力全面侵入乡村。农民剩余的高度集中动员的体制终于得以确立。政社合一的集体化公有制，构造了截然不同于传统中国农村的制度和组织基础。

（四）国家制造的所有权

现在我们不妨从农民的角度来讨论，为什么农民会允许国家改变和剥夺他的所有权。关于国家作为一种暴力潜能制度安排的理论，当然可以假定社会主义农业集体化无非是一种国家强制的结果。但是在事实上，中国的农业集体化至少同苏联相比更不依赖于直接的暴力强制。在另一方面，农民个体的土地所有权又被看作是引导农民跟随革命的主要经济动因，因此农民不可能不把个体土地所有权当作自己的命根子。那么真正困难的问题是要回答，国家究竟通过何种手段在事实上取消了农民的土地所有权，但又被认为是合法的。

问题的根源在于农民个体所有权本身的性质，而不是集体化过程中所谓超越阶段的过激行动。我们将会看到，正是前者为后者的大规模发生提供了根据。

土地改革形成的产权制度无疑是一种土地的农民私有制。但是，这种私有制不是产权市场长期自发交易的产物，也不是国家仅仅对产权交易施加某些限制的结晶，而是国家组织大规模群众阶级斗争直接重新分配原有土地产权的结果。由于国家和党的组织领导对突破无地少地农民在平分土地运动中不可避免的“搭便车”行为具有决定性的作用，同时平分土地的结果又可以经过国家的认可而迅速完成合法化，因此领导了土地改革那样一场私有化运动的国家，就把自己的意志铸入了农民私有产权。当国家的意志改变的时候，农民的私有制就必须改变。

（五）三种土地私有制

上面这个论点对本文相当重要，因此有必要略加展开说明。我们不妨来比较一下，一位无地或少地的农民，获取土地私有权的三种可能途径。在传统的土地市场上，这位农民可以购买土地所有权。他也许不能一下子买得起，于是先租后买，或者经过典入的中间过程。至于我们这位当事人的购买力，或许来自他家庭的储蓄、他本人的打工所得、一次意外的好收成或者其他幸运的机会。他在获得产权的过程中，也许得到过国家的正规法律服务，也许仅仅只是依靠传统社区的习俗和村庄内的中间人。无论如何，他经过自由的交换契约获得产权。

第二种途径，是经过一个国家干预的土地市场。国家也许只限制土地产权交易的价格，例如抗日战争时期的共产党根据地政府以及1950年的台湾地区国民党当局分别限制土地的地租率不得超过总产出的37.5%。这时，我们的这位农民也许更容易积累起购买地权的本金，但当他日后需要出租土地时，他也必须接受国家的同等干预。国家也可以对产权交易作进一步的干预，例如战后日本、韩国和中国台湾地区的土地改革，由政府或当局强制按规定价格收购地主超过规定面积的土地，然后再出售给无地少地的农民。在这种情况下，我们这位当事人仍然在形式上购得了土地产权，不过他知道，没有政府或当局的介入，他不可能按这个购买条件成为土地的所有者。

最后，这位农民完全不经过土地交易而获得土地。他投身于剥夺地主产权的群众政治运动，按家庭人口分得土地。此种剥夺由国家组织，并由国家给予合法性认可。他的土地所有权即使在形式上也不是买来的，而是分来的。他受惠于政治运动和国家，因为单凭他个人的努力，不可能平分地主的财产。

上述三种土地私有权，导致完全不同的所有权与国家的关系。在第一种情况下，农民有独立的谈判地位，他可以评价国家服务的质量然后决定付费（纳税），或者在他认为不合算的条件下，完全让渡产权也就无须再购买国家的服务。农民的这种独立谈判地位在第二种情形下打了折扣，而在第三种情形下几乎荡然无存。因此，完全可以有不同的土地私有制，它们具有不同的强度、不同的稳定性，并且具有完全不同的进一步改变的逻辑。[①]

中国内地土改形成的农民私有权，是社会政治运动直接重新分配土地产权的结果。因此，在土改形成的农民个体私有制中已经包括了后来集体化公有的一切可能的形式，因为通过政治运动制造了所有权的国家，同样可以通过政治运动改变所有权。可以支持这个判断的事实是，早在20世纪50年代前半期，当国家的政策决定者在上层争论要不要继续实施新民主主义的经济政策，要不要保留农民个体私有制的时候，[②]农民本身对此并没有多少决策前的发言权和决策后的选择权。这给制度变迁理论中"路径相关"（dependent path）的思想，即前一个选择常常影响后来的发展轨迹（诺斯，1990），提供了一个案例。同时也说明作者长期以来所持的一个论点：即社会主义产权改革的根本问题，不是由国家确认某种所有权形式（哪怕是最纯粹的私有

---

① 因此，阿尔钦讲的产权不同的硬度，也许可以反映完全不同的产权与国家的关系。

② 1951年，中共山西省委提出动摇直至否定农民私有制，扩大农业互助组内的社会主义因素，将之发展为集体化农业组织的报告，刘少奇批评了这个报告，认为代表了一种危险的空想的农业社会主义思想，毛泽东则赞同山西省委的意见，批评刘少奇的观点，并发动农业合作化运动。这类最高决策层关于农村问题的争论，据薄一波回忆，在1950—1955年间共有3次（1993，上卷：184—203）。

制），而是首先界定国家在产权变革中的权力限度。[①] 在一个国家可以任意指定所有权和改变所有权合约而无须经由与社会协商的环境里，即使全盘照搬一个最有效的产权制度，也无助于长期经济增长。

（六）集体经济为什么低效率？

我们已经看到，国家为什么和怎样制造出集体所有权。但是，国家却不能保障它的“体制产品”一定有效。集体化农业的经济效率低下，是一件不争的事实。根据文贯中（1989）的计算，除了1952—1957年间中国农业总要素生产率有过一个增量极小的上升以外，整个1983年以前的农业集体化生产率明显低于1952年个体农业的水平。这是一个与集体化运动发动者的预期截然相反的结局。

有一个解释已经被普遍接受，这就是农业生产中集体组织对其成员劳动的监督和计量的不完全，从而导致对社员努力的激励不足。[②] 这个解释，注意到合作生产中劳动者积极性低下引起的效率损失，但可能忽略了另一种效率损失，即集体经济对其管理者激励不足而导致的无效率。

任何生产队都面临计量、监督和经营管理的问题。因此有效的监管是集体经济成员提供充分努力的必要条件。但是，集体生产用什么来激励其管理者提供充分的有效监管呢？阿尔钦和德姆塞茨（1972）正是在这个意义上论证了所有权的经济含义。他们指出经济组织的所

---

① 周其仁，（1988：见李国都编，1990，711）。

② 陆学艺和王小强（1980），杜润生（1982—1985，116），中国农村发展问题研究组（1983）都从实地调查中发现并强调农业生产的不确定性和对劳动计量的困难，并以此说明为什么家庭组织可以做到很低的监督费用，或者即使在计量和监督不足的条件下也不影响效率，而集体生产组织却失败了。林毅夫（1988）提出了一个生产队模型，分析了在生产队体制下，管理者因为监督困难，而选择了一个较低的监督程度，劳动者因为计量不充分和报酬不合理，而选择了偷懒，因此生产队体制的失败可以用对劳动者努力的激励不足来解释。

有权其实就是一种剩余权（residual claim），正是这种剩余权激励所有者努力监督。事实上，经济组织的资产所有者可以独担监管责任并独享剩余权，也可以把由监管引起的剩余支付给专业的经理并由后者担当监管的责任。无论如何，集体生产的监管有效性是由监管者享有剩余权来保证的。当产权受到侵蚀时，剩余权激励机制势必受到削弱。如果集体生产确实具有规模经济效果（即合作生产的总和大于个别生产者的分别产出之和），那么所有权即剩余权将为实现此种规模经济提供制度保障。因此，集体生产中的监管困难，一方面源于技术性的因素，即信息收集和处理的困难；另一方面源于制度性的因素，即产权残缺导致对监管者的激励不足。

（七）行政等级制替代剩余权

集体经济在制度安排上消灭了剩余权机制，但是它并不能因此取消给予集体生产的监管者经济激励的需要。事实上，国家控制的公有经济不得不诉诸党政官僚等级制，恰恰表明社会主义体制依然需要激励其经济管理干部。例如，官位升迁预期是这一体制最主要的正激励，而提拔无望、降职和撤职则构成负激励的主要手段。在此意义上，经济体制的官本位化可以看作是对产权制度的一种替代。

但是，在中国农村的集体经济中运用行政升迁机制代替剩余权安排，遇到一个特殊的困难。由于版图广大和人口众多，中央集权的正规行政系统在乡村也只延伸到乡（公社）这一级。在乡以下，村（大队）和生产队的管理者由非正式官僚担任，他们在身份上与正式的国家干部之间，有一条难以跨越的鸿沟。事实上，在整个集体化时期，绝大多数大队和生产队干部，并不列入国家官僚的备选名单。[①] 换句话说，行政

① 除开个别的例外，如山西昔阳大寨大队的干部，成为“文化大革命”期间的国家领导人物。

升迁机制对人民公社的基层干部不起作用。同时，因为正式升迁无望，原体制的负激励也就对他们失去惩罚的效果。但是这批底层干部，恰恰是集体生产活动的直接监管者。对他们的激励无效，导致集体化规模经济效果根本无从实现。这就可以解释，为什么农村集体经济要比全民经济显得更无效率，并且在更早的阶段上就提出了改革，也就是引入剩余权的要求。

总之，国家控制的集体化经济，存在着对共同生产监管活动缺乏激励而引起的无效率，这就使原本在农业生产中就颇为困难的计量和监督问题陷入几乎无解的困境。原有农业体制同时损失了监管者和劳动者两个方面的积极性，其要害是国家行为造成的严重产权残缺。从另一个角度看，低效的体制潜藏着较大的体制校正效果，又使产权改革成为一件可能赢利的事情。不过，国家难道会仅仅因为集体经济的低效率就主动对自己的制度产品改弦更张吗？

三、灾荒、退却和变通

（一）第一体改动力

经济体制的效率只能在事后加以估计。当我们以各种方式做这件事的时候，我们假设制度效率与制度变迁之间存在着直接的互相作用的关系。但是这个假设在理论上会遇到很大的麻烦[①]，因为同一个体制的效率会引出各当事人不同的福利评价，而严格地说，我们没有办法把每个个人的福利函数加总为唯一的一个社会福利函数。[②]如果不同的社会福利函数（或更准确地叫集团福利函数）意味着各当事人集团

① 这里是说，对体制的效率度量，可以用来评价政策和体制变迁的后果，但不能充分说明政策和制度变迁的动力机制和过程。

② 这是肯尼斯·阿罗的“不可能性定理”（Impossibility Theorem）表达的思想（阿罗，1963）。

对体制变迁的不同态度并引出不同的行为，那么制度变迁的初始推动力问题又会被复杂化为不同集团之间的力量对比。

但是集体化公有制的性质简化了这个问题。人民公社的国家控制和国家主导地位，确定了国家可以把自己对人民公社的福利评价“独裁地”（dictatorially）当作唯一的社会福利函数。相应地，我们首先要到国家控制集体经济的收益—费用结构的变化中去寻找制度变迁的起源。

（二）国家控制农村经济的收益和费用

导致人民公社制度最初变化的直接推动，是国家控制这一制度的费用—收益结构逐步发生的变化。国家，按照诺斯（1981）的定义，作为一个暴力潜能的垄断组织，当然可以创造任何产权形式。在一段时期内，它甚至可以为所欲为。但是国家终究活动在一个组织费用不为零的世界里。国家本身及其创造的经济组织，归根到底也要受到由交易费用和产权经济学揭示的那些经济规则的支配。

图 1 直观地显示了国家在 1952—1982 年期间控制农村经济系统的费用和收益指数的变化趋势。[①] 我们首先看到，在 1952—1982 年间的绝大多数年份，即 30 年中的 23 年，国家控制农村系统的费用指数比收益指数增长得更快。这固然并不意味着农村体制对国家来说总是

---

① 国家控制农村经济的收益指数是农业税、农副产品收购（以及包含在国家征购中的差价租税）、农产品换汇、农民在国家银行的储蓄，还有农民对体制的认同和政治支持（以农业总产值的增长率和农民从集体经营部分获取的人均纯收入来间接度量）的加权平均值。费用指数则是国家财政支农基金、农用生产资料销售补贴、国家行政开支、集体经济的管理费用、国家银行对农村的贷款和控制农民离心倾向的意识形态投资（以农民从家庭副业部分获取的纯收入度量）的加权平均。数据和说明见附表 1 和附表 2 及其注解。

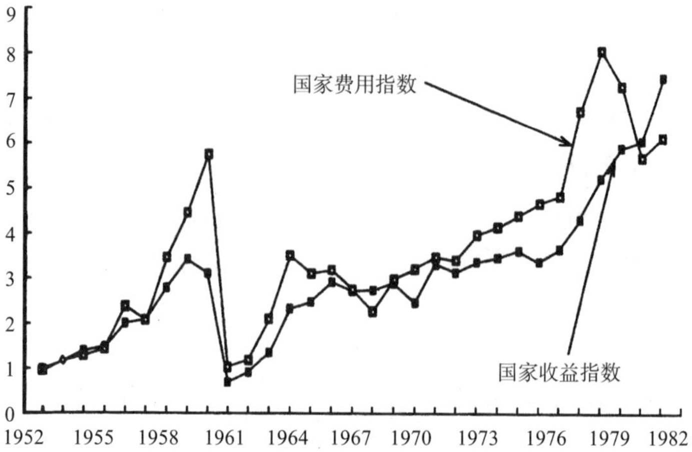

图 1 国家控制农村的收益和费用指数（1952—1982 年）
（本图所用数据和说明见附表 1 及附表 2）

绝对“亏损”的，但也意味国家在多数年份承受着制度费用相对增长更快的压力。

在此期间，国家控制收益指数增长相对于费用增长的倒挂，共出现过两个显著的高峰期。第一个在 1957—1961 年间，以 1960 年为峰尖；第二个在 1972—1981 年间，以 1980 年为峰尖。恰恰在这两个峰尖附近，发生了国家农村经济政策的大调整。按照本文的分析构架，这当然不是两次偶然的巧合。它们分别表明，国家在什么条件下才不顾忌既有的权力结构和意识形态连贯性，以及政府政策对原政策制定人权威甚至国家合法性的不利影响，而考虑经济政策的改弦更张。

本部分余下的几个小节，讨论图中第一个制度收益—费用倒挂高峰期如何引起 20 世纪 60 年代初期国家农村政策的调整，如何为后来的改革准备了条件。对第二个高峰期的研究，将在下一部分进行。

图 1 显示，1957—1961 年间决定性的因素是国家收益指数突然

大幅度下跌到威胁国家生存的最低需要。国家从1957年开始的提高农业公有化程度的所有努力，引起制度费用的连年快速上升，并且连年快于国家收益指数的增长。1958年国家综合费用指数比上年增长了66.82%，高于收益指数增长（33.02%）33.8%（见附表1，下同）；此后两年，费用指数升到582点（1952 = 100）的高位，但由于收益指数还在增长（1959年比上年增长了23.4%），或仅有微小下降（1960年比上年低了9.77%），国家政策决定人仍不打算作任何退却，并发动“批右倾”运动。但再过了一年，1961年国家的农村收益指数突然比上年减少了77.42%，只及1952年水平的70%（同期人口增长了15%，工业总规模增长了近4倍），国家的农村费用指数也被拉到接近1952年的水准。这时，国家才被迫执行农村经济政策的退却。这是一种受国家收益骤然下降的逼迫而进行的政策调整。

（三）政治失败还是政策退却

20世纪60年代早期的农村经济政策调整，源于1959—1961年的农业大歉收。事实上，1958年的农业真实增长指数已经比1957年下降了约5%，1959年又比上年下降15.9%，而后1960年降了22%，1961年又降了约51%。[①] 在农业中，1959年的谷物生产比上年下降15%，而后两年的谷物生产只及1958年的70%（转引自林毅夫，1990：17）。由于国家决策的滞后，1959年的农业税、农产品出口和农副产品收购中的暗租都继续上升，因此1959年的国家收益指数仍比上年增长66%。[②] 这个反应滞后，导致相当一部分农村人口的口粮

---

① 见附表2的第4列，并除第13列市场价格指数以消除价格影响。

② 数据见附表2第2、6、9列。

低于生存需要，从而约 3 000 万人因饥荒死亡。[1] 由于 1959—1961 年的农业危机是绝对的食物短缺，因此无法通过增发货币而缓解；由于当时国民经济的封闭性，危机也不能利用国际市场调剂来解决；由于当时农业积累占国家收入的份额可观，农村收益大幅度下降势必牵动全局；最后，由于严重的饥荒已经蔓延，经济危机上升为挑战决策人权力和政府合法性的政治危机。[2]

以上各项，从 1961 年起一起发生作用，迫使国家在政治失败还是政策退却之间做出选择。经济情况如此危险，国家除了动用一切可能的政策手段动员农民增加生产并实行自救，别无他途。这留下一个重要教训，即国家完全控制社会经济的体制即使对国家本身来说也实在太不安全。

（四）短期调整的长期影响

1960 年的调整包括了截然不同的两种内容。其一是维系人民公社的制度框架，但做出大幅度的政策修补，例如收缩人民公社的规模并确立生产队为基础的所有制，约束上级行政官僚无偿平调下级和农民财产（批判“共产风”），解散公共食堂，改善工分制和生产队的内部管理。其二是承认农民家庭经营在集体经济中的地位（自留地、自留畜和家庭副业），开放城乡自由市场，允许包产到户甚至分田单干。这两组长期方向完全不同的调整政策，表明国家不得不在农村经济政策上全面退却。但是，国家在收益曲线突然大幅度下降的压力下做出

---

① 巴兹尔·阿什顿等（1984）及林毅夫（1990）。这次大饥荒丧失的生命多于 20 世纪中国其他自然灾害引起的死亡，非正常死亡率甚至超过 20 年代苏联集体化后的大饥荒（麦克法考尔和费尔班克，1987，第 8 章）。

② 中国人愿意讲“民以食为天”，其实这句话既不是说吃饭重要，也不是说农业重要，而是说当国家控制了民生之后，国家的合法性就以人民的生存为最后边界。

的退却是短暂的。等到农业总产出恢复到原来水平（1964—1965），许多见效的政策都被当作权宜之计而弃之不用。短期的总收益下滑并没有根本动摇原有制度安排的保护结构，人民公社作为国家控制的农村经济组织在制度上仍然得以保留和延续。[①]国家从1962年起控制农村经济系统的收益指数恢复上升，其费用指数虽然也上升，但基本保持了同步的趋势直到20世纪70年代初。危机化解了，政策退步就结束了，虽然调整后的农业总要素生产率最高也只达到1952年水平的87.8%（见文贯中的计算，1989）。

但是20世纪60年代的短期政策调整也留下某些长期影响。从制度的角度看，承认家庭副业的合法地位和确立生产队为基础的体制，是其中最重要的两点。前一点是防止大饥荒重演的安全阀门，后一点则是农民反对“共产风”与国家保留人民公社制度框架之间的调和物。[②]谁也不曾料到，在这两个支点上，农民增强了对集体的谈判地位，集体则增强了对国家的谈判地位，从而为改革集体公有制准备了条件。

（五）喊叫、退出和怠工

农民对人民公社经济并无创制权，因此对集体经济体制的进一

---

① 1961—1962年期间，安徽农村包产到户的社队达80%，甘肃临夏地区74%，浙江新昌和四川江北县70%，广西龙胜县42.3%，福建连城42%，贵州全省40%；估计在全国达到20%，此期间，中共高层发生要不要让包产到户制合法化的争论，最后毛泽东批判单干风（即包产到户）的主张占了上风。见薄一波，1993，下卷：1078—1090；并见杜润生，1985，14—15。

② 所谓“三级所有，队为基础”，试图在行政服从的前提下保护生产队的财产权。这从产权排他性的角度看来仍旧充满矛盾。但是在当时中国农村的政策环境中，政策文件的矛盾提法，常常为现实中的不同力量争夺生存的权利提供了合法依据。在这个例子中，公社和大队可以强调“三级所有”，生产队则可以强调“队为基础”。

步变迁也就没有制度化的谈判地位。随着农民财产权最后被否定，城乡隔绝的户籍制、粮票制以及公社内的口粮工分制，都一起完备起来（邱继成，1988）。农民不但不能携带自己入社的土地和耕畜退社，甚至他自身都不能退出此种体制。用A·赫希曼（1970）提供的术语来刻画，公社制下的农民既没有“退出权”（exit right），也无权自由“叫喊”（make voice）；只是他们留在体制内并不因为对集体的忠诚，而是因为别无选择。

但是农民仍然可以表达他们对公社体制的不满意。一个常见的合法形式，是减少他们投入集体生产的劳动数量；或者更普遍的，降低劳动质量，或者其他种种人为增加集体劳动的监督费用。众所周知，在集体劳动中，任何一个成员的机会主义态度都对其他成员具有传染性。结果，经过一个“懒惰驱逐勤劳”的蔓延过程，集体经济的劳动生产率下降，人均收入水平长期停滞不前。① 最后，当一部分社员的如斯科特（1976）所说的“生存权”（subsisted rights）受到威胁时，才迫使国家在听任合法性受损、增加财政救济或者更改体制之间做出抉择。简言之，失去产权的农民既然不能退出也不能投票改变集体体制，就只能采用消极的缩减生产的办法要求国家做出让步。

（六）部分退出权

上述机制在整个社会主义农业体制改革中发挥了基本的作用。但是，我们仍然需要仔细了解这一机制起作用的条件。

如果集体经济的公有化程度高到农民家庭的全部收入都来自集体

---

① 黄宗智（1990）发现，即使在长江三角洲这一中国最富庶的农区，那里几十年的集体化还是不足以摆脱“增长而无发展”（growth without development）这一基本农业类型（指的是虽然农业总产和单产都有提高，但人均收入并没有增加）。他称此为“集体化的内卷”（collectivis tinvolution 1990：16—17）。

生产，我们有理由相信，农民甚至连消极劳动的可能性都很小。从逻辑上讲，个别社员减少劳动投入固然可以得到更多的闲暇，但这种闲暇对生存线上的农民却毫无价值。另外，未必有哪个理性的成员会仅仅为了惩罚他偷懒的邻居而甘愿减少自己的劳动投入，从而绝对降低自己和家人的生活水平。因此，更合理的假设似乎是，集体经济的公有化程度越高，其成员的偷懒意愿可能越低，至少劳动的机会主义态度达到一个限度（与生存水平有关）时就会趋于收敛，因为此时劳动者自发的互相监督机制会起作用。

高度公有化经济的真正要害问题是规模经济的管理问题，因为即使无须对劳动计量和监督，集体经济也面临类似“企业策略”等一大套复杂问题。当一种大规模的生产方式排斥剩余权激励而仅仅服从行政等级刺激时，其管理者很可能把起初并不过于低落的劳动积极性，导向经济不合理的方向，从而产生经济失败。例如1958—1959年间中国的人民公社达到其公有化程度的最高点，公社社员在农业、农田水利和其他基础设施建设以及工业生产中的劳动干劲，被一心听从上级直至中央和中央主席乌托邦空想的公社管理者滥用了（如几千万劳动力被调去大炼钢铁，而不去收割已经成熟的庄稼）。[①] 因此我们不妨从劳动者积极性以外的因素去寻找1959年大减产以及其后几年大饥荒的微观原因。[②] 总之，按照本文的观点，农民在一个高度集体化经济里，甚至连通过消极劳动对体制行使否决权的可能性都是很微弱的。

但是，当集体经济的公有化程度降低，特别是引入了农民家庭

---

① 1958年，投入小型工业（主要是挖煤和炼钢）的农村劳动力，最多时达6 000万以上（薄一波，1993，下卷：708），严重妨碍当年秋收（同上，714）。

② 这个论点并不是说社员的劳动干劲在人民公社制下没有问题，而是强调劳动积极性与其他制度安排，特别是监管者激励以及退出权之间的关联。

自留经济之后，农民的上述否决权却显著强化了。第一，农民现在有了自己可以控制的生活来源，他不再完全依赖集体为生；第二，农民对集体制度不满而减少的劳动投入，现在因为可以转投入自己的家庭经营而有了经济意义；第三，农民现在因此可以实行“以偷懒惩罚偷懒”的策略。农民也许仍然不被允许完全退出人民公社，但他可以在体制内部分退出集体劳动。正是这种局部退出权，使农民能够在集体的监督和计量不足以及管理不善的情况下用消极劳动表达不满，并在公有制的体制内通过家庭小经营与大而无当的公有经济竞争。中国农民仍然无愧于“勤劳耐劳”的称号，[①]但现在如何才能让农民好好种公家的地，成为国家的头号经济战略问题。

这正是20世纪60年代初期政策调整后，农民家庭副业恢复并得到发展后的情形。到1978年止，农民从家庭副业获得的纯收入，已占总纯收入的26.8%，接近1957年的水平。[②]当然，由于1960—1978年间农民家庭经营的平均比重低于1/4，这部分有效劳动对总生产率的正面影响不足以抵消农民在集体生产中无效劳动的负面作用，因而此期间农业总要素生产率总是达不到1957年前的水平。[③]但同期内，凡家庭经营的政策得到确认的时期（1961—1967年和1972—1973年），

---

① 看过农民自留地的人，都会同意这一点。自留地的产量估计为公田产量的5~7倍（见发展研究所综合课题组，1988，5）。

② 1957年农民从家庭副业生产得到的纯收入，占29.4%（NJZ，1983，523）。由于没有1958—1961年间的资料，附表1中的这一数列，缺项年份是用区间年平均增长率推算的，因此呈稳定上升趋势。更可靠的估计是，1958—1959年农民家庭副业收入下降，但1960年后较快地回升。

③ 集体内的家庭经济，对集体经济总生产率可能发生复杂的影响。其一是家庭经营的较高效率可能推动总效率上升，其二是由于农民有了局部退出权而使农民可以提高从事集体劳动的消极程度，而引起总效率的下降。

农业总生产率就上升，反之则下降。[①] 总之，引入“局部退出权”的概念，我们可以解释 1960 年后农业总要素生产率的全部变化。[②] 更为重要的，家庭经营指示了集体经济改革的一种可能的方向。这就是把家庭组织作为农业生产的基本单位，完全节约监督费用。这一模式以降低规模经济而换取对劳动激励的增加。如果降低规模经济引起的效益损失，可以被劳动激励增加的部分抵消还有余，那么把集体经济改革成家庭经营的模式就可以提高总生产率。最后，局部退出权帮助我们理解，农民究竟怎样从国家完全控制的集体经济里逐步建立自己的谈判地位。这一点，对以后的产权改革具有决定意义。

（七）反替代

上文曾把国家控制的集体经济，模式化为国家用党政等级升迁机制替代剩余权，但对处于正式官僚等级制以下的大队和生产队干部而言，此种替代激励不充分，因而监管供给不足，导致社员在非自愿合作的集体经济中的劳动意愿低下。如果说 1962 年以前，人民公社升格为全民经济的模糊前景使基层干部多少还留有官位升迁的预期的

① 数据见文贯中（1989）的估计，以及林毅夫（1990，37）利用文贯中（1989）的数据绘制的图形。

② 用这个概念也可以回答，为什么 20 世纪 60 年代后农民仍无退社权，却不再重演 1959—1961 年大灾荒的问题。林毅夫（1990）用农民的退社权被取消来解释 1959—1961 年大饥荒，他提出合作农业同样可以成功，但必须以合作组织成员能够达成一个自我约束的默契为条件。只有当合作社成员在其他成员不遵守协议时有权退出，这种自我实施的合约才能维持。林毅夫以此解释为什么 1952—1957 年间社员拥有退社权时，合作社的生产率是上升的，但当退社权被禁止时，合作社的效率突然下跌并长期停滞不前。并见《比较经济学杂志》(1993）讨论此文的专集上发表的龚启圣，本特利·麦克劳德和 Dong & Dow 等的数篇文章。

话[①]，那么强调了人民公社的集体所有权性质并宣布以生产队为基础之后，这种预期就失去其制度基础了。现在的问题是，这批集体经济的实际监管者，是否就甘于既得不到升迁激励，也得不到剩余权的尴尬地位呢？

观察表明，集体经济的监管者们并不愿因为一点微不足道的“误工补贴”而承担监管剩余生产的巨大责任。他们无法为了增加对自己的激励而改变中央集权的官位等级制[②]，但他们在实际上控制着农村经济剩余的生产和初级分配，因此这批集体监管者就利用这种“剩余控制权”来分享剩余[③]，并以实际剩余的获得量来平衡自己监管努力的实际供给量。这就是说，集体经济的监管者自发地追逐经济剩余权变得不可遏制，他们引起了一种“反替代”机制，即以实际的剩余分享权替代官位等级升迁激励。

（八）监管者特权

这种实际的剩余权的一个存在形式是监管者特权，即社队基层干部凭借管理职务获取私人利益。人民公社是一种“政社合一”的体制，因此集体经济的监管者不仅承担着对生产的管理职能，例如派工派活、劳动计量、工分和钱粮柴草分配，而且承担着许多国家管理的公共职能，例如户籍登记、征兵、结婚批准、计划生育、纠纷调解、

---

① 我相信这是1958—1959年大量违背常理的荒唐现象的一个主要根源。

② 大队干部有较大的可能升到公社或县一级当办事员，其中少数甚至能转为城市户口或国家干部身份。在中国，围绕农转非（农）身份的竞争在任何地方都是异常激烈的，这构成大队政治斗争的一个实质内容。

③ 崔之元在他的一篇论文里强调了“剩余权”（residual claim）与“剩余控制权”（residual control）的区别（1993），他指出由于信息不充分和合约不完整，剩余权不可能事先清楚界定。因此重要的是对剩余生产过程的控制，而这通常是多方合作的结果。他用“联合的所有制”（joint ownership）来理解中国乡镇企业的组织特性。

治安和地方政治。国家难以有效监控这种高度集中的农村基层权力的实际行使，因为信息成本过于高昂；农民难以有效制衡这种权力，因为缺乏独立的经济权利和政治权力的基础。由此，集体经济的基层监管权很容易畸变为监管特权，它使监管者得到物质的和非物质的、实物的和货币的额外好处。这种以腐败形式出现的剩余分享权，来源于对农户、集体福利和国家既得利益的侵占。我们难以度量这种特权的资源占有总量，但从1960—1978年间历次农村政治运动都以清算社队基层干部的经济问题为号召可以看出其普遍化的程度。[①] 集体监管者特权是非生产性的，因为它不会增加财富总量。但恰恰是此种特权，即非制度化的剩余权，补充了人民公社体制对其基层监管者的激励不足，因而维系了体制的运行。无论国家和社会如何在道德上谴责这种基层人物"卑微的"特权，它实际上都是人民公社体制的一个不可或缺的组成部分。它表明，用其他机制替代剩余权的制度安排在事实上是行不通的，除非国家拥有无限的财政预算和完全的监控能力。

这样我们也就同时可以理解，为什么自20世纪60年代中期以后国家更诉诸政治运动和干部整肃来从事农村经济动员。这其实是体制的正激励减弱后，国家不得不转向更多地依靠负激励即惩罚机制来保持人民公社的经济效率。不过，人们也并没有因此发明可以与剩余权效率相媲美的机制。一场接一场的政治运动不仅同样耗费经济资源，而且损耗国家机器的政治合法性、意识形态的说服力和管理者的合理预期。高高在上的中央集权国家终于发现，无论正的还是负的激励，都无法充分换取农村基层监管者的忠诚和效率，除非对基层监管者特

---

① 例如1962年刘少奇对农村基层干部的腐败程度有极高的估计，他甚至主张向每个县派出上万人的国家干部工作队，接管农村基层政权（见薄一波，1993，下卷，1 118~1 136）。

权予以眼开眼闭的承认。[①] 这里，制度、组织和机制方面的问题，又变成干部个人的道德问题，并引发无穷尽的政治斗争。

（九）“集体资本主义”

剩余权还有更为积极的形式，即集体监管者努力发展由他们，而不是由国家直接控制的集体工副业，创造更多的可支配剩余。集体工副业的早期组织形式是社队企业，其历史可追溯到20世纪50年代末，但真正比较成气候则在70年代。[②] 这是一个农村集体经济中发展最快的部门。按1970年不变价计算，1978年的公社大队两级工业企业总产值（382亿元）比1971年（77.9亿元）增长了3.9倍，年平均增长25.5%，远远高于同期农业总产值年平均增长4.25%的水平。[③] 这部分在计划外生长起来的经济，响应了原有体制下加工工业享有极高利润的刺激，并冲破国家对加工工业高利润的独占。因此，从正统的国

---

① 四清运动中，毛泽东与刘少奇的一个严重分歧就是如何估价并处置农村四不清干部。刘少奇主张严加整肃，毛泽东则要求尽快解放那些贪污几百元钱的干部，以把运动的矛头指向上面走资本主义的当权派。毛泽东后来在同美国记者斯诺的谈话中称，刘少奇的这一“形左实右”的错误是他下决心清除刘少奇的起因之一（见薄一波，1993，下卷）。

② 关于社队企业的历史发展，有许多文献可以引证。较系统的研究，可见孙方明和白若冰（1982），罗小朋（1986），威廉·伯德和艾伦·盖尔布（1988），以及黄宗智（1990，特别是第12章）。此外，原国务院农村发展研究中心发展研究所和国家农村抽样调查总队合作，自1986年起对十省大型乡镇企业的连续追踪抽样调查，为这一研究领域提供了最系统的数据（DXGC系统）。有关这一调查的介绍和分析报告，见任其和杜鹰等（1987），周其仁和胡庄君（1987），邱继成（1987—1988）以及陈剑波（1988），均刊载在李国都编，1990，265—288，293—322，482—511，625—646，744—768，816—840。

③ 人民公社社办企业的产值，见ZTN，1983，215；大队工业企业的产值，见GJTY，1985，43；农业总产值的统计，见GJTY，1985，43。

家计划立场看来，社队工副业经济从来只是国家控制农村经济系统的异己物。[①]在人民公社时代，曾被反复批判过的“集体的资本主义”，指的就是这种突破国家计划控制、由集体来组织并占有剩余的经济活动。在这个意义上，如果我们说农民的自有家庭经济是对国家控制农村系统的一种个体的突破，而社队工副业则是一种集体的突破。[②]

集体工副业的资本形成主要依靠社队的自有积累和银行信用，因此其产权性质当然仍属集体的公有财产。[③]但是，当我们把此种集体财产与人民公社的地产做比较时，我们发现两者在实际上有很大的不同。前者面向市场生产因而可以由社区获取剩余，后者的剩余则被国家独占；前者可以资产流动重组，后者被禁止买卖租佃；前者由社队干部及受其委托的社区精英控制，后者几乎完全受制于国家。这些区别可以解释社队企业部门快速增长的一个主要动力机制，这就是社区力争控制自有资源，分享原来由国家独占的农村经济剩余。

社队干部在社队企业的早期创办过程中扮演了决定性的作用。政社合一的体制下，集体经济的监管者们一身二任，他们既是国家政权在农村的代理人，又是集体经济的代表。经过长期的农村社会主义改造，也只有这个阶层才具备在农村地区组织超越家庭规模的经济组织的合法性。因此，最早的农村企业家主要是从农村基层干部中生长

---

① 今天城里人赞美乡镇企业“异军突起”，但对农村社区的领导人来讲，则是“本军突起”。

② 把社队企业的发展说成国家政策的结果，不过是这一部门成气候之后的溢美之词。早期的社队企业创办人，几乎没有不受到所谓“破坏国家计划”的指责的。在资源利用方面社队企业长期受到制度和政策的歧视。

③ 据 DXGC 系统资料，企业的创办投资来源于国家财政拨款和政府低息贷款的部分不足 10%，主体部分为集体积累（23.6%），以及由集体担保的各种信用（61.13%），见任其（1987，刊李国都编，1990，265—288，下引同）。

出来。[①] 虽然社队集体企业财产权的最后归属并不清楚，但其控制权总在社队干部手中。早期社队企业的剩余主要用于支农开销（购买农机、兴建农田水利、支援穷队）、社区福利和企业积累，社队干部从中只能得到很少一点归其个人所有的货币收入。但是，支配这些产权，特别是控制非农就业机会，在一个农业社区里却意味着极大的权力和很高的社会地位。换句话说，早期社队企业家虽然不能完全享用企业的剩余，但支配着剩余的利用。更重要的是，所有这些货币和非货币的收益，并不来自国家的直接授予，而是来自社队干部自主创办企业的本事。这就构成一个有效的激励机制，推动农村社区精英成为最早的乡村企业家。

乡村企业提高集体经济效率的第二种可能，就是保留规模经济，但引入剩余权激励机制，提高监管效率。已有文献对此没有给予足够的关注，虽然这个方向的变动在实际上对集体经济在日后的改革发生了极其重大的作用。

有趣的是，社区一旦拥有自己控制的经济事业，它也就无须再绝对服从国家的控制，正如农民家庭拥有了自有的家庭经营以后显著增强了对集体的谈判地位一样。从社区的角度看，经济资源配置面临两个方向：一个是满足国家租税和农民生存的农业，另一个是满足农村就业和利润最大化的社队工副业。国家控制这样一个两重系统的难度显然增加了。国家不能不经过农村基层干部来执行控制，但现在国家政策的农村执行系统拥有了自己的“自留地”，在强化政治控制的边际效果递减的情况下，国家不得不放松对农村剩余的独占程度。可以验证这一点的事实是，恰恰在社队企业较大发展的70年代后，国家

① 据DXGC资料，乡村企业的早期创办人中，55%为社队干部，21%为农民中的能工巧匠（任其，1987）。

追加了对农业的投资。[①]

无论如何，剩余权已经部分被引进了农村集体经济系统。它尚未被制度化，甚至还不合法，但它的存在，却已经改变着人民公社体制不可交易的僵硬性质。我们可以在1978年以前的人民公社史中，找到利益交易推进制度演化的起源。

四、交易产生的所有权

20世纪70年代末的农村改革首先是60年代初期那些短期政策和安排的大规模重演。原有体制通过国家主导的政治运动形成和改变所有权的逻辑，终于让位给一个新的逻辑，即经过国家和农民之间的交易，以及农民之间的交易来形成新的有效产权。在一个可以围绕制度形成和改变做交易的环境里，国家从对农村经济无所不在的控制状态大踏步后退，以此交换稳定的税收、低成本的控制系统和农民的政治支持；农民则以保证对国家的上缴和承担经营责任，换得土地的长期使用权及其流转权，承包上缴之余资源的私产权，以及非农资源的部分或全部所有权。一个多种形式剩余权复合而成的产权制度，经过多步渐进的交易而产生。最重要的是，国家在交易中转向保护新的有效产权的政策方向，并且它已经不能再单方面改变产权而无须经过与农民作进一步的交易。本部分将讨论，在国家控制全部经济过程的背景下，怎样产生出可交易的新产权。

（一）第二次国家退却

我们从图1中第二个高峰期的曲线看到不同于第一个高峰期的特

① 20世纪70年代，国家支农财政开支平均每年108.6亿元，比60年代增长82.02%，见附表1。

征。整个20世纪70年代国家的农村收益都在平稳增长，除开1972年和1976年两年微小的波动，1979年国家的收益指数比1970年增长了121.6%，年平均8.74%。但同期国家费用指数上升得更快，1970—1979年间共增长152.17%，年平均10.82%。特别在1976年之后，国家费用指数显著拉大了它与收益指数增长倒挂的幅度，形成持续时间长、差额大的又一个高峰。我们可以从图形看出，国家调整农村经济政策的动力为费用制约，也就是当国家无力追加开支时，政策让步就开始了。

分项考察国家在此期间的费用，容易发现增长最快的是财政支农资金和农用生产资料销售（1979年分别比1970年增长186.96%和112.66%）。[①]20世纪70年代后的国家越来越像一个全国农业的"经理"，必须亲自操持农业的投入与产出。面对热衷于集体资本主义或监管者特权的基层代理人，以及拥有部分退出权的农民，国家不得不用更高的投入维持收益的增长。国家仍然不断发起政治运动，但它已经懂得，没有非常物质的手段，国家的农村收益不会自动增加。

这并不是说，国家会对人民公社制度的收益—费用结构的不利变化即时做出纯经济理性的反应。国家仍然要顾虑更改政策的连锁影响，特别是国家权威和意识形态的连贯性。但是，恰恰在20世纪70年代后期，国家的上层政治结构发生了迥然不同于20年前的重大变化。第一，国家对社会的绝对权威由于长期错误的经济政策、领袖人物对国家权威的滥用以及最高权力的继承危机而被大大削弱；第二，对统治合法性的挑战和"潜在的替代威胁"不仅来自体制之外（如20世纪60年代台湾国民党叫嚣反攻大陆），而且来自体制内部[②]；第三，

① 见附表2第5、第11列，均未扣除价格影响。

② 如中国共产党党内务实派对于凡是派，或反过来凡是派对于务实派，彼此具有替代对方的潜能。

国际环境趋向和缓，降低了强化中央集权的外部压力。[①] 在此背景下，国家又一次大幅度调整农村经济政策。

（二）底层改革

从农村基层来观察，国家收益指数超过农业产值和农民纯收入的增长，意味着农村收入分配中的国家偏向上升，而农民得益相对减少。1970—1979 年，全国农业产值增长 79.21%，农民从集体经营部分得到的人均纯收入增长 40.24%，扣除物价影响分别为 60.39% 和 21.42%，显著低于前述国家收益指数的增长（112.6%，已排除物价影响）。这证明，经过 20 世纪 60 年代初期体制调整的人民公社，并未杜绝国家对产权的侵犯。[②]

农民对此的消极反应方式是留在集体劳动内怠工，积极方式则是扩大家庭经营。文贯中的数据显示，20 世纪 60 年代中后期，作为"文化大革命"在农村地区大批资本主义的一个必然结果，是农业总要素

① 邓小平在 1977 年 12 月分析国际形势时预言，中国"有可能争取多一点时间不打仗"，因为美国在东南亚失败后采取保守的全球战略，而苏联还没有准备好（邓小平，1983，74）。很少有人讨论这个和缓的国际局势对中国在那以后采取的放权改革政策的影响。但是在制度演化的经济史上，这一点是十分重要的。例如，17 世纪英国的征税权控制在由商人和中上层土地阶级组成的代议制议会手中，他们的兴趣在于通过限制国王的权力来结束各类限制性措施，并保护私有产权和竞争。但在西班牙和法国，却由皇室掌握着无约束的征税权，并以向行会转让垄断权来交换皇室的收入。造成这种差别的一个原因是，英格兰作为一个岛屿，外国入侵不像在欧洲大陆那样构成严重威胁，因此"皇室缺少理由对产权和征税权进行中央集权，也缺少理由建立一个庞大的中央政府"（诺斯，1981，155—156）。

② 杨小楷等人（1992）指出了人民公社期间国家侵犯产权的几种形式。农村和农民的贫困，依然令人触目惊心。

生产率连续下降，在1972年达到历史最低点。[①]经过1972—1973年的短暂回升（批判了极“左”政策），1974—1977年间的农业总要素生产率又在批资产阶级法权的政策取向下一路下降，1977年的指数为74.2%，比1961年还低。（文贯中，1989）。也就是在这一年，在一些极度贫困而又面临严重自然灾害的地区，农民不再满足把从集体生产活动中“剩余的”资源投入家庭副业，因为这样做仍不足以保证温饱；他们要以家庭经营的方式占有全部土地资源，但以承包产量作为交换。这就是又一波包产到户的由来。[②]

有了20世纪60年代的经验，包产到户已经不能算制度创新，而是制度扩散和推广。但是，当安徽凤阳县农民把包产到户进一步变成包干到户时[③]，农民家庭对产量的承包发展成对地产经营的承包。[④]农民提出“交够国家的，留够集体的，剩下都是自己的”新制度安排，即把全部可支配的土地资源首先投入家庭生产，然后由农户在保证至少不损害国家和集体既得利益的前提下，增产归己。农民在底层的朴素创造，表明要节约制度的运行费用，就不能回避产权安排的形式。重要的是，安徽、四川、贵州、内蒙古和广西等地的包产到户和包干到

---

① 1972年农业总要素生产率指数仅为1952年的72.22%，比1961年低5.8%，见文贯中（1989）。

② 农民提出的包产到户三原则，表明他们同国家和集体做交易的想法。同时也说明，包产到户是涉及国家、集体和农户三者间的合约。

③ 见陈一谘和孙方明执笔撰写的中国农村发展问题组的实地调查报告（1981），刊周其仁选编，1993a。

④ 包产到户的生产队，保留统一计划和统一分配，农户按照产量承包合约生产，年末超过承包产量的部分，由集体予以分成奖励。包干到户节约了集体对承包产量和超额产量的计量和监督费用，由农户承包集体土地，条件则是完成按土地常年产量应当负担的向国家的上缴和集体的提留。

户，发生于1977—1978年间[①]，也就是在著名的中共十一届三中全会之前。如我们将要看到的，正是底层把上层的政策调整拉向改革。

包产或包干到户无非是家庭自留地经济的一种扩大。但是，前者在一个关键点上不同于后者，这就是它至少要在一个生产队的范围里做出公共选择，如平衡不同意见，促成包地协议的达成，制定并保障新的游戏规则，以及共同保守秘密等。生产队长们在供给这些制度创新过程中必不可少的公共货物方面具有比较优势。[②]因此落后地区成为70年代农村改革的发源地，除了农民穷则思变以外，集体工副业太弱或完全没有，把生产队长们逼成包产到户的带头人，也是一个不可忽视的条件。

（三）土地私有化的困难

经过几十年农业社会主义的改造，成年的中国农民仍然保留着拥有家庭私有土地的梦想。[③]在集体经济不足以让农民温饱的地方，私有土地的梦想理所当然就更加强烈。只要自上而下的模式控制一放松，重新私有化的要求就会首先从底层提出。事实上，当包产到户还在秘密进行时，一部分农民就提出过他们的土地再私有化方

---

① 见中国农村发展问题研究组编（1981）。

② 例如安徽第一个包产到户的小岗生产队，就是在阎姓生产队长的领导下完成的，见陈锡文和马苏元的实地调查报告（刊载在中国农村发展问题研究组，1984，第1卷）。

③ “土地就在那里，你可以每天看见它。强盗不能抢走它。小偷不能偷走它。人死了但土地还在。”“钱将被用光但土地永远不会。”这些是费孝通在20世纪30年代记录的江苏南部村民对土地的看法（1939，182）。理解这一点，是理解从农民革命为何发生到自留地为何生效的一个必要条件。

案——“土地和山林回老家”，也就是恢复土改后地产的分配格局。[①] 这些农民事实上把土改运动分配的地权，作为再分配地权的唯一合法依据了。

上述私有化遇到的第一个对手，并不是保守派官员（因为此时上层的任何一派都还不知道村子里发生了什么），而是村庄里的另一组农民。土改毕竟是30年前的事情。从土改到包产到户，中国农村增加了3亿人口和约1亿个家庭。这批更年轻也更有生产力和争夺资源实力的人口和劳动力，难道可能被扫地出门吗？在村庄一级，即使没有政治和意识形态的压力，激进的私有化主张也行不通。

修订后的办法也许是由全部现时人口平分土地。但这个修正案遇到的麻烦是要不要承认劳动力和非劳动力在分配土地时的不同权利。如果承认，也就是劳动力代表着一个比非劳动力人口更大的分配权数，紧接着的麻烦是农民家庭的劳动力人口比率变动以后，要不要重新分配土地。如果重新再分，等于没有私有化，或落得一个“年年私有化”的体制；拒绝重分，新的私产制如何顶得住各个家庭劳动力人口比率变化带来的压力。

现在我们退回去，对全体人口一视同仁，一次性分完所有土地并颁发土地所有权证，然后允许农民家庭之间自由买卖租佃。这个方案的简洁性没有问题，但从哪一天起开始这场伟大革命呢？你定在任何一天，第二天将要生孩子的农民家庭都会反对。你可以说多数压倒

① 1977—1982年间发生的这类事件，很少有公开报道。这既是因为不允许，也是因为农民通常不愿意把这个秘密的细节告诉外人。但是地方政府当时的一些文告和调查报告，间接反映了这类现象的存在。例如，安徽凤阳县政府1980年的通告和青海省委调研室1980年的调查报告等，均见中国农村发展问题研究组编（1981，322—333，221—230）。

少数，但在这类问题上少数永远比多数更强大。[①]你说民主投票程序决定，那么一定还有下一次。你说实行队长或总统的权威主义，那么吃了亏的农民要推翻的就是这位生产队长或总统，只要这样比买地便宜。讲来讲去要害有两点：第一，不同的农民家庭处在其不同的家庭生命周期，有不同的劳动力人口比率，因此对于土地分配有不同的变化着的要求。[②]第二，把人口作为分配土地权利的依据，无论如何得不到稳定的产权边界。前面一点决定了土地私有化的程序困境，后一点则造成实质麻烦。早期改革时许多村庄都为上述公共选择的困难度过了许多不眠之夜。新的合约不但不能脱离连续的生产，而且必须在耕种之前签订。

包产到户而不是一步到位的土地私有化成为普遍的潮流，在村庄一级就有其深刻的理由。像我们后来看到的，无论土地承包权发展得多么接近私产和准私产，它总还保留着村庄社区作为最终所有者对付变动的人口对土地分配压力的某些手段。包产到户的安排承认承包上缴之余的私有权，这就开辟了不受人口平分传统纠缠的农民形成私产的途径。这是后话，眼下的当务之急是完成包产制的合法化。

（四）分权决策

不可否认，20 世纪 70 年代末国家上层政治结构准备实行的农村经济政策调整，与农村社会基层已经发生的包产到户变革之间，有着不小的距离。文献表明，1978 年底新制定的农村政策的基调是“休养

---

① 因为对马上要增加人口的家庭，即使在一个 30 户的村庄里只有一户，他可能争的利益是 1，而对其余 29 户来说，每户只面临 1/29 可能的损失；29 户联合起来要组织成本。

② 恰亚诺夫（1986）根据这点认为苏联农村的农民分化，并不是阶级间的分化，而是不同家庭生命周期的农民家庭经济差别。

生息”和加强基层自主权。前一方面的内容，包括提高国家的农副产品收购价格、减少国家统派购数量和扩大进口农产品；后一方面，则是再次强调生产队的自主权。这两个方面，都没有要在农村启动体制改革特别是产权改革的意思。①

休养生息政策执行的结果，使国家获取农业剩余的水平下降到大体与传统的农业税相当。②但国家优惠农村的结果导致1979年的国家费用指数猛增到一个历史最高点（见图1），并带来持续的财政赤字。③

生产队自主权引发的问题更加复杂。第一个麻烦是，生产队的经营活动在多大程度上可以被允许摆脱国家计划的控制；第二个，生产队是否有权改变自己的产权形式。这一个简单口号，几乎挑破所谓集体所有制的全部虚幻。安徽小岗生产队的包干到户，就是生产队的一致决定。但是，它合法吗？

没有人可以直截了当地回答本问题，因为从来没有一部法律记录生产队的权利和调整权利的程序。在习惯上，虽然比较制度学家发现中国的计划程度远低于苏联，但在经济组织和产权形式方面，中国的中央集权程度相当高。特别是农村所有制问题，向来只能由中央和中

---

① 著名的十一届三中全会关于农业问题的决议，明令禁止包产到户。这一提法，在一年以后的四中全会修订的决议案中仍然保留。这两个文件，均刊载在中国农业年鉴（1980，56—62）。

② 1980年农业提供的总积累360.74亿，扣除国家用于农村的部分，农业净流出资金278.62亿（冯海发和李微，1993），占当年农业总产值2 180亿（ZTN，1983，13）的12.78%（1977年同一指标为15.73%，1978年为14.05%）。这已低于1955年（12.83%），而仅略高于1952年（11.49%，数据同上）。

③ 当时农副产品收购价提高，但向城市人口的销价维持不变，因此国家财政承担了购销价倒挂的补贴。这笔在20世纪80年代日益增长的开支，没有计入图1及附表2的国家农村费用指数，因为这反映的是国家与城市居民的关系。

央主席定夺。[1] 而按照 1978 年底党的最新决议，如上文所引，包产到户仍在明确被禁之列。由当时的中央来统一完成对包产到户的合法化，是不可能的。

产权安排是通过预期来影响人们的经济行为的（德姆塞茨，1988，104），因此它从一开始就有合法化的要求。如果一种产权安排本身是非法的，或者人们预期它随时可能被取缔，那么这种产权使当事人的行为机会主义化，就不足为奇了。困境在于，不合法的产权创新可能导致掠夺资源的后果，而掠夺资源的“产权”安排更不可能被合法承认。这是社会主义产权改革的真正难点所在。[2] 无论农民还是社区精英的个人理性，都不足以完全解决这个难题。

中国农村改革的主要经验是分省决策，也就是各个行政省可以用省的政治资源，经过省的政治程序分别决定是否合法承认包产到户。分省决策的合法依据是中共十一届三中全会决议中强调的地方积极性和实践检验真理标准的新思想原则，另外，省领导人的资历以及他与中央领导集团的关系对省级决策的强度有重大影响。众所周知，首先是安徽、四川、贵州和内蒙古这样一些贫穷的农业大省，为农民地下半地下的包产到户提供了政治保护和给予合法承认。[3] 这并不是偶然的。在中国，自然灾害的分布是不均匀的，农村人口的比例和经济发展水平各省之间也大不相同。因此，每个省面临完全不同的饥荒概率、救灾压力和相应的政治风险和责任。发达省份也许不值得在包产到户问题上为天下之先，但落后省份却发现这正可以解燃眉之急；正如落后省

① 在 20 世纪 50 年代早期和晚期，邓子恢和彭德怀分别都是中央和国务院领导成员，但他们都因为在农村问题上与中央主席毛泽东的分歧，而再也没有发言权。

② 社会主义产权改革非常容易走向激进主义，可能与此有很大的关系。

③ 以安徽为例，小岗生产队的包产到户，引起凤阳县城里的大辩论，最后安徽省委常委到小岗现场调查并决议可以试行。

份不会在一开始就热衷于为社队企业请命，而发达省份却早就乐此不疲。简言之，各个省份面对基层自发的产权创新有着不同的约束结构，因此他们可能提供不同的政治保护。

分权决策使新产权安排完成了局部合法化。对中国农民来说，县政府——更不要说省政府了——当然就代表着国家。这就显著增加了农民对他们发明的新产权合约能够被执行的信心，从而降低了产权制度变迁的风险，增加了局部成功的示范效应和地区之间体制改革竞争的可能性。[①]经验表明，分权决策是中国这样一个大国产权制度变迁中不可缺少的关键环节。[②]

（五）地方合成的中央政策

局部合法化还不等同于全局合法化，这个差别包含着一定的风险。[③]因此包产到户初见成效之后，率先改革的省份要求包产到户的全局合

---

① 中国改革的渐进特征不仅仅表现为时间上的继续，而且表现为空间分布的不均匀。

② 分权改革方针在 1989 年以后受到国内一些著名经济学家的批评。代表作是吴敬琏在 1989 年 12 月发表的文章，此文对前国务院领导人的经济改革“举措失误”提出系统性批判，其中一个重要内容，就是该领导混淆“行政性放权”和“经济性放权”的区别，导致市场割据和宏观调节的分散化，导致“诸侯经济”。吴文是按照学术商榷的风格撰写的，读来确有一种挑战权威大人物的道德勇气（作者特别题注此文系“根据作者 1987 年 6 月 9 日，1988 年 7 月 1 日和 1989 年 1 月 11 日在中央党校所作报告整理而成的”，见 51 页），虽然此时被批评者已经不可能公开回应任何批评了。此后海内外华文报刊持续抨击“诸侯经济”。相反见解的代表作见李湘鲁 1990 年在美国《知识分子》杂志上发表的文章，他认为要改革计划官僚体制，必定要先分解之，而没有办法依靠中央计划官僚体系来动员和推进改革；唯有分权改革方针，才能在全权主义的体制内看到启动改革的社会机制。农村改革的经验表明，幸亏当时有分权方针的“举措失误”，否则，最大的可能是直到今天我们还在人民公社的框架里打转。

③ 1961 年安徽的包产到户也率先得到省第一书记曾希圣的赞成和中央领导人包括毛泽东的默许，但饥荒危机一过，曾希圣却为此受到批判和撤职（见薄一波，1993，下卷）。

法化。在这一点上，地方政治利益与新的产权安排高度一致。1980 年中央召开各省区第一书记会议，重新讨论包产到户，此时距上一个禁止包产到户的中央全会还不到一年。

西方研究中国决策过程的政治学家注意到，有各地领导人参加的中央工作会议意义重大（李侃如和奥克森伯格 1988，29，152），但是以往多数这类会议并不改变决策的自上而下的性质。①1980 年的这次会议带来一个新的特点，即各地都力争把本地的经验写进中央政策，即力争自己的模式的全局合法化。由于当时各地经验的差距甚大，地方立场各异，以致很难达成一致意见。② 最后，会议通过的政策文件允许生产队实行多种责任制安排，其中包括包产到户。③ 这等于修改了中央的原来立场，完成了包产到户在全国范围的合法化。

1980 年决策模式最重要的贡献与其说是其内容，还不如说是其程序。不同的地方利益和主张，可以在中央决策过程里讨价还价，最后合成一个新的中央政策。围绕产权创新的中央政府与农民两极之间做交易的模式，发展为“农民——社区——地方——中央”多极之间的谈判、沟通和“交易”。我们不必过高估计这一决策模式的制度化程度。但从长期角度来看，这里包括了重建国家与社会关系的要素。④

---

① 1962 年的 7 000 人大会是个例外，主要从各个决策层面总结 1959—1961 年的严重教训。

② 激烈的争论甚至从会场延伸到饭桌。支持包产到户的贵州第一书记池华卿有一次在席间对持反对立场的黑龙江第一书记杨易辰说，你走你的阳关道，我过我的独木桥。不料一语中的，提供了多种模式并存的解决思路。

③ 这就是 1980 年 75 号中央文件。关于这一新政策文件的制定背景，见杜润生在制定这一政策文件的各省市自治区第一书记会议上的讲话（杜润生，1985，1—9）和吴象的文章（1980）。

④ 关于程序在变革过程中的重要性，见季卫东（1993）。

（六）分步渐进的交易

农民紧接着要求新政策的长期化，因为他们担心这次农村政策调整很可能仍旧如同20世纪60年代初期一样，仅仅只是一个短期的“权宜之计”。[①]农民和社区精英一方面对国家的农产品提价和允许包产到户政策做出增产的反应，另一方面交替使用叫喊和退出两种策略，迫使国家的改革政策长期化。这里一个关键的事实是1978—1982年期间全国化肥施用量年平均递增14.4%（ZTN，1993，349），似乎可以证实当时许多记者、地方官员、农学家和政策调查人员关于农民怕政策变而从事“掠夺地方经营”的报告。短期行为通常总要受到谴责，但是为什么不把农民的短期行为看作对短期化的制度约束的一个理性反应呢？更重要的是，农民短期行为指示着短期约束之所在，并迫使改变短期约束结构。[②]1984年初，中央政策文件明确了土地承包期应在15年以上；为了同长期承包制相适应，同一文件还允许土地承包权的有偿转让。[③]

（七）交易产生的所有权

包产到户的合法化和长期化，在农户手中累积起日益增多的归属他们自己的经济资源。这部分缴完国家和集体“定额税”之后的剩余，最初只够用来满足农民的温饱，但随着时间的推移，在一些地区的部分农民那里，拥有了可以投资的经济资源。如果国家按照社会主义的经典要求，对这部分资源再推行国有化或集体化，强行采取国家

---

① 历史经验表明，如果国家仍然主导农村社会，那么调低了的国家租税，可以因为经济恢复而重新调高；下放的权力，也可以因为各种理由而重新回收。

② 这个论点同样适用于对改革过程中其他寻租行为（rent seeking）的分析，许多人谴责寻租行为，完全忽略了寻租在制度创新中的作用。

③ 中共中央关于1984年农村工作的通知，见马克伟主编，1992，133。

计划控制，那么国家等于单方面撕毁包产到户合约；反过来农民也可以不履行交够国家的和集体的承诺，其结果是当时国家的政治结构所不能承受的（否则国家不会接受包产到户）。另一个可能的选择是按私产制度来安排农民“自己的”资源，通过市场加以调节。这样可以保障包产到户制对农民的刺激，同时提高农民自有资源的社会利用效率。整个 20 世纪 80 年代，国家在确认了包产到户体制之后，农村经济政策的基本走向，就是在农民自发的制度创新推动下承认农民自有资源的私产制度。在此期间，国家一再缩减计划收购的品种和数量（1983—1984 年），改统派购为合同收购（1985—1987 年），宣布农副产品完成国家收购后可以自由交易（1979—1985 年），允许私人长途贩运（1980 年）、期货交易和农民进城经商（1984—1985 年）；国家宣布改革农村供销社和信用社体制，恢复其民营性质，并重新实行股份分红制（1983 年）；国家允许私人投资大型生产资料和创办个体资本（1983 年），默许并进而正式承认雇工超过 8 人以上的私人企业的合法地位（1981—1987 年）；国家鼓励农民从事非农业活动（1979—1984 年）、开放小集镇和中小城市的就业和创业（1984—1985 年），进而改革了大中城市国营企业的招工制度，对农民工开放城市劳动力市场（1986—1987 年）。[①] 在这一时期，“集体资本主义”即原社队企业获得了更充分的合法性肯定。[②] 国家仍然限制私人的金融和土地入股活动，但对集体则是开放的。最重要的是，集体可以向私人

① 这里提及的政策和法律文件，可以在历年的中国农业年鉴中找到。在英文著作中，杨小楷、王建国和威尔斯（1992）的论文对这一时期的农村改革政策和法律，做出了出色的整理，虽然他们按文件提法对政策制度环境做出的计量，在我看来还有待改善，因为文件有时落后于真实生活，有时又并未被完全执行，因而不完全等同于现实的制度约束。

② 发达地区的地方政治权力结构，在财政地方包干制下，对社队企业提供了最充分的保护并为其获得中央政策的承认出力。这个过程与落后地区保护包产到户，是一致的。

出售牌照，使那些对国家政策心存疑虑的私人资本活动得以顶上集体的牌号进行。大体到80年代末，中国农村完成了一场也许有史以来最伟大的商业革命，其制度基础则是集体公有土地的农户承包制、“集体资本主义”的企业制和农户及个人的私产制。总之，自50年代被国家剥夺走的剩余权机制，现在以多种形式重建于农村社会。

（八）全面退出与稳定性

新的政策和制度安排，强化了农民的退出权。现在农民控制着农产品的生产和初级分配，如果国家单方面破坏包产到户合约，等于授权农民收回上缴承诺，即退出游戏。农民不但可以携带资源，退出某个农产品品种的生产，转向另一种生产，而且可以转向工业、建筑业、交通运输业和服务业。农民还可以从他不满意的市场交易中退出，转向只为自己家庭的消费而生产。[①] 最后，最有生产力的那部分农民现在可以退出农村转入城镇。这就是说，农民的局部退出权已经发展为全面退出权。农民的全面退出权增强了他们讨价还价的力量。人们随处可见，农民正在产权和组织的市场上为强化自己的权利喊价，正如他们在产品和要素市场上正在为自己的产品喊价一样。

同样道理，农村社区对国家的谈判地位也上升了。由于社区经济拥有较大的起始规模和较强的人力资本，因此社区购买保卫自己产权的实力更强，或者反制侵权行为的办法也更多。由于地方财政利益与乡镇企业的发展息息相关，发达省区的地方政治结构成为乡镇企业的保护层，正如落后省区早先热衷于保护家庭经营一样。在发达地区和其他地区的发达乡村，社区经济构成农村社会的组织中坚。

---

① 例如，每个农户平均多储备200斤粮食，全国的粮食市场就会因此减少360亿斤的供给。这个事实构成1985年以来粮食购销体制改革的基本动力。

在改变了的国家和农村社会关系的背景下，新的产权安排包括自我保护的机制。当然，新产权的合法化并在实施中受到保护，仍然是国家不可被替代的职能，但现在当国家有效地这样做时，它会得到社会增加长期财政上缴的回报。反过来，当国家重犯侵犯有效产权的错误时，它会受到社区和农户的有力反弹，并为此蒙受财政损失。简言之，国家再也难以单方面为所欲为地改造社会，特别是改造产权。① 至此，20 世纪 70 年代末开始的农村经济政策调整，已经演化为一场难以逆转的产权改革。这既不是单方面因为国家决策的英明远见，也不是单方面因为农民和社区精英的自发努力，而是国家和农民双方围绕有效产权制度的重建，在分析决策的架构里分步进行了一场长达 10 年的对双方都有利的交易。

（九）总的图景

改革以来，中国农村的产权结构已经发生了根本性的变化。表 1 列出了作者根据国家统计局 1993 年公布数据对目前农村总资产结构的估算。如果这个估算可以被接受，那么目前中国农村的总资产（95 196.12 亿元，1992 年）中的 77.29% 为集体的地产（耕地和山地）和企业资产，22.71% 为农户私产；而全部集体资产的 95% 以上已长期承包给农户和个人经营，仍由集体经营的部分不足 4%。

这个新形成的产权结构，包含着一些极为重要的特点。首先，由农户和个人长期承包经营的社区集体资产，占据全部农村资产的 70% 以上，构成目前中国农村生产活动最主要的制度形式。② 这部分承包

① 一个证据是，1990—1991 年间北京个别领导人发起再版的农村社会主义教育运动，最后以不了了之而收场。

② 科斯（1992）强调他和其他制度经济学家研究的正是有关生产的制度结构（the institutional structure of production）。

经济的制度特征是社区集体与农户之间就如何利用集体资产而达成的一种合约。承包经济的最终所有权，归属社区集体；但利用和支配的权利，则归农户和个人。但是，承包经济几乎到处都是因地、因事、因人制宜。它服从的是地方化的不同利益主体之间的力量平衡，而不是一致的体制规范。

其次，承包经营的产权合约本身是变化的。20 世纪无论 80 年代早期形成的土地承包制和中期形成的集体企业承包制，都发生过和发生着重要的变化。例如，土地承包制从短期变为长期（后来中央政府政策文件已宣布可长达30年）①，并在一些落后地区消除了按新增人口不断重分承包地的早期安排；②另外，土地转包权被合法化并在一些地方发展为土地承包权市场，③乡村企业的承包制，则发展为合作股份制（杜鹰和袁崇法，1993），它同农村社区基金会的发展结合在一起，可能引起农村产权制度的进一步创新（陈锡文，1992，1993）。可以预料，随着农村经济要素流动性的加强，承包产权还将进一步演化。这些实际的变化与农民要求“政策不变”的呼声和政府对此所做的允诺，正好相辅相成。④

---

① 转引自杜鹰和袁崇法（1993）。

② 早期包产到户并未排除农户家庭因人口变动而重新调整承包地的权利，这引起土地承包的内生不稳定。贵州湄潭最早进行消除此种权利的制度创新，那里的办法是由地方政府提供低息贷款支持农户开发荒山荒坡，交换农民增加人口重分土地的权利。笔者曾认为这是包产到户以来最重要的改革创新，因为它试图解决人口和土地利用中的一个由来已久的不良循环（见周其仁和刘守英的调查报告，1988b）。这个办法现在引起许多其他地方的兴趣和仿造（见杜鹰和袁崇法，1993）。

③ 例如山东平度县的经验，见国务院发展研究中心农村部土地制度课题组，1990。

④ 后者要求的是防止重演自上而下用政治手段制造和改变产权，而前者则表明交易环境的变化调整产权合约需要。重要的是，大体从 80 年代后期开始，农村新产权结构制度化和法制化的要求提上了改革的日程。这当然不是把最完满的产权形式写成法律文书了事，而是通过法律形式记录已经通过交易形成的权利，同时增加保护有效产权的手段和侵犯产权的成本，并在此基础上形成利益当事人之间修订产权合约的程序。

表 1 1992 年中国农村资产结构

1	2	3	4
	数量	资产估值	比例
I. 农村总资产		9 519 612 亿元	100.00%
II. 集体产权集体经营		3 434.16 亿元	3.61%
2. 1 耕地①	419.31 万公顷	2 201.59 亿元②	2.31%
2. 2 山地	182.31 万公顷	277.89 亿元③	0.29%
2. 3 企业固定资产	约 30.4 万个④	517.18 亿元⑤	0.54%
2. 4 企业流动资金		812.76 亿元⑥	0.85%
2. 5 企业债务		367.86 亿元⑦	–0.39%
2. 6 集体净存款⑧	–7.4 亿元	–7.4 亿元	–0.01%
III. 集体产权农户承包经营		70 138.25 亿元	73.68%
3. 1 耕地	12 096.19 万公顷	63 510.99 亿元	66.72%
3. 2 山地	1 823.9 万公顷	2 778.94 亿元	2.92%
3. 3 企业固定资产	约 121.6 万个	2 068.72 亿元	2.17%
3. 4 企业流动资金		3 251.04 亿元	3.42%
3. 5 企业债务		1 471.44 亿元	–1 55%
IV. 农户产权私人经营		21 623.71 亿元	22.71%
4. 1 农用固定资产⑨	1 114.32 亿元	1 114.32 亿元	1.17%
4. 2 企业	1 927.2 万个	1 007.82 亿元⑩	1.06%
4. 3 私人住宅⑪	126 811.95 万间	14 349.03 亿元	15.07%
4. 4 净存款	3 107.8 亿元⑫	3 107.8 亿元	3.26%
4. 5 现金和其他金融资产	2 044.7 亿元⑬	2044.74 亿元	2.15%

注：① 1992 年全国耕地总面积，国家统计局公布为 9 542.58 万公顷（即 14.3 亿亩），但同时注明此数偏小（ZTN，1993，332）。据同一册 ZTN（1993，356、357），1992 年农户家庭平均每人经营耕地面积 0.137 3 公顷（2.06 亩），山地 0.022 公顷（0.33 亩），以当年农村总人口 91 154.4 万计（ZTN，1993：329），全国耕地为 12 515.50 万公顷（18.77 亿亩）和经营山地 2 005.40 万公顷（3 亿亩）。本表用后一种数计全国土地。

②耕地的资产估价办法如下：以地租率占农业总产值的 40% 计，1992 年地租总额约为 3 633.88 亿（ZTN, 1993, 333），另以当年向农村个体户的贷款率 11.23% 计（ZTN, 1993，671），扣除当年物价指数 5.4%（ZTN，1993，237），真实利率约为 5.53%；因此

地价总值约为 65 712.12 亿元，以 12 515.50 万公顷耕地计（见注①的说明），平均每公顷为 522 505 万元或每亩 3 500.33 元。

③林地地价以地租占林业总产值（1992 年为 422.61 亿,ZTN,1993,335）的 40% 计，共 169.04 亿。真实利率以 5.53% 计（见注②说明），经营山地总估值为 3 056.78 亿，全国经营山地面积约 2 005.40 万公顷（见注①），平均每公顷 15 243 元，或每亩 1 016.2 元。

④乡村两级集体企业共 152 万个（ZTN，1993，395），据估计，仍由集体经营的不足 20%，其余承包给个人，或仅仅只是挂牌的集体企业。

⑤ 1992 年乡村集体企业的固定资产净值为 2 585.9 亿元（ZTN，1993，397），这里以集体经营占 20% 计，承包经营占 80% 计（见 2.3 栏同列数据）。

⑥ 1992 年乡村集体企业的流动资金年末占有量为 4 063.8 亿元（ZTN，1993，397），这里以集体经营占 20% 计。

⑦ 1992 年乡村集体企业的银行贷款余额为 1 839.3 亿元（ZTN，1993，397），这里计入 20%，其余计入 3.5 栏本列。

⑧集体净存款等于集体农业存款年末余额减贷款余额，这里只计入集体农业在信用社的净存款（ZTN，1993，667），而不包括国家银行即农业银行的统计，因为后者没有分类，并且 1992 年的净额几为零（见 ZTN，1993，664），下面 3.3 项计算农户净存款的方法相同。

⑨这里包括役畜和产品畜，大中型铁木农具，农业牧渔业机械和运输机械（见 ZTN，1993：35）。

⑩村以下农民企业的资产没有统计数据，这里用农户生产性固定资产统计中的“工业机械”，“生产用房”和“其他”三项之和来反映（ZT，1993，354）。可以认为，虽然这里用的是原值而不是净值，但对农户企业资产总规模的估计还是偏低的（平均每个企业的固定资产值仅为 5 688.92 元）。

⑪见 ZTN，1993，323。

⑫农户在农村信用社的净存款，1992 年为 2 107.8 亿（农户存款余额 2 867.3 亿，贷款余额 759.5 亿,ZTN,1993,667）。农户在国家银行中的存款余额没有分项统计发表，仅有“农村存款”1 409.42 亿元和“农业贷款”1 448.72 亿元（ZTN，1993，664），不清楚其中农户的净存款余额。但当年全国居民储蓄存款为 11 544.7 亿元，其中农民的部分估计占 40%~45%，因此我们在信用社农民家庭净存款（2 107.8 亿）上加上 1 000 亿来估计这个值。

⑬ 1992 年居民手存现金 3 407.9 亿（ZTN，1993，602），以农村居民手存现金占 60% 估此数。

再次，农户家庭及其自由联合的私产已占全部农村资产的23%。农民私产的绝大部分为私人住宅（占全部私产的66.4%），可用于生产投资的资产规模尚且很小。但在整个农村产权结构中，农民私产成长最为迅速。① 农民私产，主要形成于承包经济的剩余增量，即“剩下都是自己的”那部分，因而以承包经济为其历史前提。另外，在实际经营中，农户私产和承包经济浑然一体，即都由农户和个人来决策、控制和支配，只不过遵循不同的合约分配产品。这两点，决定了今天中国农村私产与社区公产之间的密切关联，或者反过来说也一样。但是，农民私产在法权上并不依附于集体公产，而具有一种独立的地位。例如今天一个农民可以完全退出承包经济，但这并不意味他因此必须交出他的私有财产。②

最后，中国农村新的产权形式，包括承包经济和农户私产，是随着其执行和保护系统的发展而同步成长起来的一种权利结构。③ 现实的情形是，并不是国家单方面主动提供了一套执行和保护有效产权的系统，也不是农村社区和农户自己仅仅依靠村庄习俗或其他自费的安排，而是经过“中央政策——地方政府——农村社区——农户”之

---

① 笔者曾估计过1985年农村资产结构，当时农户家庭私产未计入私营企业部分约为7 000亿元，加上各种私人企业的资产220亿，共7 220亿元。当时估价农用地产，用的是名义利率而不是真实利率，因此地价被低估了。用真实利率重估的结果为农用地价值约50 000亿，而农村总资产约为60 000亿。因此当年农民私产约占农村总资产的12%（见周其仁，1987，刊发展研究所综合课题组，1988：65—80）。自那时以来，农民私产增长了近3倍，年平均16.97%，快于非私产年平均增长速度12%。

② 因为他的私产不是白白得来的，他完成了对国家和集体的承包上缴，并为形成私产花费努力，承担风险和责任。在这个意义上，今天中国农民的私产已经不同于土改后形成的私有土地制。这里没有国家组织大规模群众政治运动对个别农户的恩赐，也就没有国家意志任意更改产权合约的历史理义性。

③ 或者用阿尔钦（1972）的话来说，农村产权的硬度是在其保护构造成长过程中逐步提高的。

间一系列分步达成的交易，首先最大限度地排除国家对农村社会产权合约的侵犯，其次增强农村社会内部资源利用的排他性。这个双重意义的排他性制度安排，至今也不是依靠成文法律及其执行机构，而主要依靠尚未法制化的信息沟通、谈判、讨价还价，特别是事实上的退出权。因此，与通过政治运动分配产生的产权不同，交易产生的产权，只能由交易双方的互相制约和制衡来执行和保护合约。好的交易会使双方不吃亏，不吃亏的交易才能长久，长久的交易才需要并有可能供应制度化的规则。① 因此，在改革进行了十几年以后，人们才可以有把握地预料，中国农村多种产权合约对法律服务的需求将大幅度上升。

五、结论性评论

本文把中国农村改革看作是围绕产权重建展开的制度变迁。经典社会主义农业改造的理论和实践，试图消灭农民产权即剩余权的激励机制来加快国家工业化。这个模式的失败，表现在经济效率低下和人民生活水平提高缓慢，更表现在体制运行费用高昂和自我调整机能的僵化。在这个模式下，国家侵入乡村社会生活的一切领域，直接控制和指挥一切农村经济组织。这不仅导致农村社会活力的窒息，而且也损害国家职能的正常发挥和政治机构的合法权威。

当社会主义农村体制需要改革的时候——它往往是长期的慢性体

---

① 许多人习惯于免费制度或规则的思想。例如，巴特（1990）提供了一个博弈论模型说明尼罗河上游养牛人之间产权秩序的建立。在这个模型中，两个养牛人家庭在没有仲裁者的情况下，总是理性地选择攻击对方的策略。这种导致资源浪费的“囚犯博弈”结果，在引入了能够制裁攻击行为的第三者后才被改变。问题是，这位第三者在巴特的模型中没有消耗任何资源，而在生活中，制度、秩序和规范都不可能是免费的。

制病，随机的突发性灾难和上层政治危机的复合结果——它发现自己陷于真正的困境。

这里的问题不是尼罗河上游两个养牛家庭如何寻找一个免费或不免费的中间人，以避免互相攻击策略对双方带来的浪费；这里的问题也不是加拿大东部的狩猎部落，在皮毛价格上涨的时候，如何划定狩猎范围以避免“公共的动物资源”过快灭绝；这里更不是私有财产的伟大原则早已深入法律和习俗的美国，只是由于比如说飞机的发明而带来噪音侵犯，需要解决预先的产权合约中没有或不可能写入的权利纠纷。

社会主义产权改革面对的至少是一个诺斯难题，即拥有暴力潜能的国家为什么和怎样严守保护产权合约的边界，或者反过来，私人为什么和怎样能够防止国家的越界行动。这个问题，在成熟的当代西方制度文明的表层已经消失，只有在其早期的大制度变迁史中才可能找到答案。

但这仍然不够。因为真正的问题是，被战争、国家工业化和改造旧中国的伟大志向造就的强大国家，已经侵入乡村社会，并保留了制造、改变和剥夺农民所有权的长期记录。在这种情况下，存在的问题包括：一方面，国家对产权的政策为什么以及怎样改弦更张；另一方面，农民为什么和怎样才能预期国家新政策将是长期稳定的，并以此作为约束自己履行与其他私人合约的基础。一句话，这里面临的问题是在国家职能曾经被过滥利用的约束条件下如何重建产权秩序特别是转型期的产权秩序。

这就是问题所在。中国农村改革在回答这个问题时创造了一些朴素的经验。正如我们已经看到的，产权改革的胚胎在人民公社时期就已经形成，这就是生产队自主、家庭自留经济和社队企业。开始它们只能靠部分退出权保护自己，躲避国家政治运动的急风暴雨。这些初级权利的生命力如此顽强，以至可以影响国家控制农村经济的费用—收益结构，并在自然灾害和其他偶发因素的配合下，迫使国家的农村经济政策调整和退却。然后农民表示热烈拥护其实是他们自己发动的改革，承包了几乎全部公产，并用上缴的剩余形成私产。多数产权创新首先在地方完成局部合法化，当制度创新显著见效于经济增长时，这些地方的创制权得到巩固，并进而改变中央决策的政治平衡和完成全局合法化。正是在这样一套构架下，一次性的短期交易发展成多次性的长期交易。正是在多方参与的交易中，人们交换信息，平衡利益，培养预期和校正合约行为。不到 10 年时间，国家控制的集体产权模式完全改观，被承包制和私产制混合的新产权结构取代。这是 20 世纪 80 年代以来农村经济增长和结构变化的主要制度基础。按不变价格计算，1980—1992 年间农村社会总产值平均每年增长 14%，人均纯收入每年递增 6.16%；在同一时期，农村每年增加约 500 万劳动力转向非农产业。[①] 考虑到这几个数字反映的是 9 亿多人口的经济活动，覆盖世界总人口的 1/6，农村改革的经验有理由受到重视。

中国经验最重要的内容也许是，改革同时兼顾新产权合约及其执行和保障系统之间的互相配合，避免产权创新孤军奋进。与西欧早期的路径不同，中国农村新产权的保护机制不是依托“个人—市民公共领域”制衡国家，而是依托“家庭—村庄社区—地方政府”的联盟与国家之间正式和大量非正式的交易，改变了国家与社会的关系，为保护和执行经过初级界定的产权合约提供了条件。在此基础上，更为复杂的产权合约形式正在大量生成。我们已经看到证据，中国农村不但完成了社区公产承包制和农户私产制的重建，而且股份企业制、合作

① 农村社会总产值数据 ZTN，1993，333；物价数据 ZTN，1993，238；农民人均纯收入数据 ZTN，1993，312；劳动力数据见 ZTN，1985，224 和 ZTN，1993，330。

股份制以及其他多种多样传统时代闻所未闻的产权合约蓬勃发展。我们不能确切地断言未来 10 年中国产权结构的进一步变化，但它有可能继续自己过去十多年改革形成的传统，即更多地依托国家与社会之间的权利平衡，而不仅仅是上层政治结构这一种或那一种权力的平衡。无论如何，中国制度变迁经验与东欧及俄罗斯的经验，构成值得持续观察比较的一个对照。

附表 1　国家控制农村经济系统的收益和开支（1952—1982 年）

年份 1	AG 亿元 2	APG 亿元 3	ATAX 亿元 4	CMF 亿元 5	CR 元 / 人 6	DTAX 亿元 7	EXPORT 亿元 8	GEA 亿元 9	GEM 亿元 10	PFR 元 / 人 11	RL 亿元 12	RS 亿元 13
1952	461.00	14.10	31.11	0.00	0.00	24.55	27.10	9.04	72.30	0.00	3.20	0.00
1953	510.00	19.20	31.21	0.00	0.00	36.19	34.80	11.84	93.90	0.00	5.80	1.10
1954	535.00	25.00	37.70	0.00	2.43	43.41	40.00	13.51	76.40	56.39	6.90	4.30
1955	575.00	28.20	35.11	0.00	10.24	41.80	48.70	14.99	83.70	30.98	9.20	6.10
1956	610.00	37.00	34.21	1.70	43.01	51.31	55.70	26.99	85.40	17.02	28.50	8.00
1957	537.00	32.60	34.17	4.90	40.54	49.32	54.50	23.50	76.80	21.46	28.80	17.90
1958	566.00	66.80	37.53	4.70	41.39	91.62	67.10	43.86	71.60	24.08	40.10	27.80
1959	497.00	81.50	38.05	7.20	37.60	114.46	78.10	58.23	84.60	27.01	39.50	48.20
1960	457.00	101.50	32.26	7.20	41.25	127.29	63.30	90.52	86.00	30.30	56.90	49.90
1961	559.00	70.00	24.95	9.10	48.12	70.54	47.80	54.88	76.80	33.99	57.80	56.20
1962	584.00	60.30	26.14	10.00	46.06	73.94	47.10	38.23	78.60	38.15	61.00	31.60
1963	642.00	59.70	27.56	9.00	46.16	88.75	50.00	55.60	89.90	35.65	68.40	34.60
1964	720.00	65.50	29.74	8.10	47.52	110.05	55.40	67.16	98.10	35.72	70.40	45.60
1965	833.00	80.20	29.63	16.57	52.28	122.31	63.10	54.98	112.10	33.29	76.50	50.10
1966	910.00	100.00	34.06	17.36	53.64	149.48	66.00	54.39	126.90	32.58	76.10	62.90
1967	924.00	91.40	33.32	18.20	55.04	125.38	58.80	45.82	105.80	31.88	79.60	69.30
1968	928.00	88.10	34.48	19.08	56.48	106.26	57.60	33.47	117.00	31.19	78.80	83.30
1969	948.00	103.30	34.04	19.99	57.96	127.18	59.80	48.03	151.00	30.53	80.90	78.40

（续）

年份 1	AG 亿元 2	APG 亿元 3	ATAX 亿元 4	CMF 亿元 5	CR 元 / 人 6	DTAX 亿元 7	EXPORT 亿元 8	GEA 亿元 9	GEM 亿元 10	PFR 元 / 人 11	RL 亿元 12	RS 亿元 13
1970	1 058.00	129.20	18.71	20.96	59.47	83.03	56.80	49.40	170.60	29.87	82.30	83.30
1971	1 107.00	152.30	35.51	22.26	62.94	178.63	68.50	60.75	200.40	29.23	48.10	93.50
1972	1 123.00	169.80	32.61	15.87	61.77	185.94	82.90	65.13	194.00	28.60	52.40	91.40
1973	1 226.00	189.00	35.05	15.65	65.36	205.50	116.90	85.17	181.00	27.99	54.20	107.30
1974	1 277.00	196.20	34.59	18.85	65.76	199.22	139.40	91.21	170.30	27.39	59.19	123.40
1975	1 343.00	224.70	33.86	22.02	63.22	223.78	143.00	98.96	181.10	26.8	68.50	136.90
1976	1 378.00	240.40	33.52	26.46	62.80	207.24	134.80	110.49	175.50	26.23	85.30	136.70
1977	1 400.00	258.50	33.60	27.51	64.98	228.14	139.70	108.12	192.30	32.81	93.00	143.20
1978	1 567.00	293.70	32.68	28.43	74.00	253.99	167.70	150.66	216.80	35.79	109.20	154.40
1979	1 896.00	324.00	33.83	31.98	83.40	261.64	211.70	174.33	279.60	44.00	129.90	203.70
1980	2 180.00	346.00	31.75	33.87	85.93	300.14	272.40	149.95	260.60	62.55	166.50	239.80
1981	2 460.00	347.50	32.66	35.02	101.32	280.19	371.20	110.21	238.90	84.52	175.80	278.40
1982	2 785.00	388.50	33.71	49.51	208.63	282.87	420.00	120.49	258.00	102.80	192.60	389.90

注：① AG——以当年价格计算的农业总产值（ZTN，1983，13）；APG——以当年价格计算的农用生产资料销售额（ZTN，1993，611）；ATAX——农业税包括正税和附加部分（以征税的 15% 计，ZTN，1983: 446）；CMF——人民公社集体经济的管理费用，用其总费用纲中的非生产费用代表，一般而言，这部分是低估的（ NJZ，1983，510）；CR——人民公社社员从集体经营部分分得的纯收入（NJZ，1983，517）；DATAX——国家收购农副产品中包含的差价计算和说明见 JJYJ，1993/9: 63；EXPORT——当年出口的农副产品以及农户加工产品（ZTN，1983，420）；GEA——财政支农资金（ZTN，1993，225）；GEM——国家的行政和军费开支（ZTN，1983，448）；PFR——农民从家庭副业部分获得的纯收入（NJZ，1983，523）；RL——农村贷款余额（NJZ，1983，321）；PS——农村储蓄存款（NJZ，1983，321）。

②以上各项，AG、ATAX、DTAX、EXPORT、CR 和 RS 在性质上被看作国家从农村的得益，因为它们给国家带来直接或间接的利益；而 APG、CMF、GEA、GEM、PFR 和 RL 被计入国家开支，虽然其中部分是间接的，为了更合理地估计国家控制农村的收益和开支，以上诸项都计算成以 1952 年等于 100% 的指数，扣除市场价格的影响，加权综合成国家的收益和开支指数，见附表 2。

附表 2　国家控制农村经济系统的收益和开支指数（1952—1982 年）

年份 1	国家收益指数 2	国家开支指数 3	AG 4	APG 5	ATAX 6	CMT 7	CR 8	DTAX 9	EXPORT 10	GEA 11	GEM 12	FMP 13	PFR 14	RL 15	RS 16
1952	1.00	0.95	100.00	100.00	100.00	100.00	100.00	100.00	100.00	100.00	100.00	100.00	100.00	100.00	100.00
1953	1.17	1.19	110.63	136.17	100.31	100.00	100.00	147.43	128.41	130.97	129.88	104.82	100.00	181.25	100.00
1954	1.42	1.31	116.05	177.30	121.18	100.00	100.00	176.83	147.60	149.45	105.67	107.27	100.00	215.63	390.91
1955	1.51	1.45	124.73	200.00	112.87	100.00	421.40	170.27	179.70	165.82	115.77	107.09	54.94	287.50	554.55
1956	2.03	2.41	132.32	262.41	109.96	100.00	1 769.96	209.01	205.54	298.56	118.12	106.91	30.18	890.63	727.27
1957	2.12	2.11	116.49	231.21	109.82	288.24	1 668.31	200.89	201.11	259.96	106.22	109.91	38.06	806.25	1 627.27
1958	2.82	3.52	122.78	473.76	120.64	276.47	1 703.29	373.21	247.60	485.18	99.03	118.55	42.70	1 253.13	2 527.27
1959	3.48	4.52	107.81	578.01	122.31	423.53	1 547.33	466.25	288.19	644.14	117.01	120.09	47.90	1 234.38	4 381.82
1960	3.14	5.82	99.13	719.86	103.69	423.53	1 697.53	518.51	233.58	1001.33	118.95	137.82	53.73	1 778.13	4 536.36
1961	0.70	1.04	121.26	496.45	80.21	535.29	1 980.25	287.35	176.38	607.08	106.22	496.27	60.28	1 806.25	5 109.09
1962	0.92	1.20	126.68	427.66	84.03	588.24	1 895.47	301.19	173.80	422.90	108.71	322.55	67.65	1 906.25	2 872.73
1963	1.36	2.11	139.26	423.40	88.59	529.41	1 899.59	361.51	184.50	615.04	124.34	243.36	63.22	2 137.50	3 145.45
1964	2.35	3.56	156.18	464.54	95.59	476.47	1 955.56	448.27	204.43	742.92	135.68	169.39	63.34	2 200.00	4 145.45
1965	2.50	3.15	180.69	568.79	95.24	974.71	2 151.44	498.19	232.84	608.19	155.05	174.82	59.04	2 390.63	4 554.55
1966	2.94	3.22	197.40	709.22	109.49	1 021.18	2 207.41	608.89	243.54	601.66	175.52	176.91	57.78	2 378.13	5 718.18
1967	2.74	2.77	200.43	648.23	107.10	1 070.59	2 265.02	510.70	216.97	506.86	146.33	179.91	56.53	2 487.50	6 300.00
1968	2.76	2.28	201.30	624.82	110.82	112.35	2 324.28	432.82	212.55	370.24	161.83	179.91	55.31	2 462.50	7 572.73
1969	2.90	2.99	205.64	732.62	109.43	1 175.88	2 385.19	518.04	220.66	531.31	208.85	179.73	54.14	2 528.13	7 127.27

（续）

年份 1	国家收益指数 2	国家开支指数 3	AG 4	APG 5	ATAX 6	CMT 7	CR 8	DTAX 9	EXPORT 10	GEA 11	GEM 12	FMP 13	PFR 14	RL 15	RS 16
1970	2.46	3.22	229.50	916.31	60.13	1 232.94	2 447.33	338.22	209.59	546.46	235.96	179.73	52.97	2 571.88	7 572.73
1971	3.33	3.49	240.13	1 080.14	114.13	1 309.41	2 590.12	727.62	252.77	672.01	277.18	195.45	51.84	1 503.13	8 500.00
1972	3.11	3.41	243.60	1 204.26	104.81	933.53	2 541.98	757.40	305.90	720.46	268.33	211.55	50.72	1 637.50	8 306.09
1973	3.36	3.97	265.94	1 340.43	112.68	920.59	2 689.71	837.08	431.37	942.15	250.35	222.73	49.64	1 693.75	9 754.55
1974	3.45	4.15	277.01	1 391.49	111.20	1 108.82	2 706.17	811.50	514.39	1 008.96	235.55	26.82	48.57	1 846.88	11 218.18
1975	3.61	4.39	291.32	1 593.62	108.83	1 295.29	2 601.65	911.54	527.68	1 094.69	250.48	235.91	47.53	2 140.63	12 445.45
1976	3.35	4.68	298.92	1 704.96	107.75	1 556.47	2 584.36	844.14	497.42	1 222.23	242.74	245.27	46.52	2 665.63	12 427.27
1977	3.65	4.83	303.69	1 833.33	108.00	1 618.24	2 674.07	929.29	515.50	1 196.02	265.98	239.36	58.18	2 906.25	13 018.18
1978	4.30	6.75	339.91	2 082.98	105.04	1 672.35	3 045.27	1 034.57	618.82	1 666.59	299.86	223.64	63.47	3 412.50	14 036.36
1979	5.23	8.12	411.28	2 297.87	108.75	1 881.18	3 432.10	1 065.75	781.18	1 928.43	386.72	213.55	78.03	4 059.38	18 518.18
1980	5.91	7.32	472.89	2 453.90	102.04	1 992.35	3 536.21	1 222.55	1 005.17	1 658.74	360.44	217.82	110.92	5 203.13	21 800.00
1981	6.07	5.70	533.62	2 464.54	105.00	2 060.00	4 169.55	1 141.30	1 369.74	1 219.14	330.43	230.45	149.88	5 493.75	25 309.09
1982	7.52	6.15	604.1 215	2 755.319	108.36	2 912.35	8 585.60	1 152.21	1 549.82	1 332.85	356.85	238.09	182.30	6 018.75	35 445.45

注：① FMP —— 集市贸易市场消费品综合价格指数（ZJN，1992，81），从第 4—16 列其余各项均据附表 1 中有关各项计算成以 1952 年为 100% 的增长指数。

②国家收益综合指数是根据 6 个分指数加权而成，全部指数都消除了价格变化的影响（以 FMP 为代表），其计算公式是，国家收益指数 =(ATAX*0.4+DTAX*0.4+EXPORT*0.1+AG*0.05+CR*0.025 十 RS*0.025）/ FMR，各分项指数的权数根据其对国家利益的程度估计而成。

③国家开支指数根据 6 个分指数加权平均而成，并以同样的方法消除了价格影响，其计算公式是：国家开支指数 =（GEA*0.65+GEM*0.1+CM*0.03+APG*0.15+PFR*0. 01+ RL*0.01）/ FMP，各中权数也系作者的估计值。

参考文献

[1]陈云:《陈云文选》(1949—1956),人民出版社 1982 年版。

[2]崔晓黎:《统购统销与中国工业化》,发展研究报告,第 5 号,国务院农研中心发展研究所,1988。

[3]邓小平:《邓小平文选》(1975—1982),人民出版社 1983 年版。

[4]杜润生:《中国农村经济改革》,中国社会科学出版社 1985 年版。

[5]杜鹰和袁崇法:《中国农村的改革和发展:回顾和展望》,20 世纪 90 年代中国农村改革和发展国际学术讨论会主题报告,农业部农村经济研究中心 1993 年版。

[6]发展研究所综合课题组:《改革面临制度创新》,上海三联书店 1988 年版。

[7]冯海发、李微,"我国农业为工业化提供资金积累的数量研究",《经济研究》,1993 年第 9 期,第 60—64 页。

[8]高小蒙、向宁:《中国农业价格政策分析》,浙江人民出版社 1992 年版。

[9]季卫东:《论程序》,当代中国研究中心论文,第 4 卷,1993 年第 3 期。

[10]李国都编:《发展研究》,1—2 卷,北京师范学院出版社 1990 年版。

[11]李湘鲁:"为什么说分权改革方针是正确的",〔美国〕知识分子,秋季号:1—6,1990。

[12]刘守英、胡庄君、陈建波和邱继成译,《产权和制度变迁理论文选》,上海三联书店 1990 年版。

[13]陆学艺、王小强:《包产到户的由来和今后的发展》,中国农村发展问题研究组 1981 年版,2,166—1 966。

[14]罗小朋:《中国乡镇企业的等级结构和所有制》,刊李国都编,《发展研究》1990 年版,第 422—451 页。

［15］马克伟主编:《中国改革全书：土地制度改革卷》，大连出版社1992年版。

［16］邱继成:《乡镇企业：社区（政府）管理模式的基本线索》，李国都编：第744—768页，1990年版。

［17］盛洪、陈郁："译序",《企业，市场和法律》，上海三联书店1990年版。

［18］宋国青:《经济增长和经济结构》，中国百科出版社1982年版。

［19］宋国青、高小蒙等:《中国粮食问题研究》，经济管理出版社1987年版。

［20］王耕今、张宣三:《我国农业现代化与积累问题研究》，山西经济出版社1993年版。

［21］吴敬琏:《十年发展与改革的回顾与思考》，经济工作者学习资料，1989年第59期，第51—88页。

［22］吴象："阳关道和独木桥",《人民日报》，1980年11月5日。

［23］国家统计局：ZTN,《中国统计年鉴》，中国统计出版社1983年版。

［24］国家统计局，GJTY，国民经济统计提要1949—1984，中国统计出版社。

［25］国家统计局，ZNTN,《中国农村统计年鉴》，中国统计出版社1985年版。

［26］国家统计局，1993。中国统计年鉴1993，中国统计出版社。

［27］中国农村发展问题研究组:《包产到户资料选》，1—2，自印稿1981年版。

［28］国家统计局:《农村、经济和社会》，1—4卷，中国百科出版社1984年版。

［29］国家统计局:《农村经济变革的系统考察》，中国社会科学出版社1984年版。

[30] 中国农业年鉴出版委员会:《中国农业年鉴》(1980—1987), 农业出版社。

[31] 中国农地制度课题组:《中国农村土地制度的变革》, 北京大学出版社 1993 年版。

[32] 周其仁 (1988a):《土地制度: 有效产权, 长期租佃和有偿转让》, 经济参考消息, 1987。

[33] 周其仁、刘守英 (1988b):《湄潭: 一个传统农区的土地制度变迁》,《发展研究报告》, 第 7 号, 国务院农研中心发展研究所。

[34] 周其仁选编 (1993a):《农村变革与中国的发展》, (1979—1989), 香港牛津大学出版社。

[35] 周其仁选编 (1993b):《农村改变区域调查报告》, (1981—1989), 香港牛津大学出版社。

[36] NJZ, 农牧渔业部计划司编, 1983。农业经济资料 (1949—1983), 农牧渔业部。

[37] Alchian, Armen, 1950. "Uncertainty, Evolution and Economic Theory", *Journal of Political Economy*, 58: 211—220.

[38] Alchian, Armen, 1965, "Some Economics of Property Rights", in A. Alchian, 1977, *Economics Forces at Work*, Liberty Press, 127—149.

[39] Alchian, Armen and Demsetz, H. , 1972, "Production, Information Costs, and Economic Organization", *American Economic Review*, 62: 777—795.

[40] Arrow, Kenneth, 1963, *Social Choise and Individual Values*, Wiley Press.

[41] Ashton, Basil, Kenneth Hill, Alan Piazza, and Robin Zeitz, 1984, "Famine in China, 1958—1961", *Population and Development Review*, v.1, n.4.

[42] Bardhan, Pranab, 1989, "The New Institutional Economics and Development Theory: A Brief Critical Assessment", *World Development*, v.17, n.9:

1389—1346.

［43］Barzel, Yoram, 1989, *Economic Analysis of Property Rights*, Cambridge University Press.

［44］Bater, Robert H. , 1990, "Capital, Kinship and Conflict", *Canadian Journal of African Studies*, v.24, n.2: 151—164.

［45］Buchanan, J. and Tullok, G. , 1962, *The Calculus of Consent*. University of Michigan Press.

［46］Byrd, William A. and Qingsong Lin, eds. 1988, China's Rural Industry: Structure, Development, and Reform, *Unpublished* manuscript.

［47］Byrd, William A., and Alan Gelb, 1988, "Why Industrialize? The Incentives for Local Community Governments", Chapter 16 of Byrd, William A., and Qingsong Lin, eds.（1988）.

［48］Chayanov. A.V. , 1986, *The Theory of Peasant Economy*, The University of Wisconsin Press.

［49］Cheung, Steven, 1969a, *The Theory of Share Tenancy*, University of Chicago Press.

［50］Cheung, Steven, 1969b, "The Structure of a Contract and the Theory of a Non-Exclusive Resource", *Journal of Law Economics*, April 1969: 12.

［51］Coase, R.H. , 1988, *The Firm, The Market, and the Law*, The University of Chicago Press.

［52］Cooter, R. and Ulen, T. , 1988, *Law and Economics,* Harper Collins.

［53］Cui Zhiyuan, 1993, "A Schumpeterian Perspective and Beyond", Forthcoming in Yang Gan and Zhiiyuan Cui, ed., China: *A Reformable Socialism?* Oxford University Press.

［54］Demsetz, Harold, 1988, *Ownership, Control, and the Firm*, Basil Blackwell Inc.

[55] Dong, Xiao-yuan and Gregory K. Dow, 1993, "Does Free Exit Reduce Shirking in Production Teams?" *Journal of Comparative Economics*, 17: 472—484.

[56] Fei, Hsiao-tung, 1939, *Peasant Life in China*, E. P. Dutton & Company.

[57] Furubotn, E. and S. Pejovich, 1972, "Property rights and Economic Theory: A Survey of Recent Literature" , *Journal of Economic Literature*, v.X, n.4: 1138—1162.

[58] Hambermas, Jurgen, 1989, "*The Structural Transformation of the Public Sphere*" , MIT Press.

[59] Huang, Philip, 1985, "*The Peasant Economy and Social Change in North China*" , Stanford University Press.

[60] Hambermas, Jurgen, 1990, *The Peasant Family and Rural Development in the Yangzi Delta,* 1350—1988, Stanford University Press.

[61] Hambermas, Jurgen, 1993, "'Public Sphere' / 'Civil Society' in China?" *Modem China*, v.19, n.2: 216—230.

[62] Hirschman, Albert O. , 1970, *Exit, Voice and Loyalty.* Harvard University Press.

[63] Johnson, Gale D. , 1990, *The People's Republic of China*, 1978—1990, ICS Press.

[64] Kung, Kaising James, 1993, "Transaction Cost and Peasant's Choice of Institutions: Did the Rights to Exit Really Solve the Free Rider Problem in Chinese Agriculture?" *Journal of Comparative Economics,* 17: 485—503.

[65] Lieberthal, Kenneth and Michel Oksenberg, 1988, *Policy Marking in China*, Princeton University Press.

[66] Lin, Justin Yifu, 1988, "The Household Responsibility System in

China's Agricultural Reform: A Theoretic and Empirical Study", *Economic Development and Cultural Change*, v.36, n.4.

[67] Lin, Justin, 1989, "An Economic Theory of Institutional Change: Induced and Imposed Change", *Cato Journal*, v.9, n.1: 1—33.

[68] Lin, Justin, 1990, "Collectivization and China's Agricultural Crisis in 1959—1961", *Journal of Political Economy*, v.98, n.6.

[69] Lin, Justin, 1992, "Rural Reform and Agricultural Growth in China", *American Economic Review*, v.82, n.1.

[70] Lippit, Victor, 1974, *Land Reform and Economic Development in China*, International Arts and Sciences Press.

[71] MacFarquhar, Roderick and John K. Fairbank, eds, 1987, *The Cambridge History of China* (1949—1965), Cambridge University Press.

[72] MacLeod W. Bentley, 1993, "The Role of Exit Costs in the Theory of Cooperative Teams: A Theoretic Perspective", *Journal of Comparative Economics*, 17: 521—529.

[73] Mann, Michael, 1984, "The Tonomous Power of the State: Its Origins, Mechanism, and Results", *Archiv Europeennes de Sociologie,* 25, 185—213.

[74] Selden, Mark, 1971, *The Yenan Way in Revolutionary China,* Harvard University Press.

[75] North, Douglass and Thomas, Robert, 1973, *The Rise of the Western World: A New Economic History,* Cambridge University Press.

[76] North, Douglass and Thomas, Robert, 1981, *Structure and Change in Economic History*, W.W.Norton & Company Inc.

[77] North, Douglass and Thomas, Robert, 1990, *Institutions, Institutional Change and Economic Performance*, Cambridge University Press.

[78] Olson, Mancur, 1982, *The Rise and Decline of Nations*. Yale

University Press.

[79] Prosterman, Roy L. and Timothy M. Hanstad, 1989, "A Fieldwork Appraisal of The Household Responsibility System, with Recommendation for the Future", Seminar paper on the development of rural communities and the transformation of the rural population, Beijing, dec. 8~14, 1989.

[80] Rankin, Mary Backus, 1986, *Elite Activism and Political Transformation in China*, Stanfornd University Press.

[81] Rowe, William, 1984, *Hakow: Commerce and Society in a Chinese City* 1796—1889, Stanford University Press.

[82] Schultz. Theodore W., 1953, *The Economic Organization of Agriculture,* McGraw-Hill.

[83] Schultz. Theodore W., 1964, *Transforming Traditional Agriculture*, Yale University Press.

[84] Strand, David, 1987, *Rickshaw Beijing: City People and Politics in the 1920s*, University of California Press.

[85] Wakeman, Frederic Jr., 1993, "The Civil Society and Public Sphere Debate: Western Reflections on Chinese Political Culture", *Modem China,* v.19, n.2: 108—138.

[86] Wang, Yeh-chien, 1973, *Land Taxation in Imperial China*, 1750—1911, Harvard University Press.

[87] Wen, Guanzhong James, 1989, "The Current Land Tenure System and Its Impact on Long Term Performance of Farming Sector: The Case of Modern China" , Ph. D. dissertation. University of Chicago.

[88] Yang, Xiaokai, Wang, Jianguo and Wills, Lan, 1992, "Economic gorwth, commercialization, and institutional changes in rural China, 1979—1987", *China Economic Review,* Vol.3, Number 1, Spring 1992.

[89] Yang, Xiaokai, Wang, Jianguo and Wills, Lan，1993，“Economics of Property Rights and Chinese Reform”, *The Hainal Conference Papers.*

[90] Yang, C.K. ，1959，*Chinese Communist Society: The Family and the Village,* MIT Press.

农民收入是一连串事件①

收入、财富与权利

数年以来，我国经济增长的速度在全球名列前茅。同期，占全国人口 70% 的农民，平均收入基本没有什么增加。这两件事情摆到一起，需要一个解释。在一些人看来，农民收入不过是或大或小的一个数目字，这个数目字，可以由政府的政策主动加以调控。如果这个见解对头，那么近年农民收入增长的缓慢和停滞，可就要归于政府无意增加农民收入，或者政府调控农民收入的政策措施实施不力了。但是，我们不是年年看到，政府总是将增加农民收入列于经济政策的首位吗？为了实施诸如粮食保护价这样的保护农民利益的政策，政府难道不曾花费巨额财政补贴，甚至不惜关闭全国粮食自由市场吗？

所以，问题的难点是：政府有意提高农民收入，也采取了许多有力的政策措施，但是农民收入的增加还是远不尽如人意。这个难点固然令人难堪，但它也提示我们，解释农民收入的变动，不妨到政府意愿和收入调控政策以外的领域去寻找答案。让我们从“收入”概念开始吧。

常识可以回答，收入是挣来的。别人——亲戚、朋友、慈善机构和政府——当然可以赠送我们货币和实物，但那是别人挣来的。

① 本文写于 2001 年。

问一个浅得不能再浅的问题，凭什么可以“挣”得收入呢？许多人会回答：凭努力。是的，努力是挣得收入的要素。但是，倘若一点“本钱”也没有，无论多少努力，都在空中曼舞，永远落不到地上变成收入。最简单的例证，贩夫要挣钱，努力固然重要，但总少不了一小笔用于周转的资金、一点儿关于怎样做买卖的琐碎知识以及或大或小的一些商誉——这些都是本钱。挑夫要挣钱呢？最主要的本钱，恐怕就是他的体魄和脚力。

就是说，本钱是努力的载体。努力是要将本钱的作用充分发挥出来。无论如何，任何人离开了本钱，都挣不来一丁点儿的收入。在这个意义上，“一本万利”或许是可能的，但“无本生意”就是白日做梦。实际上，种种对收入做出了贡献的“本钱”，被人们忽略了。你的本钱全部是借来的吗？信用就是你的本钱。两手空空起家？本钱是时间和生命。

凡是财富，都可以拿来当作谋取日后收入的本钱。要当心，这里财富的概念，是指对我们人类有用但又稀缺的资源。阳光对人类重要无比，但不是财富，因为阳光不稀缺。因此，没有人可以省下阳光来当“本钱”。

是的，从当前消费里省下来的财富，才可能成为挣得未来收入的本钱。在这个意义上，当作本钱的财富就是资本。鉴于资本概念已经被搅得模糊不清，我们不妨回到1907年的费雪：资本就是产生未来收入流的财富。这一句话就够了，因为我们已经有了基本线索：离开对财富，特别是对财富中拿来做本钱的那部分资源的状况调查，我们无从理解收入。

权利是否清楚界定至关重要

收入是财富（资产）的产出，是否意味着农民收入增长低迷，是因为农民拥有的财富数量太少，或农民财富的价值偏低？是的，平均而言，我国农民可用的耕地很少、实物和金融资产不多、受教育程度很低。本来嘛，说农民收入水平低下与说农民穷是一个意思。贫穷，还不就是财富太少？

但是，从资产价值的角度看，上边的道理讲反了！人人知道，庄稼是地里长出来的。但是，要是因此说庄稼的价值由土地的价值决定，那就全盘皆错。事实上，土地所以值钱，就是因为它具有生长庄稼、产生净收益的能力。一块土地究竟值多少钱，是由这块土地未来生长的庄稼所可能提供的净收益决定的。所以，是产出流的市值决定了财富的价值。

产出的市值，与市场交易大有关系。如果不加入市场交易，在满足生产者自家的消费之后，产出就没有太大的价值了。但是在交易的条件下（也只有在交易的条件下），就可能会“物以稀为贵”！市场并没有变魔术，关键是交易提高了分工和专业化的水平，从而提高了交易各方的生产力。200 年来，经济学来来回回讲的就是这套道理。传统的经济学只看漏了一点：清楚的产权界定，是市场交易的前提。没有清楚的产权界定，一项产出究竟自用还是出让、究竟部分出让还是全盘出让、究竟出让的条件怎样决定，难以抉择。没有清楚的产权界定，潜在的交易成本可能高到使得交易根本无从发生！

这样联系起来，财富的权利界定（产权是也）影响产品市值，而产品市值又决定财富的价值。关于这一点的经验证据数之不尽：赃物卖价奇低，纠纷吓退潜在的房屋买主，战乱时期资产价格大幅度跳水。这些都表明，权利清楚界定并被有效执行，其本身是有价的。

以上理论，简单无比。第一，不能离开财富（资产）来解释收入；第二，资产的产权界定影响收入的市值，进而影响财富本身的价值。但简单的概念掌握起来最不容易。不然，为什么费雪说，“收入是经济学的第一个字母和最后一个字母”？

由此，我认为解释农民收入的重点，不是政府的意愿和收入调控政策，而是农民财富的产权状态。比较起来，要是今天我国农民人口占总人口的比例不足5%，而政府财政收入占国民所得50%以上，那么收入调控政策或许还大有用武之地（至于长远的代价是另外一个问题）。但是今天中国的实际情况，使人感到调控政策专家生不逢时。

简明的理论，只为调查和分析指明了方向。农民财富的产权状态，涉及一系列互相影响的复杂事件。为了便于阅读，我将选取几项重要事件作为重点。我用来解释数年来农民收入几无增长的总线索是，除了耕地使用权，农民财富的产权界定在考察期间没有实质进展。

放弃农地的代价

农地一旦转成工业用地或城镇用地，其市值上升数倍甚至数百倍。在工业化和城市化的过程中，农地的产权主人能够在多大程度上分享农地转为他用引起的增值，是由农地产权制度——特别是农地权利的转让制度——决定的。

差不多100年来，有一个起源于美国空想社会主义者亨利·乔治的理论流传甚广。这个理论说，土地从农业转为工业和城市用途而引起的市值上升，是社会因素使然，与土地的主人没有关系。因此，如果地主从地价增值中获利，是不公平的。

当年孙中山先生受该学说的影响很深。作为“中华民国”的国父，孙中山不但以“平均地权”为革命纲领，而且认定必须禁止或限制地权的自由买卖，否则“富者田连阡陌，穷者无立锥之地”将卷土重来。在“中华民国”的政策传统上，“土地涨价要归公”一直是一句响当当的口号（做不做是另外一回事）。

但是，不论“土地涨价归公”多么振振有词，其背后的经济学却是错的。这种经济学认为，世间各种资源的市值是由其成本决定的。难道真有“成本定价”这回事？举我桌上的茶杯为例，如果它从1 000公里以外运来，难道就比它从1公里以外运来要卖得贵？倘若“成本定价”的理论对头，生产者不断提高成本就纷纷获利，人类的福利一定低得不值一提。

现在我们遇到的，不过是一个特例：生产成本为零之物，市值突然飙升。一块农地对于工业、城市的意义，不是肥沃程度，而是——现在房地产商经常讲的——位置、位置、位置。农地因“位置”突然身价百倍，而农地之主对于“位置的生产”显然没有下过任何本钱。他们可以从土地溢价中取利吗？

可以的。因为农地主人对土地增值有一项重要贡献，那就是“放弃”农地的使用权。想想看吧，要是地主不放弃土地使用权，工业家、地产开发商、城市规划官员们相中的“位置”，增值从何谈起？

放弃一项权利，要有代价。这个道理不难明白。农地的主人本来可以通过使用农地而获得收入，要他放弃使用，他就没有了那笔收入。因此，“由自己使用农地的所得”，就构成了放弃使用权的代价。你不出一个合适的价钱，他横竖不会放弃本来可以有所得的农地使用权的。

比较不容易明白的，是产权的主人只有在他认为“值”的条件下，才接受别人的出价而同意放弃使用权。在真实世界里，值或不值，是头等大事，不可以不讲清楚。抛砖引玉，我先讲三点。第一点，面对同一个出价，张三说值，李四说不值，他们两个都对。这就是说，值还是不值，是非常个体的、主观的判断。不明白这一点，经济学没法入门，因为像边际、比较优势这类概念，都以个体的、主观的判断为基础。这是经济世界不同于物理世界的地方，值得讲究“科学”者特别当心。以为掌握了经济学，就可以替别人、替“社会”作判断，是走入歧途。

第二点，一支铅笔5毛钱，买者认为值，是他认为得到的铅笔对他而言，高于他所付出的5毛钱。对于卖者呢？值就是他所得的5毛钱，高于他为生产这支铅笔的全部支付。一笔生意成交，双方都认为值，这是市场经济最令人着迷的“戏法”。

第三点，按照各方认为值的原则成交，所谓“资源配置”才有效率。这是因为，卖者放弃使用换取收益对卖者更值，而买者放弃收益换取使用对买者更值。普遍照此办理，那就是，不论资源归谁所有，非落到更有效率的使用者手里不可。商业世界，熙熙攘攘，“倒买倒卖”，不亦乐乎，讲到底，就是不断在发现谁能够更有效地利用资源。

所以，工业化和城市化要占用农地，仅仅“补偿”农民失去土地的代价是不够的。要证明土地被用于发展工业化和城市化更有效，最简单、可靠的办法，就是占地者的出价，要高于农民自己种地的收益。唯有这样一条简单的准则，才能普遍有效地利用土地。

人们也许有疑问，补偿要高到农地的主人认为值的程度，不会损害工业化、城市化吗？看看历史吧。西欧、北美、日本的工业化和城市化领先全球，土地制度都是清楚的私人所有、自由买卖、按市值成交。难道1700年的英国城镇人口占总人口25%，是“普天之下，莫非王土”的结果？日本在明治维新以后，工业化、城市化大有苗头，难道与废除封建土地制度、由法律保障土地交易无关？

被叫作“资本主义”的经济里面，香港是一个例外。因为曾经被英国进行殖民统治，香港的土地曾经全部归英国女王所有。为了在国王的土地上发展经济，香港发明了一个“土地批租”制，由政府主事，让工业家、地产批发商竞标购买一个时期内的土地使用权。政府“批”出土地，得到收入；业界得到清楚的、可以再度交易的土地使用权。

不料政府当“地主”，也可以别出心裁。为了获得更多一点财政收入，香港政府特意控制土地的供应数量，旨在“少批多得”。香港政府常常“规划”出一块土地，因为市场竞价不理想而收回，待来日再批。看到被当地人称为“石屎森林”的摩天大楼自天而降，你可不要以为香港的土地资源已经耗尽。事实上，港九岛上未开发的土地还有 70% 以上！

如此一来，我们东方之珠的地价就在全球称王。是的，香港的税法简明而所得税率很低，连弗里德曼都说过这值得美国学习。但是，香港政府通过土地批租而征得的“暗税”，在资本主义经济里举世无双。香港要不是具有区域性的市场经济制度（特别是金融制度）的竞争优势，那样天价的土地市场无论如何是撑不住的。

好在香港没有多少农民，无论土地制度如何，与农民收入没有大的关系。中国内地有 9 亿农民之众，农地转非农用地的制度在孙中山的“土地涨价归公”、斯大林的国家工业化以及人民公社集体制等传统之上，又引进一套香港批租制，实在兹事体大。

“国土制”剥夺农民

按照现行土地制度，农地一旦转为工业或城市用地，就由“民土”（农民集体所有、家庭承包经营）变为“国土”。在工业化、城市化急速推进时期，这一事件对农民收入的影响不可不察。

兴高采烈搬进商品房的城镇“房地产主”们也许并不清楚，其置业的基础——土地——是怎样从农用转为非农用，同时又从民土转为国土的。简单作一个描述吧，那是一个三连环。

第一环，农地征用。政府根据发展规划，按照一定的行政审批程序，将农地征用为工业或城市用地。这里最画龙点睛的，是“征用”

两个字。你道何谓“征用”？就是政府据民间财产为己用，“剥夺、充公、没收”的同义词也。试想，农地不是敌产，工业化、城市化也不是打仗或救灾，为什么非征用不可？这一问，就问到了问题的老根上。我以为，要害就是土地不能交易和“土地涨价要归公”。在征用制之下，土地并没有被买卖，当然更无涨价之虑。

第二环，向集体支付补偿。政府征用了农民的土地，一点补偿也不付，总是交代不过去的。但是，在计划经济时代，国家征地一亩的补偿金，也就等于种植一亩土地三几年所得的净收益！这分明是斯大林式的国家工业化剥夺农民的一个侧面了。不过，那时的人民公社可以“集体地”分摊土地被征的后果，犹如乡下人家添丁加口，“桌上加双筷，锅里添瓢水”就对付过去了。现在，农户算是拥有了长期的土地承包经营权，但是只要涉及征地，农民还是只好“退下”，要由“集体”（也就是几位乡村权力人物）出面，协调政府征地，领取并分配征地补偿。

第三环，土地批租。政府向集体支付了征地补偿金之后，就可以放手批租土地了。当然，这里批租的是土地在50—70年间的使用权，而不是土地所有权。这一点很要紧，不但维系了“土地不准买卖”理论的面子，也使得对农民的征地制，看起来不怎么像“只许州官放火，不许百姓点灯”。

这样一套土地制度，为解决工业化和城市化占用农地，混合了“土地不得买卖和涨价归公”（征地制）、“国家工业化”（超低补偿）、“人民公社制”（唯有“集体”成为农民的合法代表）和“香港经验”（土地批租制），自成一家。这再次表明，在迫切的经济需要面前，任何强大的传统总免不了要发生变异。

这套组合起来的土地制度，有以下值得注意的特征：（1）决定工业和城市用地供给的，既不是农地的所有权，也不是农地的使用权，就是说，农地产权在法律上没有资格作为土地交易的一方，无权参与讨价还价；（2）政府对工业和城市用地需要做出判断，运用行政权力（包括规划、审批、征地）决定土地的供给；（3）权力租金——而不是土地产权的权利租金——成为目前农地转向工业和城市用地过程里基本的经济刺激。在如此约束之下，各相关方将如何行动呢？

以权力租金驱动土地流动，效果如何还需要长期追踪、观察和研究。目前我看这套土地制度，逻辑的一致性还在其次，实际效果上“两不经济”的端倪已现，值得注意。

这里所称“两不经济”现象，是指目前大都市因为行政控制过严，所以土地供给普遍不足，结果地价过高，可能步香港模式之后尘；而许多小地方，却同时因为行政控制松弛，使得那些没有什么效益的工业和城镇建设项目，滥占了农地。简单概括，一边严重浪费城市化的机会，一边大量浪费农地。

不是吗？上海、北京、深圳、广州等地的市场地价，已经高得令一般产业界人士侧目，而红火的房地产市场，看来看去还是不能完全脱去“丹顶鹤”特色——由境外和境内高收入人士的购买力主导——离“国民经济主导产业”还差得远。其实，精明的房地产商人怎么会不知道，客户没钱赚的生意是做不长的。但是要让房地产价格降下来，就要把地价降下来，把政府附加在土地上的种种收费降下来。为此，首先必须大量增加商业中心城市的土地供给。问题是，土地供给控制在政府手里，而大都市的政府，差不多一股脑儿在学香港地区——不但学土地政策，更学政府开支模式。

如此下去，内地很快会出现若干个“香港”。那可是所得税率比现在香港高一倍，而地价占收入平均所得水平有过之而无不及的“新香港”。这些“新香港”的经济靠什么来支撑？每周放 5 天假，还是天天办运动会？

其实，“两不经济”源于一个祸根，那就是农民的土地权利被摒除在“土地城市化”之外。要知道，农民根据“出价高者得”的市场原则斤斤计较，与国与民大为有利。我在前文指出，产权交易的规则是，农民决定是否放弃农地使用权，要考虑是否比他自用农地更值。大都会城市（包括有苗头的中小城市）可以为获得农地出更高的价，直到农民觉得值而放弃更多的农地。至于那些“国小民寡”、经济没有起色的地方，办城镇化还不如农民种地，地权交易机制就可以抑制地方长官们的瞎折腾。

产权租金在农地转用的制度中占据中心位置，农民的收入立马会大幅度增加。比较可靠的国际经验是，在工业化、城市化高速推进的条件下，土地产权租金为产权的主人带来大量收入。算算我们这里征地补偿金与土地市价之间的差额，可以知道“流失的土地权利租金”数目惊人。真的为农民收入问题发愁吗？那就把“征地+补偿+批租”制度废除了吧。

市场经济，岂能无契

从只可自用的资产，转变为能够独立提供未来收入流的资本，需要的条件讲来无数。万丈高楼平地起，让我们从比较基本的一项条件谈起。这项条件只有一个字，曰“契”。

契为何物？

多年不知契为何物，查查字典是需要的。我查的结果，“契”的中文意思不复杂，就是“文书和凭证”。对应的英文词汇“deed”，意为“加封盖印的文书，比如债券、合同和转让证书，通常与财产有关”。简而言之，契就是关于财产的一个特别文本。

财产就是财产，为什么还要一个文本？为了确立产权的排他性吗？那就是没有“契”，也是可以的。修篱笆可以防君子；养狗可以对付小人；遇到强盗明火执仗，业主可以告官，也可以诉诸“武力的批判”。无论如何，狗、篱笆墙之类的物理分界线，可以发展到应有尽有。为什么一定要“文契”？

我的看法，“契”从来与产权的转让有关。从“资源自用”跳向“资源可转让”，看似一步之遥，却平添麻烦无数。择其要者，三项困难首尾相冠。第一项困难，转让要讲代价，所以有关资产的质量和数量，要有准确的测定、计算和记录。巴泽尔说过，任何商品都包括许多方面的属性，要考核清楚不是一件简单的事情。仅仅把资产状况描述清楚，对语文和算术的要求，就绝不简单。

第二项困难，原主放弃资产自用、转让他人，需要清楚地指认：原本拥有的“要求权”为何？可以出让的究竟是哪些？财产作为“物”，是具体的，在物理上可见的；而关于物的“权利”，涉及的是行为的许可或禁止，非常抽象。加上产权转手要牵连两个以上的主体，所有抽象的“指认”要使授受各方都清楚明了、没有歧义，是难上加难。

第三项困难，是以上关于资产的描述和权利指认，究竟可信不可信？“交易无戏言”是对的，不过既然“戏言”可以获利，怎么防范交易对手口出戏言？

转让产权跨越的时间越长、空间范围越大，上述三大困难就越发严重。为了解决这些问题，契书应运而生！口说无凭，立个字据是必要的；而文字生来就很抽象，适合用来界定权利；加封盖印，表达了第三方的认证和担保，旨在增加文件的可信性。契书的三个特点——文字书写、抽象描述资产并指认权利、权威可信——可是个个都有来历。

契书来到人世，就成为产权的正式表达。在真实世界里，清楚的产权表达，构成了一切合约的基础。讲起来也许石破天惊，合约的要点就在于放弃。难道参加合同的一方，不是承诺要放弃自己的一些产权，才换取到另外一方承诺放弃的相应权利？合约经济，讲来讲去，就是分立的产权主体，在合意的原则下此弃彼取、彼弃此取。

要放弃，就要有清楚的表达！以拥有一套住宅为例，业主究竟准备放弃什么、欲交换什么，需要清楚地表达。你放弃的是使用权（居住权）、收益权，还是处置权？是放弃部分，还是放弃全部？是一时放弃，还是永久性放弃？你表达得越清楚，潜在的市场合约对手——他们也要清楚地表达他们意欲放弃的产权——就越容易集合起来和你谈判。

契的作用就是提供一个清楚的、可置信的表达。这样看来，英文的“contract”虽然可以翻译为“合约”或“合同”，但还是不如古旧的“契约”来得传神。契为约之本，有契作凭，立约比较容易。无契而要定约吗？不是不可以，只是交易费用委实太大了。以上“契约”之说，可以解释市场文明为什么总是“与契共舞”，没有例外。

以契为基础的交易，在改革后的中国有了惊人的发展。考虑到曾经把契约看作剥削标志的历史环境，“契约文明”在中国的重新萌芽，是将来的经济史学家不会放过的题材吧。

不是吗，目前我国的证券市场、房地产市场以及人才市场，交易活动要以契书为准，已经成为正式的、合法的经济制度的一部分。各类证券凭证（包括电子文本）、房地产证以及文凭（人力资产的文契），清楚地表达着私人产权在中国的成长。与理论推测相一致，正是在这三大市场上，“资产自用”的限制被普遍打破，而按契约转让资产变得越来越有看头。与理论推测相一致的还包括，资产因为可以按照契约为他人所用、可以提供独立的收入流而成为资本。

毋庸讳言，我国的证券市场、房地产市场和人才市场，都还存在着一些根本性的缺陷。有机会的话，我们还要冲着这些制度缺陷，提供“刀刀见血”的分析。但是本文的观点是，凭借文契来交易资产的形式本身，有独立的价值。看不到这一点，是短见。

比较值得思考的是，占人口多数、在改革中最早得到土地承包权的农民，还基本隔绝在三大市场之外。是的，资产变资本的中心，无一例外都在大都市，但这并不等于说，数额巨大的农村地产、房产和其他资产，就没有汇入市场交易的可能和需要。是的，为农民财产建契立约，需要一系列社会、文化条件的支持。当今农村高中生占总人口的比例，远高于历史上任何一个时代乡下读书人的比例。传统上，识文断字之辈在乡村本地市场的用途之一，就是为建契立约提供服务。根据历史记载，即便在“政府机构不下县”的条件下，每一块农村土地都带有加封政府印章的地契，而和平年代里大部分的财产转让，也登记在册。

我认为现在最主要的障碍，是经济思想的落后。许多人认定，市场经济不一定非要清楚界定产权，而界定产权也不一定非要以契约为本。经验已经在批判这种落后的思想：改革后农民积累的资产总量在增加，但是他们的资产缺乏转化为资本的途径。有趣的是，人们宁愿把时间用来念叨资本短缺、劳动力过剩，还有什么人地关系紧张，也不愿意哪怕想一想下面这件简单工作的意义。这件工作是，为已经落到农民手里的财产权利，立一纸文契。

产权可能也是副产品

在科学上，凡起源问题，都不容易。生命的起源、物种的起源、天体的起源……皆大问题无疑。从制度方面来看，凡事要问起源，就不容易回答。哈耶克晚年引用考古学、人类学等最新成果，言明市场——人们积聚在一起有买有卖——甚至比农业出现得还早，并且远比国家还要古老。要是哈氏之论对头，市场究竟是怎么起源的呢？看那成百上千的“正常人”，不畏车马劳顿，非要熙熙攘攘地挤到一起成“市”，究竟是怎样一回事？当今的那些超级大市场，例如义乌小商品、亳州中草药、虎门服装等，偏偏就在那个地方成气，莫非真有“风水”不成？

如此有趣的起源问题，随处可遇。英国人的拍卖，从低价位向上开叫，但是荷兰式拍卖却反其道而行之——从高价向低叫，它们各有什么来历？中国历来多有名酒，而古代并没有现时这套烦不胜烦的评审制度，那么“名”又是怎样形成的？美国人讲民主，上至总统、下至数十户人家的小镇镇长，都要竞选、换届、限制连任，但是他们的大法官——司法体系的最高仲裁者和法律解释人——却是终身制，这样奇怪的“制度组合”，到底源自何时，又源出何处？

对我来说，最富有挑战性的问题莫过于：在普遍的公有制经济里，私有产权是怎样起源的？我在别处提过，私产条件下出现局部的公产，不但不是什么难题，而且还很正常。李嘉诚向北京大学捐了一座图书楼，私产不就立刻转为公产了吗？就是不捐赠，数个人愿意将各自的私产合并到一起，要“共产”一下过过瘾，也是可以的。无论他们要搞“公社制”、要吃大锅饭，甚至要评工记分——只要不强制别人一定加入，没有什么不妥当。

在自愿的条件下，“私产变公产”原本与私产原则毫不冲突。但是反过来，在一个曾经严丝合缝的公有制经济里——在那里人们没有选择产权与合约形式的自由——要“长出”局部的私产来，就不那么顺理成章了。

对上述“私产如何在公产制里起源”感兴趣的人，要是有幸能够观察中国的改革开放，实在生逢其时。我们想不起来，还有谁有这样的机会，可以在不到一代人的时间内目睹如下历史的发生：个体户和私人经济从躲在“法外世界”里勉强图存，到合法地成为“补充”，再到成为重要组成部分，一直到通过宪法登堂入室！

是的，经验里面大有名堂。大约1993—1994年之际，为了完成在加州大学洛杉矶分校的学位论文，我在华北几个村子里“蹲”过半年左右收集资料，又到其他一些地方的农村走马观花。触景生情，不由自主地勾起了对20世纪80年代在杜老帐下从事农村调查的回忆。回到洛杉矶，我试了几次也不能把心思集中在学位论文上，知道不可再勉强自己。干脆把“正事”撂下，一头扎进农村产权改革的题目，写个不停。

半个月后，终得“大作”一篇——印出来有4万多字，实在过长了。文章有没有意思，要由他人评说。我自己比较满意的，是那篇文章提出的问题。从有效的产权离不开国家保护这一点出发，文章发问：国家可以保护产权，也可以侵犯产权，那么，究竟是什么力量驱使一个曾经深深地侵入农民私产的国家，转向默许、承认农民私产，并进而提供合法保护呢？

这可是一大难题。老话所讲“成也萧何，败也萧何”，也是一个难题。但是这里遇到的，远不是一位普通的先生，而是诺斯说过的“唯一可以合法使用暴力的组织”——国家！看看几十年来的农民产权史吧。发动土改的，是国家；土改之后，把农民私产三下五除二“合并”成初级社、高级社、人民公社的，也是国家；20世纪80年代之后，同意把“公田”——人民公社之田——长期承包给农民私人耕作的，还是同一个国家。各位读者，国家对待产权的态度如此截然不同，值得好奇吧？

我的探察从20世纪60年代的大饥荒开始。那是一场国家侵入农民私产达到顶点造成的——刘少奇当年说得对——“人祸”，非正常死亡的人口数目应该是人类历史上的一项纪录。从来说“民以食为天”，那真正的意思是一旦民不得食，“天”——秩序和稳定——就要塌下来！我以为，大饥荒遏制了国家政权继续入侵农民产权，转而在“一大二公”的体制里出现了农民的自留地和自留经济。那是一个不容小视的“创新”：一小部分公地的使用权清楚地界定到农户手中。

出乎意料的是，公地经济在自留地出现后反而更加“拢不住”农民了。为什么？因为从此农民可以从激励不足的公地里“节约”他们的努力，而用于自留经济。这就是说，在公地里开了一小块自留地，农民的努力就有了“出口”。结果，农民改革人民公社产权制度的谈判筹码增加了，因为他们可以依托自留地自由配置劳动和努力。

当然，其他条件也都是重要的。局部的、屡禁屡起的包产到户，即便仅仅存在于“法外世界”，也还是为产权变革准备了“经验条件”；恶劣的天气包含着可置信的饥荒威胁，很容易暴露“只论方向，不讲产量”的荒唐；若干地方政府率先宣布保护改革，帮助包产到户迈上“地方合法化”的台阶；最后，党和中央政府的经济指导思想，从“凡是”转向“实事求是”，扫清了农民重建私产的思想障碍。总之，在这些条件的配合下，农民私人的土地使用权就在公社经济里完成了“起源”——产权不过是农民、社区、地方政府和中央政府之间互相作用过程的“副产品”。

根据上述经验，我当时的推测很乐观：同样的经济逻辑将推动农民的产权改革继续向前。是的，那些推动土地使用权“到户”的力量，为什么不同样可以推动土地的收益权和处置权“到户”呢？

我当时看漏了一点。由于私人的土地使用权普遍得到承认和保护，当年始终伴随人民公社体制的饥荒和农产品不足的威胁，从整体上消失了——那其实是推动产权改革的原发性力量。所以也难怪，从此土地产权改革就止步不前，“冬眠”一场至少 10 年。

不可操作的产权?

国内大市场的底部空虚，占人口七成的农民几年以来收入无甚增加，把整个国民经济憋得很难受。这情形，如同当年发生包产到户一样，是可能“逼”出一个新局面来的：产权界定长一寸，农民收入增数成，市场容量扩一圈。如是，总可以对刺激内需做点贡献吧?

如此“前途”，人们居然视同无物。原因是什么呢? 本文以为在客观形势早就成熟的条件下，主观因素——观念、理念和思维方法——要负主要责任。在影响农民收入的一系列事件当中，这是一个思想方面的事件。

仁者见仁，智者见智。我耳朵里听到的关于农民收入状况的解释，似是而非的可是不少。容我举几例来论证一番吧。

一种意见说，农业产出难有大的增长，因此农民收入要较快地增加，这是不切实际的。这个意见有三个地方是错的。其一，“农民”在中国，不是一种职业——“从事农业活动”，而是一种社会身份。即便已经常年从事非农业经济活动的，只要户口在农村，就还是农民。因此，即便农业产出真的难有大增长，也不应该是农民收入难以增加的理由。

其二，虽然农业占国民生产总值的比例一般会随着人均收入的提高而降低，但是农业的绝对产出，还是可能大大增加；而食物在开支结构里的下降——我已经在前面的专栏文章里说过了——并不遵循线性的规律。我自己的估计，依赖土地较多的粮食作物可能减少，但是菜、瓜果、花和养殖产品——更多依赖于劳动力和技术的——是可能增加的，甚至出口还可能有大的增加。两项合并，来自农业的收入，是能够增加的。条件是：政府要把强制种植粮食的政策从根本上取消。在浙江，粮食购销体制又一次放开了。我们可以看看，这样一来，农业收入是否也可以增加。

其三，讲农民收入就是“劳动收入”，不全面。是的，农民是劳动人民，但是在市场制度下，劳动人民也可以获取“非劳动收入”。例如，放弃资源——无论劳动力、知识、土地、房屋还是钱币——的自用而让渡为“他用”，就可以有“权利所得”。要补充一句，“产权所得”是可能“滚动发展”的。放弃土地自用而获取的地租，可以成为进城打工的盘缠，也可以作为小买卖的本钱——那是另外一笔“产权所得”发生的条件。

另一种意见说，反正“功夫在农外”——靠城市化带动农民转业来增加收入——因此，农村产权界定再清楚也无大用。这个意见，前半部分“是”，后半部分“非”。世界上的城市化，需要的大量资本，一部分来自农村。日本明治维新后土地买卖推进城市化，是一例。老上海的故事里，董竹君借用绍兴200亩沙田地契抵押借款，得以对付商业危机，对创办锦江饭店大有帮助，又是一例。只有农村劳动力集中到城镇，没有农村资本向城镇的集中，城市化是“化”不了多少的。

还有人士听到“土地流转”就紧张，以为“富者田连阡陌，贫者无立锥之地”将卷土重来。他们忘了当代的一项基本现实：没有立锥之地的城市工商业从业人员，更多的是富者，而不是贫者。何况，出让土地使用权的时候获得一笔“让渡产权的收益”，对另谋高就的农民也不无小补。

“土地是农民的社会保障”，这是新的流行曲。但是，土地的自然属性从来不曾提供过任何保障。土地对农民的价值，是由土地的产权界定——包括使用权、收益权和转让权——状况决定的。清楚界定农户的土地权利，才是保障；即便农民变卖了土地，保障还在。

有人诘问：要是农民为了一时之急需卖了土地，他不就完了吗？

这个问题的意思是，其他人会比农民本人更加关心他们自己的长远利益。还有一层意思，那就是允许农户拥有土地的转让权，会比现在的体制——有人以“集体”的名义贱卖土地，然后将贱卖所得的很小一部分给农户——还要缺乏保障。不知道读者怎样想，我以为这两点都错。

最惊人的言论是——据说是台湾一位要人对大陆的告诫——“一定要在土地私有化之前把工业和城市的基本建设都搞完”！如果这是对的，那么人民公社大刮“共产风”的时期一定是建设的大好年代了。有谁可以告诉我们，那个年代的“建设”到底留下了什么呢？资源的无主状态只能刺激胡来、蛮干、滥用、“虐待”和破坏，是不是更符合实际呢？

还有人先验地以为，产权呀产权的，未免不着边际，还是挑一些“可操作”的办法来解决问题吧。一项可操作的政策，就是“减轻农民负担”。我赞成减轻农民负担。就是治标，也赞成，因为毕竟聊胜于无。我只是认为，减轻农民负担不但不能替代“进一步清楚界定农民产权”，而且要以产权界定为基础。

人们应该问一问，那离了谱的农民负担，究竟是怎样发生的？我的观察，最基础的环节就是“粮食统购”。本来，中国农民对“皇粮国税”以外的“苛捐杂税”，不一定非交不可。但是在粮食统购——粮食只准卖给政府粮站——体制下，基层的种种附加负担都可以委托粮站“代扣”。粮站离开了基层组织的“协助”，要完成粮食统购难上加难。于是诞生了天衣无缝的“共谋”：粮站独家收购农民要出售的商品粮，然后“代扣”并与基层组织“分账”。在许多地方，农民“卖”给粮站粮食，分文也得不到。

很清楚，粮食统购制对农民产品买卖权的“入侵”，使得超重的农民负担得以发生。也很清楚，只有进一步清楚地界定了农民自主出售粮食的权利，才能从根本上减轻农民负担。至于“集体”控制着农户的农地调整、宅基地审批，特别是“农转非”土地的转让权，构成一些地方干部恣意妄为的“权力基础”，也是清楚的。

另外一项更加宏伟的办法，那就是大办国家工程。是的，只要国库大把撒银子——哪怕是举债得来的银子——大办国家工程，雇用千千万万农民工，对于提高农民收入是会有帮助的。撇开“挤出效应”不谈，从历史上看我们的那些“大办”，为什么总是乏善可陈？而现今如此之多的“豆腐渣工程”和“工程腐败症”，还不能让“大办”的伟论打点折扣吗？愚见以为，离开对产权的清楚界定，在当前政纪政风的条件下，少办国家工程才是上策，大办是舍安求危。

城市化、土地制度与宏观调控[①]

20 世纪 90 年代以来，我国城市化加速，农业劳动力和农村居民人数大量减少，物质资本和人力资本向城市聚积和集中，释放出经济要素流动和重组的巨大力量。由于经济资源大量转入附加价值更高的生产领域，也由于城市的兴起显著节约市场交易费用，城市化加速势必带动经济高速增长。

城市化的一个含义是重新配置空间资源。大量选择性决策需要反映土地相对稀缺性的准确信息，才能以较低的成本提升资源积聚的密度。因此，一个管理良好的土地市场是必要的。但是，形成于计划经济时代的我国土地制度，基调是用行政手段来配置土地。不难理解，为什么我国的国家工业化会出现罕见的“工业化超前，城市化滞后”

① 参加本文课题研究的师生包括：宋国青、卢锋、刘守英、柏兰芝、蔡辉明、张晓亮、彭凯翔、周其仁。本文由周其仁执笔，于 2004 年 6 月 14 日完成并提交，2011 年 4 月修订正式发表。

现象。这已经严重影响国民经济和社会的整体发展。

改革开放已经部分改变了我国土地制度。最重要的变化，一是集体土地普遍地由农户长期承包经营，农业用途范围内的土地使用权、收益权和转让权，合法地界定为农户权利，二是政府通过土地批租制度将国有土地的使用权长期出售给公司和私人，大体形成了一个批租使用权的土地市场。但是，迄今为止，土地由农业用途转为非农业用途，仍然由政府用行政审批手段控制，仍然要通过征地途径，把农民的集体所有制强制改为国有制。近年围绕征地的社会矛盾与冲突的普遍加剧，表明征地制度严重不适应市场经济和城市化加速的要求。

正当征地制度酝酿重大改革的关口，国民经济在宏观层面上出现了一些新的情况。主要是，货币过多，固定投资增长过猛，部分投资品的价格指数上升过快，以及在部分行业发生了所谓低水平重复建设。与此相关联，转为非农建设用途的农地面积巨大、增长迅猛，违背现行土地法规、越权审批土地转用的现象普遍发生。为了理解土地制度、城市化与宏观经济稳定的关系，受有关方面的委托，北京大学中国经济研究中心组成专门课题组对上述问题进行专题调查研究，并在解释经济现象的基础上，就当前和长期土地制度的改革提出政策建议。

“供地融资”的经济含义

调查发现，在现行土地制度下，建设用地的供给是社会总投资形成的重要条件。一般而言，建设用地的增加，直接增加了机构和个人的自有资本金，从而增加了投资的本金。然后，经过土地的评估和抵押，又扩大了这些机构和个人的信用，把更多的银行信贷动员为社会总投资。反过来，建设用地供给的减少同样对信用规模产生紧缩性影响。我们把这个经济流程称为“供地融资”。为了理解其中包含的经济逻辑，我们有必要沿着“农地——建设用地征用——政府向机构和私人转让土地使用权——土地评估——抵押和信贷——投资形成”的流程，做一番简略的考查。

按照现行土地管理法，农地在我国转变为非农建设用地必经的制度环节是“行政审批”。虽然政府行使该项审批权的主要根据应该是土地规划，但在城市化长期滞后又突然加速的背景下，要制定一个有预见力的土地规划并不是一件易事。何况负责制定土地规划的各级政府，本身就有经济动机突破既有规划。因此，“按规划批地”并不意味实际供地规模由土地规划来调节和控制。实际上，土地规划本身常常是被调节的对象。包括政府在内的用地机构和个人，通常按照各自的预期来影响规划用地的规模。

“征地”成为供地融资中的关键一环。现行法律规定，政府按被征农地原用途的收益来决定补偿，加上实施征地的执行成本，就构成了征地总成本。政府预期的征地收益则包括：（1）划拨和出让国有土地使用权的直接收益；（2）招商引资带来的税收和就业增长。另外，政府官员从征地、出让和招商引资中可能得到的利益，也对“政府行为”发生某种影响。依照经济规律，只要预期的征地总收益大于征地总成本，政府总有扩大征地规模的动因，并不断转化为扩大征地规模的行动。

政府征得的土地，通过划拨、协议和出让等途径向用地的机构和个人供地。一般而言，划拨和协议提供的只是国有土地的使用权；用地机构和个人必须依法办理国有土地出让的法律手续，交纳有关规费，取得国有土地使用权证才能得到可以使用并在市场上再转让的权利。问题是，在政府及其关联公司本身就是用地户的情况下，法律的执行可以变通，例如先交纳小部分规费先办土地使用权证，待土地投入市场运作获得经营性收益之后，再补办全部手续。这种被称为“空转”的土地开发模式，成功启动了许多基础设施项目。如果预期的需求根本子无虚有，“空转”则带来大量农地征而不用的浪费和闲置。

合法的国有土地使用权是一项重要的资产。如同其他资产一样，土地使用权的当前市场价值由该项权利未来收益流的贴现决定。一般而言，城市化加速通常导致形成土地升值的预期，因此土地权利通常就构成正的自有资本。最重要的是，国有土地权利能够通过评估，作为获得银行信贷的抵押。

从有限调查询问得到的回应，经评估的土地价值至少高于其实际得地成本的30%~50%。对于银行和金融机构而言，可接受的抵押大体是土地评估值的70%。这就是说，得到土地的主体可按得地成本的数量获得抵押贷款。至于“空转”项目，抵押贷款还具有很强信用杠杆。“空转”的程度越高，金融杠杆的程度也越高。这当然并不意味银行信贷的唯一根据就是土地抵押，我们仅可以说，土地评估抵押在动员银行信用方面发挥着重要的作用。

根据目前得到的数据，“供地融资”在地区之间以及同一地区的不同年度之间的变化都很大。例如，长沙市1999年国有土地出让比上年下跌78%，而2001年又比上年增加455%！更重要的是，当供地数量大起大落的时候，它很有规则地影响企业资本金的变动，进而影响银行贷款量的变动。仍以长沙为例，当年土地出让增长率的急速下降，往往会引起次年贷款增长率的急速下降；反过来，在土地出让增长率迅猛增加的次年，贷款余额的增长率也猛增。这表明，“供地融资”对宏观经济的影响非常值得关注。

集中审批权，还是培育转让权？

在一个管理良好的土地市场里，任何机构和私人欲购买土地，都不得不花费受到市场供求形势决定的代价。因此，土地成交的数量受到各类主体收入的约束，并受其他投资和消费需求量的平衡。在征地按市价补偿的情况下，政府也必须在财力和信用的限度内决定征地的数量。简言之，土地供求受制于市场条件，谁也没有办法“自由地创造”可供土地。

但在中国现行土地制度下，政府供地却类似货币发行。第一，相对于可出售建设用地的巨大市值，政府征地的直接成本很小，与发行“低成本、高面值”货币的原理非常相仿。第二，“土币”本身具有财富储存功能，在高通货膨胀预期下，“土币”的财富存储功能甚至还优于法定货币。第三，“土币”可抵押借贷，从而把银行存款动员为投资。只是，“土币”作为交易媒介十分笨拙，除非迫不得已，人们一般不接受交易费用如此高昂的媒介工具。

我们可以说，在我国并行于货币发行权的，还有独具特色的政府供地权。虽然人们还不习惯将政府供地与发行货币并列考察，但是在实际经验方面，城市化加速推动的经济增长早就显示出“土币”的威力。我们观察到的基本格局如下：经济扩张时期，中央政府在实施积极的财政政策与松动银根的同时，实际上还大幅度松动了“土根”——也就是显著扩大征地规模，并对地方政府在竞争压力下增发“土币”的倾向眼开眼闭；经济紧缩时期，中央政府在收紧银根的同时，还运用“冻结批地”“集中土地审批权”等办法，实际紧缩全国供地总规模。在这一点上，本轮宏观经济调控也不例外。中央政府明令全面清理土地项目，并宣布全国暂时冻结批地半年。国土部领导提出“土地供应政策要像金融货币政策那样，成为国家最重要的宏观调控手段”①。

在现存制度下，城市化加速对于土地的需求，只能靠政府供地来

① 见《国际金融报》2004年03月29日第五版。

解决。因此，政府对供地规模的控制，不能不极大地影响经济变动。以上一轮的经验为例，当真实利率在 1997 年开始急速上升、通货紧缩的征兆开始变得显著的时候，国务院宣布自 1997 年开始在全国范围冻结供地一年。研究表明，真实利率的变化对企业资本金发生反向的影响（宋国青，2003）。由此，供地冻结使饱受真实利率上升打击的企业雪上加霜。这就是说，银根与“土根”的双紧，对 1998—2000 年间通货紧缩的加剧做出了贡献。有意思的是，像许多行政禁令在不了了之中收场一样，1997 年的供地冻结令也是在没有明确宣布的情况下悄然解冻。1999 年 1 月，我国新土地管理法开始实施，也就构成了政府恢复供地的“拐点”。从那时开始 5 年之间，全国累计供地 78 万公顷，并使 2002 年底全国建设用地的存量比 1998 年底增加了 15%。考虑到期间违规供地大量发生，实际的土地转用规模应当还要巨大。按照“供地融资”的逻辑，政府供地的增加势必带动“企业资本金增加——银行信贷增加——投资总规模增加”的连锁反应。2001—2004 年间，中国经济突然从紧缩转为所谓“过热”，主导因素是货币供给，辅助因素就是政府供地。

这说明，政府供地对宏观经济有着显著的影响。因此，人们自然容易设想，政府可不可以通过供地总量的控制来主动调控宏观经济波动。但是在经验上，以行政审批权为核心的土地控制是一件笨拙的调控工具，难以担当平稳经济运行的重任。这主要是因为：第一，土地作为实物资产，质量分布高度不均匀，而控制货币供应数量要以均匀的质量为前提。第二，全世界没有调控供地数量反经济周期的实际经验，究竟根据什么指标来先导性地决定供地数量，既没有可借鉴的操作经验，也没有学理逻辑可以担任向导。第三，供地审批需要消化巨量的决策信息。审批权越集中，信息负担就越沉重。第四，监管供地审批的成本，远比监管发钞活动来得高昂。概括起来，供地控制不可能是一个合适的宏观调控变量。由于信息不足、决策滞后和行为歪曲，行政控制供地很可能给宏观经济添乱。

从长期看，土地制度的改革和建设更不应该把短期调控作为目标。土地制度要解决的问题，是为推进城市化奠定有效配置空间资源的可靠基础，同时解决好人民之间、人民与政府之间以及政府之间围绕土地资源配置和再配置的利益分配和平衡。为此，必须在清楚界定土地转让权的基础上培育完善的土地市场。我们必须明确，计划时代形成的土地制度早已经不适应我国国民经济增长的需要。我国征地制度必须加以全盘改革，我们认为“货币归货币，土地归商品”才是正确的方向。

土地制度的根本性改革不一定意味着大动干戈。改革可以在已有的体制变化的基础上逐步进行。事实上，我国农村土地承包制改革和城市土地出让制改革，已经奠定了土地转让权的基础。目前还没有解决的，发生在上述两个转让之间，即农用土地转为城市建设用地这一关键环节。问题的症结，正在于现存体制仍然把政府强制征地视为农地转用的唯一合法途径。所谓土地制度方面的根本改革，其实就集中在改革征地制度、确立“农地转用”的市场转让权（周其仁，2004）。形势很清楚，集中完成这一点的变革，我国土地资源的转让权就得以确立，并为发育完善的土地市场奠定了基础。

可取的地方经验

中国改革的一条重要经验，就是要通过总结地方性的自发改革，加以适当的提炼和总结，作为制定全国性的政策和制度的重要根据。作为一个大国，各级地方政府处在经济发展、制度运行和政策执行的第一线，直接面对千变万化的发展机会和现实约束。由于经济社会条件的高度不平衡，也由于各地经历过的改革发展路径的不一致，地方经验向来具有高度多样化的特征。例如包产到户改革就是率先从局部地区“暗中”发生，逐步形成全国性的农户土地承包经营体制，使农民取得了土地的长期使用权、收益权和农业用途内的转让权。城市国有土地的市场转让，也率先发生于深圳和上海，然后再推行到全国。现在我们考虑进一步改革土地制度，也离不开对地方的改革经验的观察、学习和总结。忽视地方的探索性实验，在认识论上是错误的。

由政府垄断建设用地的一级市场，就是唯有征地才是农地转为非农用地的合法途径。但是，征地引发的多重矛盾和冲突，也迫使一些地方率先进行了一些变革。例如，一些地方的农民集体土地所有权早已通过各种形式直接进入建设用地的一级市场。这种打破现行征地体制、使农民的土地转让权从农地扩大到非农用地领域的做法，在有些地方已发展到一定规模，形成比较完整的套路。

例如，广东南海市（现佛山市南海区）较早探索集体建设用地的流转，并形成了“南海模式”。1992 年，南海市开始试行土地股份制，即以行政村或村民小组为单位，将集体财产及集体土地折成股份集中起来组建股份合作组织，然后由股份合作组织直接出租土地或修建厂房再出租，由本村农民分享土地非农化的增值收益。这样，集体土地不经过征地就直接转为建设用地。相对于国有土地，外来企业租用集体土地的手续简捷，且集体建设用地出租年期有长有短，适应不同的用地需求。到 2002 年，南海全市工业用地共 15 万亩， 其中保持集体所有的达 7.3 万亩。这种手续简捷、价格低廉且租期较有弹性的供地方式引来了大量企业在南海落户生根，促进了南海的工业化和城市化。

江苏昆山的做法略有不同。那里的村集体先通过复垦方式获得一些非农建设用地的“额度”，然后向本村农户“招标”，由农户或由农民成立的合作经济组织（“投资合作社”或“富民合作社”）联合投资修建标准厂房、商铺或打工宿舍楼，向外来工商公司出租。据当地统计，1998—2003 年间，昆山新增建设用地 8.25 万亩，其中新增集体建设用地约 2 万亩。一般做法，是村里以 50 年为期将土地有偿出让给农户，并允许农民进行非农建设和转让。与南海模式一样，这种做法也增加了企业用地的选择性，从而适应工业化、城市化过程中多种多样的市场要求。在某些情况下，用地企业的投资成本可以下降，而更重要的是减少了市场性合约的交易费用，使合约易于执行。不同之处在于，昆山模式下的非农用途的土地转让权不再完全归集体，而主要是通过集体与农户的合约直接界定给农户或农民的合作组织。

在我们调查的位于昆山市开发区的群益村，同时存在着农民的民营公司与农民股份合作社租用集体土地进行非农建设这两种方式，农民既可以选择加入合作社按股权分红，也可以选择自己租地修建厂房然后出租。我们了解到，群益村的农民合作社 85% 的收益都分配给农民，这在南海似乎极为少见。昆山的做法使得农户可以得到较多的土地增值收益，同时更充分地利用了农民中的企业家资源。

在外来投资不足的中部地区，农民集体和农户的建设用地转让权也还是找得到合适的通道。以长沙市的咸嘉新村为例，咸嘉新村原有土地 3 100 亩，近年来随着城市扩建，已逐渐由市郊变为城区街道，全村被征用土地 2 920 亩。为解决征地拆迁中的种种矛盾，区政府创造了“留地开发安置”模式，就是政府在征地的同时，留给村里安置用地 670 亩，其中 200 亩集体土地用来建楼房安置失地农民，失地农民可用低价来买这些住房，实际上有许多农民再以市价将这些住房出租或出让出去。其余 470 亩安置用地则转成国有土地，由村集体进行房地产开发与流转，集体再将开发所得以红利形式分给农民。此外，村里沿街建了许多商铺，农民可以去租用，农民的租价约为市场租价的三分之一。这样，通过安置用地的办法，村集体拥有了部分原农地在非农用途上的转让权，农民通过低价买房市价出租、低价租商铺及集体分红等方式，分享到了农地转非带来的增值收益。

事实上，在上海市郊、浙江宁波以及安徽的集体建设用地流转试点镇，我们都看到类似的经验。各地“只做不说”的事情，远远超过公开报告的规模，这说明“集体和农户非农建设用地流转权”是一项广受欢迎的产权制度安排。各地集体建设用地流转方式的共同性在于，破除政府对土地一级市场的垄断，大大降低建设用地市场利用的交易费用、增加了集体和农民合理分享工业化、城市化带来的土地增值机会，同时改善了资源配置与收入分配。这类实践也减轻了政府以强制征地来满足工业化、城市化的负荷，使政府有可能把工作重心转向城市规划和市场秩序的维持，并减少官员个人的寻租空间。从经济效率的角度看，分权供地模式比集中供地模式能够更灵敏地吸收各类相关信息，因此分权供地模式下形成的地价，更准确地反映土地的相对稀缺程度，为有效配置经济资源提供基础。

发展土地的市场转让权，还遇到的另一个问题，就是地区之间不同土地用途的收益率的高度不平衡。按照经济原则，如果在城市建设用地边际生产率较高的地方，扩大土地供应，就可以增加资源配置的总效率。但在目前我国的土地用途管制条件下，各地的建设用地指标、耕地占补指标以及耕地保有率的确定，却从来不服从经济原则。行政等级的高低、政治平衡考虑、地方相对的谈判力和影响力等非经济因素，对各类土地指标的分配发生重要影响。因此，在土地资源利用的经济原则与非经济原则之间存在一个制度性矛盾。

调查发现，各地在实践中发展起来的“指标交易”，为缓解这个矛盾提供了地方性解决方案。例如，苏南工业用地的边际生产率大大高于苏北地区，因此苏南就出一个价来购买苏北地区补占耕地的指标。类似的，浙东与浙西的土地指标交易，长沙市与郊县及省内“发展中地区”的交易。浙江义乌市只是一个县级市，却又是一个小商品交易的“国际大都会”，商用土地的边际生产率高得惊人，而商用土地供给不足已经构成严重的制约。形势逼迫之下，义乌市最近提出能不能向甘肃或宁夏购买建设用地指标，并表示在付出有吸引力价格之外，还考虑增加“定点就业机会”。在经济逻辑上，土地指标交易总可以在收益率不同的地区之间发现一个对双方都有利，从而增加社会总经济效率的成交价位。在经验上，计划指标交易——例如外汇额度交易——曾经是我国市场经济形成的一个重要途径。可惜现行土地制度没有给这类指标交易提供合法性，对“违规”的恐惧抑制了土地指标交易的潜在规模，也妨碍发展出更成熟的交易形式。

本次调查中，恰逢“银根”“土根”双紧的特殊时期。所到之处，不断听到“投资项目等地”的呼声，让我们领略在城市化推动的经济高速增长背景下，实行紧缩政策不得不付出的高昂代价。我们也观察到，既有城市和工业用地存量没有得到充分有效利用，闲置半闲置的状况在许多地方多有所在。这涉及我国经济运行多年来的一个顽固病症，那就是所谓“重增量、轻存量”。其实在一个转让权没有得到清楚界定的体制里，正因为存量资源转用的交易费用高得怕人，才迫使经济活动主体不得不更热衷于做增量文章。因此市场需求一旦形成，我国投资的增加总是来势凶猛。问题是，有什么招数可以显著降低利用存量资源的代价，从而刺激存量利用的水平和规模呢？

长沙的经验部分地回答了这个重大问题。据了解，长沙市属国有企业共 91 户，到 2003 年底已完成改制的 60 户。这 60 户企业仅占用的土地就有 1.5 万亩。但是在市场上，这些账面值平均仅为每亩 7 万元的土地却可以按每亩 80 万元的价格出让。这就是说，仅土地盘活就可以使企业资产升值 10 倍不止，利用市场力量重组存量资源似乎轻而易举。问题是传统国有企业的土地上附着了大量职工，而国家对他们负有没有明文合约可查的“隐形债务”。安置好这些职工，国有企业的存量资产才可能投入市场重组。最大的难题，是怎样筹措安置工人的“改革成本”。长沙在这方面做了可贵的探索，其中最重要的经验，是市政府用工业发展资金来为企业改制筹资。以闻名三湘的浦沅集团重组为例，改制前该公司的总资产等于总债务，在财务上已经接近于破产。经过改制重组，特别是引入了外部投资人之后，浦沅集团不但显著改善了财务状况，且迅速形成有市场竞争力的工业生产能力，公司赢利能力大大增加。现场调查估算的结果是：外来投资方在长沙政府全力支持下全部的重组投资共 4.3 亿，但是如果要经过新上项目的途径形成同样的生产和赢利能力，至少要投资 30 亿。

事实上，闲置半闲置的土地存量资源何止于个别城市的地方国有工业企业？从农村大量占地的“空心村”、农户超标准占用的宅基地、曾经辉煌的乡村企业和各类乡村建设用地，直到大中小城市和市镇，我们到处可以看到土地资源的浪费和非经济占用。这并不难理解。在经济制度偏离以转让权为中心、经济政策偏离了以降低交易费用为基准的地方，占用土地资源的机会成本如此之低，势必刺激很高的占地需求。仅仅靠愿望和口号并不能改变这种局面。我们必须在地方的实践经验中寻找可能解决这个问题的政策思路的源泉。

政策建议

一方面，我们认为有必要提请决策部门注意，在“供地融资”中可能包含着加剧经济波动的力量。由于金融加速器的作用，供地对经济的影响可能在相反的方向上对称地放大。因此，下达行政禁令停止供地的做法，可能妨碍政府根据宏观经济条件的变化灵活决定需要采取的政策措施。另一方面，下达禁令因情况变化又不了了之的做法，又可能导致下一步各方博弈行为异常。

从长期政策的角度考虑，我们认为全盘改革现行征地制度和建设用地管制制度的时机已经成熟。改革的基本方向是从根本上消除我国土地“半货币、半商品”特性，回归其可由市场交易的商品本性。我们认为“货币归货币、土地归商品”，不但利于宏观经济调控，而且可以在城市化进程中提高资源效率、改善收入分配。土地制度要从城市化驱动经济增长的大局来考虑，改革的目标模式应该是在清楚界定转让权的基础上，建立一个管理良好的土地市场。根据地方性的制度创新探索，我们建议推出配套的土地改革政策，主要是：国家严格限制并逐步缩小征地的范围和规模；政府按照市价原则补偿征地；修订“城市土地为国家所有”的宪法条款；开放城乡建设用地一级市场，允许农民的集体土地所有权、农户承包权以及宅基地永久使用权入市交易；进入市场流转的农民集体土地所有权和农户承包经营权，可以依法抵押；改善土地规划和用途管制制度，试行各类土地指标的跨地区交易；改革现行税制，为全盘实施土地资源税准备条件。

缩小国家征地范围。严格界定政府的征地权，政府仅在法律严格规定的公益用地范围内，拥有征地权。即便是公益征地，也可以由用地方与供地方先行谈判，凡可达成协议的就不动用征地权，只在达不成协议的情况下才经过一定程序动用政府的最终征地权。这可以增加公益项目决策的科学性，增加市场机制在公益项目建设中的作用，为公益项目的民营操作提供制度空间，减少政府征地的执行成本。

确立征地按市价补偿的原则。改革现行按“土地原用途收益”为补偿原则，实行参照市价补偿的新原则。道理有三点：第一，为公益，也不能要求一部分国民付出更大牺牲。第二，从执行成本来看，按市价补可以限制政府使用这个征地权，政府征地会受到其可用财力的约束。第三，各地经济发展水平不同，土地供求不同，按市价补的原则可以适应各地情况，又容易识别。政府征用农地的补偿必须发给土地承包权人——农户。农村集体作为承包经营土地的发包方，可以接受政府的委托，协助办理征地和征地补偿发放的工作，降低交易费用，但不能截留、挪用征地补偿款。

在严格限制国家征地范围的同时，开辟其他合法通道以满足经济增长对农地转用的需要。考虑修改宪法和土地法有关条款，开放集体建设用地的流转市场，允许农民集体和承包农户以多种方式转让各类集体建设用地，结束国家对土地一级市场的垄断。在符合土地利用规划和土地用途管制的前提下，集体和承包农户都可以选择多种合约形式实现土地的转让和转用。对于千家万户农民进入非农土地市场可能引起交易费用过高的问题，可以通过自愿基础的合约和组织的选择来解决。农村集体可以接受农户的委托，集中开发非农建设土地或设施，但不能违背自愿原则、侵犯农户的转让权。

为保障农户权益，使农户的土地承包权真正成为土地流转的基础，防止少数人以集体的名义侵犯农民产权，需要考虑配套改革：第一，进一步延长土地承包经营的期限，或规定承包到期承包农户拥有续约的优先权利，使土地承包年限不低于土地出让年限（50 年及以上）；第二，农户的经营土地转让权可以在合乎规划的前提下，依法扩大为非农用途的转让；第三，建立统一的土地产权登记制度，消除国有土地与集体土地的制度差别，农户的土地承包权和建设用地可以抵押。

允许跨省区的土地指标交易，以市场手段来部分校正各类土地指标分配中难以避免的非经济因素，考虑更大限度发挥市场力量在调节土地使用方面的作用，建立全国性的土地指标交易中心。

进一步改革关于土地的税制。在完善地籍管理，完成与土地相关的产权登记、发证的基础上，研究实施土地财产税，从根本上改变现行税制仍然具有的“鼓励占用、打击生产和交易”的不合理性，并改变地方政府的财税基础。

为实现上述政策组合，不但需要全面修改《土地管理法》，而且需要修改关于“城市土地属于国家”的宪法准则。考虑到围绕征地改革的利益格局的大调整，以及人们的观念和认识不可避免地存在较大分歧，我们认为不应急急忙忙启动法律重修，而建议考虑吸收我国城市土地使用权市场化的历史经验，逐步、渐进地完成土地制度更根本的变迁。具体来说就是考虑以下程序：

——先由全国人大常委会宣布《土地管理法》列入修订程序，并授权国务院在《土地管理法》没有完成修订之前，在授权地区试行一些与现行土地法律不相一致的办法，包括提高征地补偿水平、开放城市一级土地市场，允许集体土地或农户承包地进入土地市场，土地市场建设和管理等；

——动员社会各界关心征地制度改革和土地法的修改，广泛研究国际经验和我国自己的经验，在局部实验和全面研究的基础上完成法律修订；

——在完成对现有土地管理法修订之前，要考虑是否对近年征地补偿过低的农民，做某种形式的补充补偿；这些补偿可以包括：在普遍的大检查的基础上制定补充补偿政策，选择严重的个案重点解决，从中央和地方政府的卖地所得中取出一个数额（或比例）用于农村教育、卫生的开支；为了保证这些补偿的使用效率，可以考虑以教育券或医疗券的形式向农户发放。

最后，我们再一次强调整体政策选择的全局意识。20 世纪 90 年代以来，我国城市化加速，推动了全国规模的农地转为非农业用地的浪潮。但是，在现行土地制度下，相关利益主体的行为不可避免地扭曲。因此伴随城市化的加速，城乡协调发展受到很大冲击，农地转用的资源配置效益十分低下，农民土地权益遭严重剥夺。同时，围绕土地的社会冲突呈上升趋势，特别是政府机构和官员个人违法、违规屡禁不止，土地腐败严重。但是，我们又必须看到，城市化加速不但合乎国民经济发展的要求，而且也是包括农民在内的多方面经济利益实现的基本途径。因此必须肯定，问题的根源不是城市化，也不是市场关系的深化刺激的城市化加速，而是约束我国城市化的土地制度的历史性滞后。根本问题是，现行法律在允许政府按市场原则转让土地的同时，却仍然维持政府独家征用农地的垄断，禁止和限制农村集体和承包农户对非农建设用地的转让权。

正是对土地转让权的不当管制，使市场价格机制不能在土地资源配置中发挥正常作用。要从根本上解决问题，必须全盘改革现行土地产权制度。仅靠清理整顿土地市场、紧缩农地供给，不但不能从根本上解决问题，而且可能加剧国民经济的波动。

试办“土地交易所”的构想①

——对成都、重庆城乡综合配套改革试验区的一个建议

重庆、成都宣布成为城乡综合改革试验区的时候，笔者正在成都开会。那次讨论会的主题是城乡统筹。我在会上讲了一点土地转让权的浅见，引起成都方面参会者的兴趣。后来市政府主管部门还专门发来很有分量的问题单子，要求进一步地阐释。重庆的报道说，这个中国最年轻直辖市的书记汪洋和市长王鸿举，向全球网友发信，征询

① 本文刊于2007年10月11日的《南方周末》。

办试验区的建议。我想，这两个地方的为政之风，无论如何要响应一下。至于建议是不是被采纳，倒没有那么重要了。

我的建议是，请两个地方审时度势，在试验区的框架里试办土地交易所。以下分三部分对这个建议作简要说明。

土地交易所怎样来办

试办阶段，建议从农村集体建设用地使用权的交易入手，其中包括村镇公用建设用地、乡镇企业用地以及农户宅基地的使用权。试办成功，再把土地交易所的范围，扩大到其他类别的土地使用权。

土地交易所是转让土地使用权利的专业市场。我国是一个实行土地用途管制的国家，每一块土地的使用，都必须经由审批程序获得合法授权。这种合法使用土地的权利，通常由权利人（机构）自用，但是在社会主义市场经济的架构里，也可以在自愿互利的前提下，有偿转让给别人（机构）他用。土地使用权之所以可以交易，是因为在土地的自用与他用之间，存在着利用效率和实现价值的差异。经由土地使用权的转让，可使参与交易的各方，共同获得更大的利益。举例说明，甲利用一块土地可创造价值 500 元，乙利用同一块土地创造价值 1 000 元；如果甲将利用这块土地的权利，以 700 元的代价转让给乙，那么甲的收益就比自用增加了 200 元，乙的收益则比没有此种转让增加了 300 元——社会总收益增加了 500 元。很显然，各方利用效率的差异越大，土地交易的社会收益就越高。

试办阶段，建议从农村集体建设用地使用权的交易入手，其中包括村镇公用建设用地、乡镇企业（含与他人合作办企业）用地以及农户宅基地的使用权。试办成功，再把土地交易所的范围，扩大到其他类别的土地使用权。

在试验区内，凡符合规定的进场条件、接受交易所资格审查和交易行为监管的集体和农户，都可以成为土地交易所的权利出让方（卖方）。出让方的资格，要同时满足以下三点：（1）合法拥有拟出让土地的所有权或使用权。（2）拟出让土地原本是农村建设用地，而不是耕地或其他农地。（3）拟出让土地必须是经由村庄建设、节约出来的建设用地。譬如，一个村庄有公用建设用地、乡镇企业用地和宅基地共 1 000 亩，经过规划的村庄建设，减少占用建设用地 400 亩，该村庄就可以带着 400 亩建设用地的使用权进场交易。

试验区内城市建设用地的使用者，具备交易所章程规定的资质条件，愿意接受交易所资格审查和交易行为监管的，可以成为土地交易所的买方。合格的买家在交易所内竞价获取上述土地使用权，胜出者有权直接使用该建设用地（如果该指标所代表的土地，在城市开发规划内），或者拿买到的土地指标，满足使用城市建设用地的占补平衡要求（如果该指标代表的土地远离城市，或在城市开发规划之外）。在后一种情况下，村庄里节约下来的建设用地，要垦复为农业用地，验收合格并保持农业用途不变。显然，买家对不同类别的土地会有不同的出价，在竞价中实现土地的级差地租。

土地交易所的基本功能，是集合农村建设用地转让的买方卖方，通过公开竞价发现价格，完成土地转让，配置建设用地资源。土地交易所由政府负责筹办，主要是审查交易所可行方案，准备交易所章程，确立监管机构的权限和责任，建立交易所的治理结构，纳入试验区改革试验方案。交易所的法律地位，可以是非营利事业法人，也可以是企业法人；其组织形态，可以类似于证券交易所或其他金融交易所，也可以类似于早期的外汇额度调剂市场。

为什么需要土地交易所

试办土地交易所的根本目标，是实现我国所有土地同制、同权、同价。

当前经济生活中存在着一些难以解决的矛盾：（1）城市地价、房价上涨过快，影响民生。（2）城市化方兴未艾，城市建设用地的需求远超过供给，而耕地面积减少过快，引发对我国粮食和农业安全的忧虑和担心。（3）由于人民公社时代的福利式分配建设用地，加上近年农民大规模向城镇移民，农村有大量未经良好利用的建设用地，但又缺乏建设资本，无从充分释放节约土地的潜力。试办土地交易所，一方面利用高涨的城市化需求为新农村建设筹措资本，另一方面经由农村建设用地的节约，在严格保护耕地的前提下，增加城市化供地规模。这是一石二鸟的改革试验，值得一试。

实践中也出现自发性的制度变革尝试。例如，一些市县以政府财力投资一些村庄的新农村建设，把节约出来的农村建设用地垦复为农业用地，再置换为城镇建设用地。再如，一些大都市郊区的村镇对房价地价的机会做出反应，加快新农村建设的力度，并在节约出来的农村建设用地上，开发商业楼盘供应市场（即“小产权”或“乡产权”房现象）。这些自发的制度变革活动，既包含合理的因素，也潜藏某些法律、市场和技术的风险。试办土地交易所，是要探索更规范、更大规模地利用市场机制来配置城乡建设用地的制度安排。

《国务院关于深化严格土地管理的决定》（2004年国发28号文件）指出，“鼓励农村建设用地整理，城镇建设用地的增加要与农村建设用地减少相挂钩”，“在符合规划的前提下，村庄、集镇、建制镇中的农民集体所有建设用地使用权可以依法流转”。土地交易所，是实现执行上述政策的一个具体手段。还要考虑到，城市国有土地使用权的市场化转让早已经走上轨道，而农民集体土地的依法转让还远没有起步，这种不平衡状态，既影响我国土地资源配置的效率，也是导致城乡收入分配不公的一个重要根源。试办土地交易所的根本目标，是实现我国所有土地同制、同权、同价。这不但是解决当前紧迫经济问题的一种尝试，也是扩大社会公正和推进法治的一种探索。

重庆、成都是我国西部的中心城市，在实现国家西部大开发战略中具有重要地位。率先在成渝两地试办土地交易所，可以为加快西部新农村建设筹措更多资本，也有利于增强西部中心城市的带动和辐射作用。在起步阶段，两地可以各办一个土地交易所；如果成功，还可办成成渝联合土地交易所，成为两市、西部、中西部乃至全国的土地交易中心。

试办的难题与风险

农民自用的建设用地权一旦经由市场竞价，可能表现为惊人数目的货币财富。如何确保进入转让过程的农民土地物权不被攫取和侵占，确保土地指标交易的公开和公正，是办土交所的第一难点。应明确，这不但是经济体制改革的试验，也是政治体制和行政体制改革的试验。

土地交易所交易的是关于土地的财产权利。但是由于历史原因，农村建设用地的权利划分留有诸多不清楚之处，特别是土地所有权曾在人民公社三级主体之间有过很不稳定的分割，而土地所有权与实际的占用和使用权，也常常分属不同的主体。在这种情况下，一旦启动土地使用权交易，转让所得在农户、乡镇企业和村集体之间究竟如何合理分配，需要探索可行的解决办法。还要清醒地估计到，农民自用的建设用地权一旦经由市场竞价，可能表现为惊人数目的货币财富。如何确保进入转让过程的农民土地物权不被攫取和侵占，确保土地指标交易的公开和公正，是试办土交所的第一难点。应明确，这不但是经济体制改革的试验，也是政治体制和行政体制改革的试验。

试办期内，不可能废除现行征地制度。因此，可纳入土地交易所交易的，是每年征地数量以外的农村建设用地的增量。这就是说，土地的征地制和交易制将两轨并存，并带来相应的利益、机制和观念方面的矛盾和摩擦。从长远计，两制如何并轨，在方案设计时就应有通盘考虑。

试办土地交易所涉及多个上下级政府部门之间的工作、管理权限和利益，因此，没有强有力的和持续的部门协调行政能力，断然办不成这场改革。

试办土地交易所，可能成功，也可能失败。考虑到农村建设用地从投资整理、村庄重建、复垦、验收、法律手续办理到入场交易，需要经历一个完整的流程，而土地交易所的兴办、运营以及交易规则为各方熟悉，也需要一段时间，因此，有必要承诺一个最起码的试验期（譬如 5 年），以稳定各方预期，更好地动员各方积极参与此项试验，确保改革成功。

变革土地制度的时机已经成熟[①]

2007 年以来，各地的小产权房纷纷浮出水面，在北京、成都、济南等地都出现了大面积连片建设的小产权房。

小产权房大量出现的深层原因是什么？小产权房背后，又蕴藏着怎样的变革现行土地制度的大机会？

7 月 7 日和 9 月 10 日，《南方周末》记者在北京和上海分两次采访了北京大学中国经济研究中心教授周其仁。

---

① 本文刊于 2007 年 10 月 11 日的《南方周末》，记者王小乔，发自北京、上海。

小产权应合法化

房能交易，地不能交易，而房又是盖在地上的，这种令人尴尬的制度碰到房价高企的现实，就逼出一个小产权房来。

《南方周末》：2007年，飞涨的房价中，价格低廉的小产权房大量出现，成为一个引人关注的现象，以北京的房地产市场为例，小产权房就占了20%以上。为什么会出现这种情况？

周其仁：这是经济规律使然，当物品的相对价格发生重要变化时，权利人必然会做出反应，从而引出权利关系的变化。

所谓小产权房，大都是建在农民的宅基地上面。农民住在宅基地上的自用房里时，他的效用可能并没有变化，也许就是500元/平方米。但是，当周围的商品房价高达7 000~10 000元/平方米时，相对价格发生了巨大的变化，农民住在同样的房子里，机会成本就变高了。

小的反应和变化早就开始了。两亿多农民随着城市化进程涌进城市，他们住在哪里了？大多数就是租住在城乡接合部农民的房子里。这些靠近城市的农民比较幸运，他们的宅基地因为涌来的巨大需求而导致租金上涨。这些农民有权出租他们的房子吗？有的。早在1962年中共八届十中全会通过的“农村人民公社60条”，就规定农民自己的房产可以出租，也可以买卖。

最近的情况是，因为相对价格变化太大，所以更多近郊的农民干脆拆掉平房，统一盖成楼房，除了自己住的，剩下就卖给城里人。

当然这种反应，也满足了很多人的需求。我去问过买小产权房的人，很多老人和刚工作的年轻人，他们买不起城里的商品房。

《南方周末》：这种更大的改变是否就不合乎法律规定了？

周其仁：这一点是模糊的，这正是小产权房现象大规模出现的一个空间。“农村人民公社60条”承认农民房产的交易权利，但又禁止宅基地的交易。问题是，房与地密不可分，不准出租、买卖宅基地，却可以出租、买卖盖在宅基地上的农民房，那老乡们交易了房产就等于交易了宅基地，不过大家都不提这个事情罢了。再说，租和卖之间，本没有明确的界限。人家把农民房“出租”70年，不就等于城里的大产权商品房吗？

话说回来，地和房不一致，说明现行制度是个令人尴尬的制度。这种制度碰到房价高企的现实，就逼出一个小产权房来。

除了相对价格的推动和模糊的法律空间，商品房的建设经验也是一个条件，农村集体看到国家征地、卖地、搞房地产大发利市，他们也可以学的。

《南方周末》：所以虽然先有建设部的风险提示，接着有济南市政府的强行拆除，到最近北京再次强调土地督察中加强对此类违规土地的审查，但终究没有一个明确的说法。

周其仁：是的，还没有明确说法。国土资源部的一位官员说，集体建设用地流转情况很复杂，正在调查研究。我认为这一说法符合实际，也是聪明的说法，就是没把这条路完全堵死。实际上，小产权房价格比商品房低一半以上，由于银行不给住房抵押贷款，要一次性付款，所以基本都是中小户型，这不正好跟政府宏观调控房价的目标一致吗？

从常识看，小产权房增加了供给，满足了部分住房需求，肯定是平抑房价的因素。要是这部分住房需求没被满足，那么市场的住宅需求一定更大，房价的压力就会更大。目前它的平抑作用没有从数据上体现出来，因为现在计入各地房价指数的，仅仅只是国有土地上大产权的房价。

政府不必非做唯一“地主”

为什么农民和农村集体不能直接参与土地的转让？为什么政府非要当唯一的“地主”？为什么农民无权分享城市化带来的地租收益？

《南方周末》：那么，应该允许小产权房合法化吗？

周其仁：这至少不失为一种选择。近来地价房价屡创新高，政府面临很大压力。小产权房怎么看也是帮你解决问题的，顺势给予合法通道，在承认的基础上规范、完善，是值得考虑的。

《南方周末》：这就要触及土地制度了，您曾提出，“小产权房是对现有土地制度的一次挑战”。

周其仁：我也认为其中包含一个很大的机会。小产权房对现有国家征地、批租制度形成了挑战，它实际上在现有的商品房体系之外，又开辟了另外一个体系。不管我们承认不承认，被这几年的地价房价逼的，小产权房在规模上也突破了临界点，不再是农民个别的零星行为，而是村集体和镇政府的成片开发。买房和盖房的人都看到了一个新选择、新机会。这是一个拐点，表明改革城乡两元土地流转制度的时机已经成熟。

我国现行土地制度将土地按所有权分为国有和集体两类，1987 年修改《土地管理法》之后，国有土地已经可以通过“招拍挂”直接转让使用权和收益权，但农民的集体土地进入市场的合法通道至今悬而未决。从整个土地制度看，农地有了 2002 年的承包法，已经明确了使用权、收益权和转让权都归承包农户。农村建设用地的使用权，多少年来，实际上就是农民、村庄集体和乡镇企业占着，问题是转让权不明确。现有农地转为非农用的建设用地，农村自用的建设用地要转让他用，只有国家征地一条路。

为什么农民和他们的集体就不能决定土地的转让，就不能参加土地使用权的市场交易？更进一步问，为什么政府非要当唯一的、垄断性的“地主”？

从世界范围的工业化和城市化进程来看，农民的收入增长要靠三个来源：出售农产品的收入、打工的收入以及分享地租上涨的收入。中国经过这么多年的改革，农民得到了农产品买卖和打工的权利，但绝大多数农民还是很少分享城市化带来的地租收益。

现行土地制度不适应经济发展

有一句话说得好，“城里的房子买不起，乡下的房子卖不掉”。这个困境是城乡土地转让制度没有打通造成的。

《南方周末》：类似的对土地制度的挑战是第一次吗？为什么会出现挑战？

周其仁：挑战的出现根源于现行土地制度不适应经济、社会发展的要求。一方面，是房价高涨，很多城市人买不起房；另一方面，是两三亿人离开出生地常住城市，他们原来居住的房子和农村建设用地大量闲置。你们的一位记者访问广州的农民工，有一句话说得好，“城里的房子买不起，乡下的房子卖不掉”。这个困境是城乡土地转让制度没有打通造成的。

问题不断在发生。早期改革开放，村集体有地没资本，外来企业有资本却不能使用集体建设用地。后来村集体就与外来投资方“合作办”企业，实际是出租标准厂房，等于部分集体建设用地进入了市场。这种情况在南海、昆山都出现了，其他地方也不少，例如最近重庆的“农地入股”。

不过，对土地制度的这些挑战，仍然限定在工业生产领域、招商引资的范围，社会影响不那么大。到了小产权房，挑战就涉及城乡的千家万户。所以这个挑战更大，涉及人口更多，也许能得到更多公众的理解和支持，为全面改革准备条件。所以说，小产权里可能有大机会。

变革可从两方面突破

复垦可以给当地农民带来工作机会；买卖土地指标可以给当地政府和农民带来收益，用来建设新农村、改善农民生活；更多的土地供应则可以降低城市的房价，这是一石三鸟之策。

《南方周末》：怎么把握这个大机会？一下子完全放开集体土地流转权，肯定会带来市场动荡和权力寻租等一系列问题，如果渐进地改革现行土地制度，又该从哪里突破？

周其仁：可以两条路并进。一条路，小产权房规范和合法化。另外一条路，开放农村建设用地的指标流转，在试点区域建立农村集体建设用地的交易市场。

要看到，只有非常小部分靠近大都市的农村，才搞得成小产权房。但是农村建设用地流转的文章，比小产权房要大得多。这就是允许、组织集体建设用地的指标转让。

我国是一个实行土地用途管制的国家，为了保护有限的耕地，法律要求城镇搞建设占农地的，一定要占多少、补多少，也就是土地管理的占补平衡原则。补农地的办法，一种是到人口密度不高的农村去造田造地，还有就是重新整理、建设现有农村，把大量未经有效利用的农村建设用地腾出来，再复垦为农地。

用后一种办法，这块复垦为农地的土地，所有权还是农民集体的，还可以由农户承包耕作，但从中也“分解”出一个建设用地的“指标”来。农村地价不值钱，此指标就无人问津。但是，城市地价大涨，旺盛的需求就推动买方争夺这高度稀缺的指标。

对农民来说，转让这份指标可能获得的收益，恰恰是他们重新整理村庄、节约农村建设用地的动力。多腾土地，多卖指标，就可以筹措更多资本，来推进农村建设和帮助农民进城。

举一个实例，9月我到云南开会，顺便在大理市喜洲镇的文阁村看了一户农民，他家宅基地面积共400平方米，户籍人口5人，但常住的只有爷爷奶奶加一个7岁的孙子。儿子儿媳在大理打工，是常住城里9年的“农民”。大理最贵的地价多少呢？345万元一亩！我想不要多，你们只需付2万元的代价来买200平方米的指标，这家农民就一定高兴地去旧布新，再把腾出的200平方米土地复垦为达标的农地。

不要以为是我凭空想象。2005年在浙江长兴，2007年7月在成都市的邛崃，我实地看过在城乡通开条件下，合理配置土地资源的尝试。基本办法就是市县财政垫资，改造旧村建新村，腾出农村建设用地，垦复后再把稀缺的建设用地指标置换到中心城镇。特别是邛崃做得实在好，很值得你们向更多读者详细报道。唯一让人着急的是地方财力有限，而农村又那样广袤，要更大规模推进，非考虑引入市场机制、动员更多社会资本参与不可。

要紧的是，这个方向的试验，可以在不减少耕地总量的前提下，增加城市建设用地的供给规模；可以从旺盛的城市房地产需求中，为建设新农村、改善农民生活、帮助农民转移筹措更多的资本；也可以通过增加城市土地的供给，缓解地价房价的过快上涨。实话实说，如此一举数得的好事，近年还没有遇到过。

所以我一贯的观点，是我们国家真正缺的并不是土地本身，而是有效利用土地资源的制度。农村建设用地转让的制度化试验，是推出的时候了。难题和风险不会少，但权衡利弊，不敢试一试，就什么也谈不到。

要明确，城市化总的说来是可以大大节约土地的。现在看不出这等效果，主要就是大批农民进城后，原来乡下占的建设用地还占着。为什么不放弃？留条后路可能是一个理由，但我认为，更大的阻力是农村建设用地没有退出机制，没有补偿措施。不占白不占，大家就占着。启动土地指标交易给予补偿和奖励，数目惊人的闲散土地会流转出来的。

最后，通过土地指标交易传递的市场信号，还可以优化城市建设规划，不再完全按照行政级别规划。行政主导的工业化城市化，有可能带来第二层意义上的土地资源浪费，比如规划和指令失误，划定的“城市”没有人去；看不起眼的地方却人气很旺。比如义乌只不过是个县级市，可是万商云集，那里的地价就高得离谱。如果竞价取地，义乌胜出的机会大，与经济的实际要求容易相符。一位在那里搞投资的朋友说，义乌商业用地奇缺的状况，甚至把前些年异地交换土地指标的“老办法”也重新激活了。不知详情，有机会要去看一看。反正该发生的总会发生，主动去做、去试，发生的成本低一点，于国于民、于城于乡，都是有利的。

土地指标交易具备可操作性

当时我确实感觉无路可走，成为一个两难的问题。如果放开土地流转，即使只是指标流转，也会伤害农民；如果要保护农民，仍然是一潭死水。意想不到的是，小产权房的出现捅开了另一个口子。

《南方周末》：中国很多改革措施都是自下而上做起来的，土地指标交易是否也在实际生活中存在，您的这个设想来源于哪里？

周其仁：受实践的启发。因为农村集体土地的流转，一直都小规模地存在着，过去苏南和苏北就曾经用土地指标交易的方式来配置建设用地。但2004年宏观调控、关紧土地闸门、严查指标交易之后，类似的做法几乎消失了。

今天看，不是土地指标交易本身不对，而是当时指标的来源有问题——在征地制度下强制占用农民的土地，补偿很少甚至完全不给补偿，严重损害了农民的利益。那种局面，不叫停不得了。但是停了，往市场化方向走的一条试验之路也封死了。

真的是两难的问题，一时无路可走，只好靠强化行政管制。但意想不到的是，小产权房的出现捅开了一个口子，提出一个新问题：在不动耕地的前提下，能不能把农村建设用地的文章做起来，在监管和法律规范下能不能尝试走出一条新路来？

《南方周末》：但是这样就能解决现在土地市场和房地产市场出现的所有问题了吗？建立土地指标交易市场是不是也会带来利益分配不均的问题？政府如何能做好监管？

周其仁：集体和农民之间的收益如何分配的确是个大问题。所以政府首先要做好法律法规建设，明确利益分配等关键问题，保障农民权益；其次建立一个统一的指标市场，这个市场负责验收复垦后的农地，负责监管指标交易；最后做好监管，这种监管成本远低于现在的事后土地监督，因为权利主体为了上市获益，必须照章办事，并接受事前审查。就像证券交易所和上市公司的关系一样。

任何市场都会出现违规、侵权的行为，所以法律和公众监督非常重要。我们要比较的是土地交易市场的设立，是不是可能因为土地的集中交易，反而降低了发现问题和执法的成本？我认为存在这个现实的可能性。不准交易，违规数量也不少，而且因为土地案子都是分散的，查办的难度很大。国土部的新闻发布会介绍说，2007 年全国要查处的土地违规案件，多达 1 万多件，国土部差不多变成办案部，长此以往，也不是个办法。

能够抓住这个机会吗？

小产权的登堂入室和土地指标交易的激活，表明我国土地制度改革的机会正在来临，但能否抓住这个机会，不十分令人乐观。这里面的阻力，一是观念上对土地流转有根深蒂固的恐惧，二是既得利益太大了。

《南方周末》：建国以来，土地制度一直在进行或大或小的改革，一个基本的演进逻辑是逐渐放开使用权、收益权和流转权，但显然流转权的合法化难度最大。这一次又会碰到什么样的阻力和困难？如果能够突破，动力在哪里？

周其仁：土地改革的推进确实非常困难、缓慢。20 世纪 50 年代末，就曾经出现过将农地承包给农民的制度，但农地的使用、收益、流转权，经过 80 年代全国包产到户的浪潮，中央发过五个“1 号文件”，直到 2002 年国家才真正有一部农地承包法。前后加起来，46 年时间过去了。

现在是建设用地转让权的改革，难度更大。能否抓住这个大机会，我没有那么乐观。

这里面的阻力，一是观念上对土地流转有根深蒂固的恐惧，二是既得利益太大。如果改不动，就是一个进退两难的僵局。

当然，也有巨大的动力。除了市场推动之外，维护现行征地制度、政府当独家“地主”的成本也越来越高了。比如政府主导的拆迁，成本越来越高，逼着要考虑其他的招数。

最大的希望，还在于第一线的改革实践。

成都试验的新进展[①]

机缘巧合，2007年应邀参加中国经济50人论坛在成都举办的城乡统筹研讨会，让我第一次知晓，这座闻名遐迩的四川省会城市自2003年就开始了以城乡统筹为取向的改革，并于2007年6月7日得到国家批准，与直辖市重庆一道，成为全国“统筹城乡综合配套改革试验区”。转眼间，5年过去了，成都改革试验硕果累累，让人们抱有浓厚的兴趣，要看看这里究竟取得了怎样的进展。

系统的概括和总结，在成都市委统筹城乡工作委员会的报告[②]中可以看到。我们建议公开发表这份报告，或把它放在成都统筹委的官方网站上，便于更多关心成都改革进展的读者查阅。至于自己的直观感受，我想还是从最近访问过的一个村庄谈起。

它叫“指路村”，是成都市郫县古城镇的一个行政村。在地理位置上，指路村位于郫县北大门，距成都市中心三环路的直线距离超过30公里。我们是2012年5月在郫县调查“城乡要素全面流转和用地制度改革”的情况时听说这个村庄的故事的，可惜当时行程匆忙，仅

---

① 本文是为参加“成都市全国统筹城乡综合配套改革试验区工作座谈会”准备的发言稿。李力行、徐建国、王子、张惠强、黄跃、林念、张敏、吴鸾莺、邢亦青等老师和同学分别提出修订意见和建议；文中仍然存在的错失，由作者负责，刊于《经济观察报》2012年6月25日。

② “关于统筹城乡改革发展情况的报告”，中共成都市委统筹城乡工作委员会，2012年6月10日。

仅赶到村头与村支书孙从发交谈过几句。回北京之后，越想这个村子的故事越觉得有意思，于是利用本次来蓉参加座谈会之机，我和几位老师同学先到几日，来了一次直达村庄的自驾游。

指路村的故事很简单。全村 10 个村民小组，528 户，1 819 人，有农用地 1 972 亩，集体建设用地 606 亩。别看地处成都市二、三圈层之间，这里可是“川派竹编鸟笼”手艺的发源地之一，据统计全村有 170 户 300 余匠人从事鸟笼编织。在农业种植方面，这里可圈可点的产品是青韭菜，已形成 300 亩规模的基地，每亩每年的收入在 1 万元以上。加到一起，指路村的人均收入水平在全成都应该也属上乘。

但是，村庄建设却与农户的收入水平脱了节。村委会在一座很老旧的房子里，还算得上干净，墙上各项制度包括财务公开，也够得上我们看过的示范村的水准。然而，像多数传统的川西村庄一样，指路村的村民散居，不仅缺乏公共交往的空间，更没有发展本地产业必要的基础设施。村支书孙从发领我们去看竹编鸟笼，走近农户家的最后几百米，多是泥泞小道，要跳着选路下脚。不要误以为我们在“访贫问苦”——那位据说是川派鸟笼祖师爷级的手艺人，随手从屋里拿出一只编织精致的鸟笼告诉我们，广东养鸟大户上门求购之价为人民币 2 万元！问老汉成本几何，算下来主要就是在他的指导下，儿子约一个月的工时，外加一点竹子原料、电费以及简易设备的折旧。当然不是每只鸟笼的市价都可以论万的，数千数百的还是占据了大部分。不过据当地人估算，每位鸟笼手艺人平均年入 10 万元，还是比较靠谱的。

故事的基线就是富裕起来的农户如何改善村庄建设，以进一步提升生活品质、强化产业发展基础。这是很困难的任务。从包产到户到免除农业税，国家政策的基本走向是消除建国以来城乡分割、以农民贫困支持国家工业化的消极后果。上述变革无疑深具历史意义，否则全面的现代化根本无从谈起。但一路伴行过来的新问题是，重建农户层面的财产权利、经济自由和城乡平等的公民权利，本身也都离不开公共服务，特别是离不开村庄一级最基础的公共服务。因为确立和行使农民的权利——从财产权到公民权，从来就不纯粹是农民自己的私人事务。农民私人之间的权利边界，特别是当私人行使各自权利时动态的行为边界，其实从来都是公共事务，需要在公共空间里按公共决策的程序来完成。简单地说，没有公权提供的必要服务，私权难以站立得住；即便一时看来站住了，也不可能走得长远。

回到指路村的现实。村民的平均收入不算低，不少富裕农户完全具备再来一轮盖新房的经济实力。可是，要论建设一个风貌宜人、环境宜居、能让产业更好发展的村庄，让更多村民共享现代文明可以支撑的、最必要的公共基础设施，进而让农村的产出与外边的大市场有更为便利的连接，靠单个农户分散的雄心、努力和梦想，明显不足以支持。更何况成都城乡统筹最现实的经济支持，是利用稀缺的建设用地在城市化进程中的大幅度升值。为此，必须打通城乡之间的制度、政策壁垒，允许建设用地资源在更大范围内流转、重组和再配置——这更是分散的农户想应付也应付不来的“公务”。

经多次外出考察与内部讨论，指路村的村委会、议事会、各村民小组长和村民代表，终于找到了村庄与农户合作建新村的现实路径。这就是村集体运用公共财力组织大家参观、考察，委托专业机构作规划、订方案，并承担新村的公共设施建设；农户则在自愿的基础上以自家建设用地来筹措建设资本，并以业主身份管理拆旧建新的全过程。与他们先前考察、学习过的那些示范村都有所不同，指路村最后选择了“五自模式”，即“自我融资、自我整理、自我建设、自我开发、自我收益”，下决心靠本地农民自己的力量来建设一个新的指路村。

这里要点评一下。成都的经验显示，在城市化进程中释放农村建设用地的经济潜力，第一步是按适度集约的原则重建农宅和村庄，节余部分建设用地；第二步是完成复垦、新增农地；第三步则是按经济规律在规划的许可位置（本地或远程），利用节余建设用地发展工商服务业，在耕地总量不减少、质量不降低的条件下，实现对建设用地更有效的利用，支持工业化与城市化，大幅增加土地资源的价值。这样的三步跳，既要有资本投入拆旧、建新与复垦，还要实现农村建设用地的合理位移。全部过程下来，一个项目总要 2~3 年时间，而涉及农户越多，筹资规模就越大；项目的执行期越长，发生各类变故的风险就越高。

这就是为什么起步期的城乡统筹总也离不开政府主导的原因。在现行体制下，唯有政府的土地机构如土地收储中心，才能在城市一级土地市场上合法供地。因此，建设用地唯有卖给政府才可以再售，也才可能完成土地的资本化。与此相辅相成，政府的土地机构就因此拥有强大的融资能力，可以筹措足额资本收储土地在先、向市场出让在后。至于农村建设用地入市这样的制度创新之举，除了一般的市场风险，还要外加转型中的政策与体制方面的特别风险，更是非政府主导莫属的事项了。

但是，成都的改革经验也证明，一旦集体建设用地入市的通道在改革实践中被“蹚开”，大量非政府机构和自然人也可能被制度变迁的巨大净收益所吸引，投入到集体建设用地入市的新潮流中来。我们看到，随着成都城乡统筹改革的举措深入人心，特别是成都市于 2008 年 10 月设立了全国第一家农村产权交易所，经由土地综合整治节余出来的农村建设用地（包括实物地产和建设用地指标），就有了一个发现价格的交易平台，从而为社会各方参与农村的建设和投资提供了一个新的“出口”。这势必将吸引更多的社会资本以多种方式尝试进入。

于是我们观察到，非政府机构，首先是一些地方和中央的国企开始参与城乡建设用地增减挂钩的项目。“汶川地震”后，成都市委市政府及时出台的“联建”政策——鼓励城市的公司与自然人出资参与灾后重建，更开启了民间中小资本进入农村土地综合整治的先河，显著拓宽了释放农村建设用地经济潜能的制度通道。

在“还权赋能”的改革取向下，成都的地方金融机构开始探索提供以农村产权为基础的抵押融资服务。于2008年中先后挂牌的成都银行与成都农商银行，就开办了农户和农民合作社的产权抵押融资业务。为了确保风险可控，成都市和区县两级政府在地方财政预算内设立了专项基金，为农村房屋、建设用地与农地经营权的抵押融资提供担保。包括灾后重建项目在内，上述两家银行已受理农村产权抵押贷款数千笔，总额超过了20亿元人民币。

2010年12月，崇州隆兴镇黎坝村杨柳土地承包股份合作社得到成都农商行发放的首笔农地抵押贷款；2012年1月，崇州杞泉镇群安村“荷风水村”项目的农民建设用地合作社，以产权抵押、社会资本收购节余建设用地承诺，外加县政府担保机构提供担保，获得成都银行的3 600万贷款；截至2012年5月10日，成都农商行郫县支行为14个村级资产管理公司项目总计授信融资2.7亿元，其中包括对花牌资产管理有限公司为期3年的8 100万元贷款。

在以上一波接一波的变革所提供的新机会面前，指路村其实是一位后来者。直到2012年开春，这个村庄才被周遭日益增加的示范村“激活”。村民们开始思考、讨论要不要抓住城乡统筹的机遇把自己的家乡建设得更上一层楼。当然，后来者也有后来者的优势，因为他们可以更从容地比较那些先行先试经验的利弊得失。他们也很快就看出了名堂：土地综合整治不但可以建造出一个新农村社区，而且还可能通过节余建设用地的未来升值，筹措进一步发展的资本。这里的关键无非就是“谁筹资、谁收益”。既然本村有表现不俗的经济基础，那就不必靠政府平台和社会资本了——村民们顺理成章地选择了“五自”模式。2012 年春节期间，指路村 80% 的农户共同缔约，以参建各户每人预交 1 万元作为定金，开始村庄重建。村支书陪我们走访农户的路上，讲到当时的情景依然感慨不已：“总共 1 250 万元，从早到晚在村委会排着队交！”“我这个当支书的，哪里值那么多钱，还不是大家相信这个事可以干得成！”

今天的指路村还没有什么参观价值。比起遍布全成都市已建成的 1 613 个农村新社区，特别是比起沿 11 条“世界现代田园城市示范线”展开、覆盖 125 个乡镇的 100 个堪称美轮美奂的统筹城乡发展综合示范点，指路村除了刚刚按约定方案拆出来的一片新建地基，还没有可看之处。不过，从抽象的制度安排着眼，我们在这里明明白白看到了成都试验区 5 年来的全部成果：“三个集中”空间配置方略的执行；“全域规划”与“规划师下乡”；城乡建设用地增减挂钩；走向城乡均等化的公共财政；村级公共服务的加强与治理结构的更新；覆盖全部村庄和农民土地房屋的“确实权、颁铁证”；抵押融资范围的渐进扩大；参与土地综合整治的主体与可操作方案的多样性；以及积极的农村社会管理与文化建设。离开所有这一切，指路村的村民断然算不过来账，也绝不可能形成从自我筹资起步，最后要覆盖 476 户人家、节余 392 亩建设用地的可行的村庄建设方案。

指路村最耀眼的特征是“农户自主”。在我们研究小组内部的分类中，指路村被列为成都城乡统筹改革试验的“最新一代产品”，代表着迄今为止农民自主参与城乡统筹的最高水平。类似的案例还有我们实地详细调查过的崇州桤泉镇群安村 5—6 组、都江堰天马镇金陵二组、郫县古城镇花牌村以及都江堰、大邑等地数百例农户层面的灾后联建。他们的共同点是农民对如何把稀缺的建设用地投入城乡统筹的进程，在选定交易对象、交易形式、成交场所、价格决定和合约执行等方面，都发挥了越来越全面的产权主体的积极作用。

比照5年前我们看过的那批早期的土地整治项目，那时的农民自主，还仅表现为给定政府的补偿价格，农户就“是否愿意搬入示范新区、是否接受给定的补偿办法以及如何选择自己中意的新居户型”做出决定。这说明农户的自主权利是逐步发育起来的，这也显示出成都城乡统筹综合改革不断深化的轨迹。

在更为广阔的背景下，人们会如何评价成都经验的普遍意义？毫无疑问，作为天府之国的省会城市，成都市的农村和农民相对富裕和安逸。更为重要的是，由于占据了西部特大城市的特有区位优势，成都的农村和农民本身就有更多的发展机会。这样来衡量，成都城乡统筹种种成功的改革举措似乎更像是锦上添花，由此也引来成都经验是否具有全局意义的合理疑问。有一种观点甚至认为，与其让城乡统筹改革仅仅惠及成都本市那些已经过得不错的农民，还不如把这里的资源集中起来，在更大的范围内解决更迫切的三农问题。

不过，如果注意到城市化加速背景下农民流动进城所选择的实际路线，我们或许会得出不同的判断。事实上，城市化进城中的农民流动和聚集，容量最大的地方不是现有大城市的中心部位，也不是需求不足、市场厚度过于单薄的那些小集镇。观察表明，城市化进程中的农民流动，首先最大量地集结在大城市和特大城市的周围，特别是环绕中心城区十至数十公里的地带。这里才是农民进城的主要落脚点，也是农民融入城市、转化为市民的现实出发点。近年来我国特大城市被叫作“城乡结合部”的地方，无一例外地急速膨胀，反映的就是这个现实。

因此，在特大城市的二、三圈层率先把城乡统筹搞起来，恰恰具有全局的战略意义。据统计，包括成都在内，全国过 1 000 万人的特大城市已有 10 个，而数百万人口量级的大城市则有几十个。走城乡统筹之路，把环特大城市和大都市的那个圈圈里的农村和小集镇率先建设好，就为中国的城市化争得了一片片战略高地，就有希望使这个地带成为我国大都市圈、大城市群的一个包容进城农民的积极组成部分。这个地带，可以吸纳数亿新增城市人口。

反过来，听任现在的城乡结合部继续陷于投资不足、管理不善的境地，特大城市和大城市就可能在某种程度上变成"孤岛"，周遭被围上一道"深壕"，既限制特大城市自身的健康发展，更妨碍吸纳更多的农民真正融入城市。在这个历史的分岔点上，特大城市是否走成都这样城乡统筹的改革之路，率先把各自的环中心圈层建设成"两化（工业化、城市化）互动、城乡统筹"的发展高地，在我们看来是一个事关我国城市化继续健康推进的关键。

比以上贡献更为重要的，是成都的探索切实迈开了"改革征地制度"的步伐。关于国家征用农民土地，我国宪法设定了"为了公共利益"的前提，即只有为了公共利益才可以合法征地。可是，对城市化进程中大量的经营性用地，现存法律又没有给出除国家征用以外的合法转让通道。另外，宪法中还有"全部城市土地都是国有土地"的规定。这就带来了一个悖论：城市扩大要获得经营性用地，由于不符合"为了公共利益"的前提因而不能合法征用；可是原农村土地一旦被划入城市范围，如果不变性为国有土地，又违背了全部城市土地是国有土地的准则。

实际上，这些年所有划入城市建成区的土地，不论公益用途还是经营性用途，都经由国家征用。这为城市基础设施所必需的巨大投资提供了动员强度足够的筹资方式。可是随着时间的推移，"全征地”模式下的城市扩张，也带来资源配置和收入分配两方面日益显著的缺陷，特别在处理国家与城郊农民的关系方面，引起不小的矛盾和冲突。对此，2008年中共十七届三中全会的决定，提出了“改革征地制度，严格界定公益性和经营性建设用地，逐步缩小征地范围，完善征地补偿机制”的新任务，并要求“逐步建立城乡统一的建设用地市场，对依法取得的农村集体经营性建设用地，必须通过统一有形的土地市场、以公开规范的方式转让土地使用权，在符合规划的前提下与国有土地享有平等权益”。

可惜这项重大的改革政策，尚没有获得在全国实施的机会。为了应对全球金融危机的冲击，2009年以后中国启动大量国家投资项目拉动内需，结果全国征地规模不但没有缩小，反而大大增加。多年征地带来的观念和实务方面的巨大惯性，继续推着我国的城市化沿着“全盘征地、土地财政、土地金融”的路线疾奔。

在这个背景下，成都试验区却按照城乡统筹的逻辑，难能可贵地探索集体建设用地经由非国家征地模式合法流转的多种现实途径。上文提到的在成都的改革实践中逐渐发育起来的农民自主性，根基正是以政府运用公权力加以确立并给予保护的农民财产权利。这也为建立“城乡统一的建设用地市场”奠定了最重要的微观基础。在更一般的意义上，只有终结我国两种土地产权长期以来“同地不同权”的状态，才能完全实现城乡人民在法律面前的一律平等。这是我国现代化无可回避要完成的任务。成都改革率先深入到了这个层次，其意义就绝不限于有效利用了集体建设用地的存量资源，或适度合理地改善了城乡居民的收入分配。

我们愿意借此机会呼吁：在恰当总结经验的基础上，扩大成都城乡统筹综合改革的试验范围。建议国家有关部门考虑，把被成都经验证明实际可行的改革政策，相机扩大到整个成都经济区（即成都市加上与成都交界的各四川地市)、四川全省、川渝经济区、西部乃至全国所有的特大城市和省会城市。无疑，复杂的深层次改革还需要坚持被实践证明有效的“一切经由试验”的策略原则。但是，改革也不能永远的试验区化。凡在试验区先行先试做得通的，就看看能不能说得通。像成都城乡统筹这样既做得通也说得通的，就不妨让它不失时机地通行天下。

第四部分

货币制度重于货币政策

货币、制度成本与中国经济增长①

新一轮中国消费者物价指数开始大幅上涨的时候，恰逢米尔顿·弗里德曼去世一周年。这也许说明，仿佛已被淡忘的货币主义理论还不是那样容易就可以消失的。这当然更是提醒我们，还有一些重要问题值得继续关注和研究。

物价指数的含义

中国的 CPI（消费者物价指数）似乎是突然涨起来的。2007 年年初的 CPI 是 2.2%，但到了 8 月，升为 6.5%，9 月降了一点是 6.2%，10 月又是 6.5%，11 月达到 6.9%。[1] 这组记录了无数微观行为的指数，含义究竟是什么？对此，流行的解读是“物价的结构性上涨”，即部分商品价格上涨，部分不变甚至下跌，所以还不是物价的全面上涨。

我的看法是，说“结构性物价上涨”不是不可以，因为的确可以

---

① 本文是作者在 2007 年全国经济学年会上的主题发言，2008 年 4 月 29 日修订。作者感谢海闻教授及年会东道主深圳大学经济学院的邀请，感谢文稿修订过程中与薛兆丰、卢锋、余永定、宋国青、汪丁丁、梁红的讨论和他们提出的修订意见。当然，文中的错失由作者本人负责。

观察到物价涨、平、跌并存的现象。问题是，把几个部分物价加权平均之后，2007 年 8 月以来我国的物价总水平不是不变，更不是下跌，而是持续上升——即通货膨胀。重要的是，物价总水平的上涨趋势一旦出现，就会影响人们的预期、改变人们的行为，比如很多人想到将来的价格还要上升，就增加了当下的购买意愿，甚至要把未来消费的商品提前买到手才放心。同时，卖家却在同样的涨价预期下，舍不得现在就出售商品和服务，也就是产生了“惜售”倾向。加到一起，市场供不应求的程度更为严重，物价总水平上涨的趋势可能自我加强。

从物价结构出发，人们的注意力容易被引到以下问题：为什么一些商品的价格涨得比另外一些商品更甚？追问下去，会发现国际油价是一个根源。油价上涨带动很多下游产品涨价是一个方面。它同时也引发了替代，比如生物能源包括玉米提炼的酒精，结果引起全球粮食涨价。油价当然更直接影响运费上扬，后果就是高价买来的粮食要花更贵的运费。经济总是联成一体的，任何一种商品服务价格的变动，都会带出诸如此类连锁性的变化。

但是，从个别商品的价格上涨到物价总水平的提升，中间还有一个关键环节。没有这个条件，个别商品的价格上涨会被其他商品价格的下跌所抵消，并不能引发物价总水平的上升。这个“关键环节”不是别的，就是在市场里流通的货币数量。只有当流通中的货币数量太多，个别商品价格的变化才不仅仅改变商品比价，而且引发物价总水平的持续上升即通货膨胀。例如，日本和韩国都是大量进口石油的国家，按理他们受全球油价上涨的影响更大，可是，观察到的日、韩物价水平却远比中国为平。俄罗斯出口原油，但那里的通胀指数比中国的还要高。这些现象，都要由不同国家不同的货币形势来解释。

从货币角度看通胀

这样从货币里面找寻物价总水平变动原因的经济思维，是古典经济学以来的一个传统。当代经济学家当中，最坚持这一传统的是弗里德曼。很巧合，弗里德曼生前三次访问中国（1980年、1988年和1993年），都是中国通胀指数达到高峰的年份。[2] 我们无从知道，究竟是因为通货膨胀指数高，所以中国人才把这位货币主义大师请来，还是弗里德曼看到中国物价指数高，觉得货币主义理论在中国大有用武之地，所以才更愿意来到中国？不过客观的结果是，当年受通胀困扰的中国，更愿意对货币主义的经济思维开放。

大家可以回头看弗里德曼当年在北京、上海的那些讲演和问答记录。那是第一次面对面向中国听众介绍货币主义的思想学术传统。这个传统不是就物价谈物价，而是把物价的大幅度持续上涨看作是一个货币现象。按照这个传统，通货膨胀里的“货”不是任何具体的油、粮、猪、奶，而直截了当就是货币。当物价总水平上升的时候，弗里德曼提醒大家要到货币数量里面去寻找原因。这样一种思路，对当时的中国人富有启发，因为传统的“物价管理”既不能充分理解通胀现象，也不能有效处理通胀问题，只有摆脱了从某些商品价格的变动中寻找通胀原因的思维方式，才把人们的注意力引导到对货币的关注，才容易发现通胀的唯一原因是货币数量过多。

那么，货币数量又是怎么多的呢？这就涉及货币制度。从历史上看，自金本位制结束之后，全世界的货币发行都是由政府控制的。如果说金本位制还是自发的市场力量决定着货币的发行，那么法定不兑换货币（fiat money）的发行量总是由中央货币当局，也就是一个行政机构来决定的。货币主义认为，如此集中的货币发行权是对货币和价格总水平稳定的一个体制性威胁，因为行政当局很可能为了某种短期的好处而错用、滥用货币发行权。不论动机为何，货币发行一旦出错，一定会带来无数经济行为的歪曲和紊乱，市场中的个人、家庭、企业和地方对此都无能为力。政府滥用货币发行权的结果，一定就是恶性通胀。这在许多国家的历史上出现过。针对这一点，弗里德曼继承他老师西蒙斯（Henry Simons）的主张，坚持“规则高于权威”，也就是要设定一个货币发行准则，以此约束货币当局的权威和权力。弗里德曼本人也曾提出过一个简单的准则，那就是每年增发的货币量不得超过经济增长的幅度，比如年平均4%。他甚至提出根本不需要中央银行，就让一台中央计算机系统按照设定的数值来控制货币发行，保证物价总水平的平稳。

货币主义不是单靠逻辑的力量就扭转了潮流。决定性的力量还是通货膨胀的肆虐给各国带来的损害。原本被冠以“行动主义”（activism）的理论和政策取向，习惯于把“货币”看成一个可以满足刺激经济增长、扩大就业、平衡内外收支等多重目标并可由中央货币当局操控自如的一个政策工具。但是，发达国家持续的通胀压力和滞胀的现实，给货币主义的兴起提供了机会。弗里德曼论证了在通货膨胀和失业之间并没有长期的替代关系，他甚至发现，即使扩张性货币政策可以取得低失业的暂时好处，但带来的高通胀成本却趋向永久性。这就是说，煞有其事的“货币政策行动”给机会主义留下太多的自由空间，从而带来长久的“货币祸害”。[3]

回头看，弗里德曼的最重要贡献，是在政府掌控货币发行权的时代，不断根据经验提请人们警惕此种大权被滥用的危险。对弗里德曼来说，通货膨胀才不是“市场失灵”的产物，而恰恰是自发的市场力量被集中的行政权力替代之后，给经济自由带来的具有毁灭性影响的“礼物”。货币主义坚持，零通货膨胀才是长期经济增长和繁荣的基础。[4] 这个理念有历史经验的根据。从权利角度看，通货膨胀是经对所有人财产的一种隐蔽的剥夺。从交易角度看，通货膨胀加剧了生产的交易费用，带来紊乱的经济行为和错误的资源配置。

人们有理由嘲笑关于计算机自动决定货币供应的构想根本不具备可操作性，因为迄今为止，还没有哪一个国家的货币发行采用了计算机机制。即使在想象的空间里，中央计算机替代了中央银行，似乎也只不过把央行行长的权威转化为中央计算机电脑工程师的权威而已。此外，究竟如何控制货币数量，货币主义的理论原则也远不等于可操作的现实。[5]

但是，我们不能因此否认货币主义在思想上的建设性。因为它坚持问：怎样才能避免货币发行大权落入有可能不那么可靠的“看得见的手”的掌控？能不能为现代信用货币体系设定一个“非人格化”的货币发行机制？这并不是一个凭空想出来的问题，因为历史上的金本位制，就是由发散的贵金属分布和分权的开采力量“决定着”各国货币的供给。既然如此，现代货币在节约了贵金属成本的同时，能不能为信用体系找一个“非人格化”的机制来为货币下锚？

为货币选锚的困难

谈到这里，我们必须提到在货币框架问题上更具“复古”倾向的奥地利学派。这些经济学家与芝加哥学派的货币主义一样，认为自由繁荣的经济必须以稳定的货币为基础。不过他们相信，自发的市场可以提供这样稳定的货币，例如人类历史上的金本位就是如此，因为由贵金属本身充当货币的名义之锚，就不会给任何看得见的手操纵货币提供机会。为了从不断制造通货膨胀的现代货币困境中走出来，许多奥地利经济学家主张恢复金本位制或商品本位的货币制，并恢复自由银行制度，即允许自由准入、充分竞争，用市场声誉机制来优胜劣汰，最后由使用货币的各方选择守信的银行。[6]

哈耶克后来承认，在现代条件下复古金本位制是不可行的，甚至“即使可行，也很可能是不可欲的”。[7]不过，正因为货币大权似乎无可避免地集中于政府之手，才使哈耶克找到了金本位制消失后持续通胀的根源——短期压力使政府、私人企业和公众都“极难抵御通货膨胀的影响”。[8]他为此忧心忡忡，反复探讨了在无法回到金本位的现实条件下，怎样约束中央货币当局的可能路径。从西蒙斯的“适当规则”（appropriate rule），到“商品储备本位”（a commodity reserve standard），到“按价格变动而调整条件的合同”（sliding-scale contract，也就是与通胀指数挂钩的合同），哈耶克逐一分析，结果发现某种自由裁量的货币权力在当代货币制度里无论如何也挥之不去，因此所有以上“解决方案”多少都存在问题。那么，货币框架的最后出路究竟何在？哈耶克的结论是，“只能通过货币政策的目标而非它的具体做法来限制货币政策”[9]——这在我读来，不啻为几十年之后从新西兰开始、席卷多国的“通货膨胀目标制”（Inflation Targeting）的理论先声。[10]

以上回顾，告诉我们从货币角度看通胀，背后还有一套至今没有完全解决的问题。比较起来，“结构性物价上涨”的提法则简单地把人们的注意力引向某几样价格涨幅较大的商品。问题的关键是，如果的确是货币总量引发了物价总水平的上升，那么仅仅控制某些商品的价格是无济于事的。相反，就物价管物价的做法一定会引起价格上涨的“漫游”，因为管住了石油价格，市场就涨粮价；管住了粮价，涨猪价；再管猪价，又升奶价。如此“头痛医头、脚痛医脚”式的治理，看似针对性很强，最后却带来两个结果：一是延误了釜底抽薪——控制货币供应量——这唯一治本之策的实施时间；二是东涨西也涨的物价态势，激发和强化了公众的通胀预期。两相结合，风助火势，可能激化通货膨胀。

类似的还有“成本推动通胀”之说，也似是而非。固然，食品和其他消费品的价格上涨使工人要求增加工资，进货价格的上涨使店铺要求提升商品的卖价，投入品的成本上涨使公司要求增加产出品的价格——这些推理都合理。问题是，所有这些合理要求在什么条件下才能被普遍满足？这样问，答案还要到货币总量里面寻找。要不是流通的货币数量过多，顶多只有部分商品的成本上升才能推动部分商品的物价，同时其他的“成本诉求”却得不到“受理”。升了成本的都要升价，但横竖只有那么多票子，怎么可能出现普遍的成本增加驱动价格总水平的上升呢？

这样看，货币主义的核心命题即“通货膨胀是一种货币现象”，还真的很有意义。诚如有的批评者指出，这个命题就像说“开枪是一个射击现象”一样，不过是同义反复而已。[11]是同义反复，但却是正确的同义反复，因为它直指通胀的根子在于货币。相比于混淆问题的其他命题，譬如说通胀是一个物价现象，是一个成本现象，甚至是一个良心现象（商人哄抬物价、囤积居奇）等，货币主义的命题帮助我们到货币里面寻找通胀的根由。

超发货币的不同成因

上文提到金本位结束后总是政府决定货币的发行。在这个条件下，说通胀是一个货币现象，等于说“通胀是一个政府超发货币的现象”。接下来我们就要研究，政府为什么要超发货币？从历史上看，绝大多数通胀特别是恶性通胀，无一例外都是政府用印钞机维持财政开支的结果，无论是为了战争、君主的奢侈需要，还是要兑现庞大的社会福利承诺。一般来说，战争引起的通胀常常是最离谱的，因为生死存亡又胜败未定，当权者一定把通胀机器开到极致才合乎逻辑。20世纪40年代末的中国，通胀率高达每月50%。季羡林老先生那时在国统区当教授，他讲那个时候领了薪水要跑步去买米；跑慢了，米价就飞涨。

和平时期的通胀，很多是靠发票子搞建设的结果。过去我国有一个“超经济发行”的概念，就是指政府靠多发票子来支撑超过国力的基建规模。由于当时实行全面的物价管制，所以超发的货币不一定马上表现为物价总水平的上涨，而表现为“隐形的通胀”，即市场上什么东西也买不到，是普遍的短缺时代。其实殊途同归：显形通胀票子不值钱，隐形通胀有票子也买不到东西——都是票子无大用。苏联时代的家庭主妇，人人上街背个大口袋，见到任何队伍先排上去再说，那可不是因为俄罗斯的文化传统！

改革开放以来我国的三个通胀高峰，具体原因各个不同。1980 年物价指数 7.5%，是过去“低物价”时代所不能想象的。其实那时票证还普遍抑制着需求，只不过为了刺激农业，国家从 1979 年提升了粮油收购价，并对城镇居民放发财政补贴。那时财力很弱，用补贴启动农产品的价格调整，就成为财政赤字和超经济发钞票的新动力。1988 年的中国物价指数高达 18.9%，表面看是“价格闯关”惹的祸，背后的根源是发钞票搞建设又加上了发钞票搞（价格）改革。1994 年中国通胀创建国后最高，主因是地方财力不足又急于发展上项目，而银行在“软约束”下敞开口子贷款，倒逼中央银行发出过多的货币。这样看，三次通胀高峰的共同点，都是因为财政开支的压力把货币发多了。

最近这一波通胀，直接成因当然也是货币多，但近 10 年国家财力空前增强，制度上再也不容许货币通过“超经济发行”来弥补财政赤字，加上商业银行改制，建立了放贷的约束机制。就是说，过去超发货币的机制已经不存在了。但是，从结果看，货币还是发多了。这又是为什么？

2003 年 5 月，宋国青教授主持了一项宏观经济研究，报告的总论作为北京大学中国经济研究中心的内部讨论稿刊印于同年9月。[12]这项研究分析了1998年以来中国实行的刺激总需求的宏观经济政策的情况，认为由于银行大幅度下调了存贷款利率，企业利润增加，加上吸引外资政策的作用，境外直接投资快速增长，结果企业的资本金大幅增加，引起银行贷款的大幅增加。更由于汇率稳定，中国出口的高速增长推高了总需求。据此，宋国青认为已走出通缩的中国经济面临新的转折，并肯定地预言，“目前已经出现了走向较高通货膨胀的可能”。

这个分析提到的“汇率稳定”，成为理解全局的一个关键。背景情况是：1993年中国成功地以市场汇率大幅度校正了人民币币值高估之后，本来选择的是“以市场供求为基础、有管理的”汇率制度，并无意实行固定汇率或“盯住美元”的汇率制度。但在1997年亚洲金融危机后周边国家货币被迫大幅贬值的环境下，国际社会希望人民币不贬值，并得到了中国政府言而有信的公开承诺。这样，人民币以1∶8.27兑美元的汇率，从1998年一直维持到2005年7月，使人民币汇率成为一个未加宣布，但事实上具有国际政治公信力的“盯住美元”的汇率制度。

1998年后的10年，恰是中国多年大刀阔斧改革开放的成果在经济生活中普遍显现出来的时期。最集中的表现，就是中国出口部门生产率的增长率超过了美国和其他发达经济生产率的增长率。实体经济的这一重大变化，与上述“稳定汇率”的机制发生了矛盾，因为几乎不变的汇率使得生产率的增长率有了显著提升的中国出口产品，变得越来越“便宜”，从而刺激了国际市场对中国制造产品的强劲需求，拉动了中国的出口增长。结果之一，就是中国的贸易顺差大幅度增加。“稳定汇率”加上开放政策，也刺激外资涌入中国，从而出现了“大国历史上没有先例的持续双顺差”。这就开启了一条新的人民币发行的通道：所有进入中国的贸易顺差和外国投资，全部通过向中国银行结汇而变成了人民币。央行不断买入外币，在不断增加国家外汇储备的同时，也不断把基础货币发了出去。

所以，宋国青认为“汇率是纲”。[13] 因为只有增加了人民币汇率的灵活性，才能平衡中国的外需和内需，才能消除过度繁荣的出口推高中国总需求的潜在危险。他认为要特别注意涉外政策与货币政策之间的协调，建议人民币主动升值 10%，或把部分直接升值、部分调整进出口税率组合起来，共同校正主要宏观变量之间的失衡。考虑到 2003 年中国外汇储备不过 4 000 亿美元，年度贸易顺差 254 亿美元，而当年的 CPI 仅为 1.2%，我认为宋国青的研究具有难能可贵的预见性。

但是，主流意见是反对人民币升值。2003 年 9 月，余永定教授发表文章，对“目前媒体和经济学家几乎一边倒的反对人民币升值的呼声”，提出了商榷。[14] 余永定并不主张人民币大幅升值，而应该坚持“有管理的浮动汇率”，即允许人民币小幅升值。不过余文非常鲜明地对反对人民币升值的各种论点提出了犀利的批评。其中，他分析央行一面大量买入美国国库券和其他美元资产，一面不得不对迅速增长的基础货币进行对冲的做法，认为“似乎没有哪个国家能够长期进行对冲操作而不对本国货币体系的正常运转造成严重负面影响”。针对把日本在 1985 年广场协议后日元升值作为日后陷入资产泡沫和通缩危机原因的流行解读，余永定认为包括麦金农在内的国际名家看漏了日本在 1987 年采取过扩张性货币政策这一关键条件，而同样在 1985 年升值的德国，由于没有类似松动货币之举，所以后来并没有陷入日本式的困境——这是对“升值必入日本陷阱说”的有力反证。

宏观失衡损害中国经济增长的基础

事实上，人民币小幅升值的建议到 2004 年底也未被接受。于是，在汇率错估下的总需求转强，使国民经济出现了“过热”征兆。中国经济的总量已经很大，进出口占 GDP 的比例在所有大国中史无前例，因此“稳定汇率”的影响总要非常顽强地表现出来。2005 年 7 月，中国宣布重新回到“有管理的浮动汇率”，但此时非常小步的人民币对美元升值不但不足以校正规模变得越来越大的宏观失衡，而且还带来刺激境外资本进入中国的新问题。就是说，老的双顺差压力未除，又增添了热钱入境的新压力。结果，“贸易顺差、外资直投以及应邀来华分享人民币渐进增值好处的热钱，三股潮流合并，使中国的货币流动性有如‘黄河之水天上来’”。[15]

货币形势累计性的转变，不能不在市场上反映出来。2004 年以后，我国城市居民经历了完全超历史经验的房地产价格的大幅度大涨。2006—2007 年以后的股市，上证指数从 1 000 点涨到 6 000 点以上，其中 2007 年一年的股市成交量即为上年的 5 倍。在小的投资品市场上，从古玩、字画、首饰、奢侈品到普洱茶，价格早就屡创新高——所有这些事件各有各的原因，不过最共通的道理还是货币多了。人们说 2007 年前的中国经济一直是“高增长、低通胀”，这当然有道理。因为通胀一般由 CPI 来定义，而 2000—2006 年中国平均的 CPI 不过 1.45%（其中最高的 2004 年为 3.9%）。但是，货币驱动的价格总水平上涨早就开始到处漫游，它只不过到了 2007 年 8 月以后才最后“闯进”中国 CPI 指数，让在人民币汇率问题上避重就轻的人士，不得不王顾左右而言他。

公众舆论是颇难琢磨的。1997 年国际社会特别是发达国家希望人民币不贬值，中国对此做出承诺并守信履行。舆论对此的反应是正面的，大家都为我们国家成为一个“负责任的大国”而感到自豪。但是2003年以后，随着中国国际贸易顺差总量增多，日本、美国和其他发达国家要求人民币升值，舆论的反应却是中国绝不能屈从国际压力而就范，甚至哪个中国人赞同了人民币升值，哪个就是屈从外来压力、对不起自己的祖国。反过来，西方人士中但凡主张人民币不升值的，就被看作是维护中国利益的君子。如此奇妙的反差，当然不是经济学可以解释的。等到2007年国内通胀开始起来，舆论又奇怪“为什么人民币对外升值，对内贬值”？解释这两个方向的运动源于同一种经济力量，倒是经济学家的责任。

但是，2003年以来占主导地位的经济思维还是只见物价结构而漠视物价总水平。于是，就有了诸如“结构性过热”、“结构性房地产泡沫”、“结构性股市泡沫”直到“结构性物价上涨”等一连串判断。要说明，经济生活中永远存在结构问题，转型中的中国经济，结构性问题当然更多。但是，漠视或回避了总量的直接结果，却不能充分利用汇率、利率等手段调控总量，却不得不更多地用行政命令、法令法规，甚至直接控制关键生产要素的供给数量（例如土地），由政府对某些产品、某些产业，甚至某个公司施加直接的干预。这实际上只能使“结构问题”变得更加层出不穷，甚至也在客观上摇动了人们沿着市场化改革方向解决具体经济问题的共识和决心。

这不是小事情，因为它涉及中国经济增长的根本。近年国内外不少人认为中国经济在国际市场上竞争力的增强，都是因为中国拥有巨量的“廉价劳动力”。从2004年开始，我不断撰文批评这个看法。[16]我反问，30年前中国无论城乡的劳动力更为“廉价”，为什么那时候不容易看到满世界的“中国制造”？我同意今天的中国经济是靠“成本优势”打到世界市场上去的，但在这个成本优势里面，最重要的是“经由改革开放显著降低了中国的制度成本”，改变了普通中国人、企业和地方的激励机制，从而使得原本只能关门受穷的廉价劳动力，转变成中国的竞争力，并通过学习曲线的提升，改善产品品质。概括地说，中国竞争力的提升是制度成本下降驱动的。我也注意到制度成本像任何成本曲线一样，降下来之后还会上升。所以，只有坚持改革开放和制度创新，才能持续保持中国经济增长的动力。从这点出发，因宏观失衡而增加微观上行政管制的长远代价，是损害中国经济增长的基础。

在所有反对人民币升值的意见中，张五常独树一帜。[17] 我理解他的分析是这样的：人民币不是对美元“升值”的问题，而是脱开与美元挂钩的问题。但是，在人民币汇率放开与美元挂钩之前，先要解决未来的人民币以什么为锚。在他看来，人民币钩住或盯住美元，是以美元为“名义锚”，现在人民币要与美元要脱钩，以后以何为锚就成为问题。要是与美元脱钩在先，又没有找好自己的锚，那人民币就有变成“无锚飞弹”的危险。张五常的建议是，人民币对一揽子商品挂钩，使人民币先有自己的名义锚，再脱开与美元的挂钩。他还认为，更可以考虑把人民币“放出去”，释放人民币作为国际强币的潜在优势。

这样来看，张五常屡次声明反对人民币升值，是汇率与货币制度层面的意见。但是，无论选哪一组商品为人民币之锚，按 2003 年以来的市场价格情况算，人民币都不能避免对美元的大幅度升值。问题是，为人民币定一个新锚，比在现行汇率制度下升值要困难得多，因而也更难以达成决策共识。在解决这个难题之前，能不能维系人民币挂钩或盯住美元的体制，取决于现实的约束条件。不幸的是，近年美元强势地位不再，坚持人民币挂钩美元不升值不但使美国的日子难过，首先是中国自己的货币形势就一天比一天严峻。至少到 2007 年中国通胀的重新抬头，客观上已不允许等人民币换锚后才与美元脱钩，而只能在现有汇率框架里加快人民币升值的步伐。至于把人民币放出去，也要等人民币汇率大体反映市场供求以后才行得通。现在满世界的钱都要进中国，你就是把人民币放出去，也挡不住它们还要跑回来。[18]

至少到2007年底，中国经济形势终于表明了问题的症结所在。此时中国外汇储备高达15 000亿美元（还不包括国家注资中投的2 000亿美元），年度贸易顺差达到2 800亿美元，外资进入中国约3 000亿美元。快速增加的中国外汇储备承受着美元资产贬损的巨大风险和社会福利损失，同时又快速恶化国内的通货形势。即使央行不断实施货币对冲，但“外汇占款”占更广义货币（M3）的比例还是从2003年的15%升到近30%。2007年前11个月，全国更广义货币同比上年增加了23.1%。[19]作为货币现象的通货膨胀终于顽强地露头，开始激活久违了的公众通胀预期，并反复表明它并不仅仅是个别成本推动的结果。

至此，问题依旧，但麻烦的规模已经翻了倍。最新的变化是，美元连年走软，加上次贷危机的影响，美国经济的增长速度放缓，使人民币不得不加快升值下的中国出口部门面临雪上加霜的调整痛苦。回头比较，如果2003年人民币一次升值10%，所付的代价应该比拖到今日为小。当然历史的棋局总是落子无悔的，为了避免未来更大的损害，今天中国应对日益加大的通胀压力，还是要到过多的货币和泛滥的流动性里面去寻求釜底抽薪之道。

让我们小结一下。CPI虽然是判定通货膨胀的基本指标，但对物价指数的结构性分析并不能帮助人们认识通胀的真正原因。通货膨胀之“货”，不是任何一种具体的商品，而是货币，即流通中的货币。当物价指数升高的时候，我们只能到超发的货币数量里去寻找原因和治本之策。当下中国较高位通胀的成因也是货币超发，不过与历史上多次出现的财政性动机不同，本轮货币过多的主要原因是汇率机制的歪曲。在通胀态势已经形成的条件下，物价管制不但不能抑制通胀，而且会因为无端增加制度成本而损害中国经济增长的基础。反通胀要走釜底抽薪的路线，就是校正汇率失衡、从紧控制货币总量。

注释

[1] 2007 年 12 月中国 CPI 为 6.5%（全年 CPI 达到 4.8%），2008 年 1 月为 7.1%，2 月为 8.7%。见中国国家统计局网站。

[2] 1980 年中国 CPI 为 7.5%（1978 年仅为 0.7%），1988 年为 18.8%，1993 年为 14.7%,（来年 1994 年更高达 24.1%），见《中国统计年鉴 2007》，表 9–1。

[3] 米尔顿 · 弗里德曼:《货币的祸害——货币史片断》，商务印书馆 2007 年中译本（安佳 译）。

[4] 见马克 · 史库森,《朋友还是对手——奥地利学派与芝加哥学派之争》，世纪出版集团和上海人民出版社中译本，第 3 章，第 5 章。

[5] 至于弗里德曼当年建议直接控制货币数量，而不是控制利率，这是 20 世纪 70 年代美国战后的一任央行行长所做的实践，但是那个实践的结果很不妙，使美国的利率涨到 21%，完全不可接受，所以从 70 年代以后，美联储历代的主席重新回到弗里德曼当年不赞成的调控利率，针对银行的利率、市场利率来进行公开市场 的操作，以此来调节货币量。

[6] 这些论点表明奥地利学派甚至比货币主义还要更加“脱离现实”。正如马克 · 史库森所说，除非公众和政治家充分信任自发的市场——这一点不是现实的——金本位外加自由银行制度带来的实际麻烦，一点不比货币主义那台中央计算机要少。从纯解释的角度看，金本位制在历史上的消亡也总有某种理由，比如贵金属突然大量流出，难道不也对一国经济造成过严重的损

害？我们或许可以说，正是金本位制内生的缺陷，才给民族国家的政治机器控制货币大权提供了机会。

[7] 他的理由是，现代商业组织在很大程度上依赖于信贷机构，“致使我们必须对货币制度和信用制度之间的互动作用施以某种深思熟虑的控制”。见《自由秩序原理》(下册)，第96页。

[8] 同上，第105页。

[9] 具体讲来就是，“金融机构必须把价格控制在众所周知的某个确定的限度之内，使之不至于逾越此一限度——甚至使之不能接近这样一种水平，否则金融机构就必须对其政策做出重大修正”(同上，第111页)。

[10] 关于通胀目标制的国际经验，见伯南克、劳巴克、米什金和波森：《通货膨胀目标制：国际经验》(东北财经大学出版社2006年版，孙刚、钱泳、王宇译自Ben S. Bernanke，Thomas Laubach，Frederic S. Mishin，and Adam S. Posen，*Inflation Targeting: Lessons from the International Experience.* Princeton University Press, 1999)。

[11]“通货膨胀是一种货币现象，就像向人开枪是一种射击现象一样”(亨利·沃里茨，Henry Wallich)，转引自R·布托(Roger Bootle)，《通货膨胀与通货紧缩》，西南财经大学出版社2004年版，第181页。

[12] 见北京大学中国经济研究中心课题组,《走出通货紧缩与人民币汇率：总论》,2003年9月；公开报道见“宏观经济政策是否需要转折性调整？”,《21世纪经济报道》，2003年10月29日。

[13] 见宋国青，“汇率是纲”,《财经》，2002年。

[14] 见余永定，“消除人民币升值恐惧症，实现向经济平衡发展的过渡”，《国际经济评论》，2003年9~10期，第5—11页。

[15] 见周其仁，“毫不含糊地反对通货膨胀”,《经济观察报》，2007年12月3日。

[16] 见周其仁，“解释中国经济成长”,《挑灯看剑》，北京大学出版社

2006版，第7—23页。

[17] 张五常从2003年5月23日起发表“汇率战略论”(系列共5篇文章)，到2007年11月又写下的“人民币的困境”(也是系列5篇)，其间关于人民币汇率问题的文章共50篇，全部可以在新浪网的“张五常博客”里读到。

[18] 不过，张五常教授关于中国要从制度层面选择新的货币本位的意见，还是有重要价值。即使他建议的一揽子商品本位面临技术和认知的困难，他对非人格化货币发行机制的探索，正如芝加哥货币主义和奥地利学派代表人物的追求一样，有长远的意义。

[19] 央行发出票据（“央票”）对冲过多的人民币基础货币，一是不能对冲干净，二是“央票”也不完全就不是货币，比如货币基金和保险业得到的“央票”，还是可以在市场上用。

“货币深化”与改革的风风雨雨①

原本不在市场里、不受价格机制支配的资源，一旦投入市场，由人们买进卖出，就产生了对货币的需求。讲过了，货币别无他用，无非是交易的帮手。交易规模扩大了，需要更多的货币是容易理解的。我们这辈人有一件事很幸运，就是目睹了中国经济从很少以货币运转，转变成要很多以货币运转的历程。至于今天中国的货币存量对年度产出之比差不多居地球之冠，那是以前想也没想到过的。

1978年我考到北京来念大学的时候，广义货币存量占GDP的比例不过32%。这就是说，那个时代的国民经济里，要货币发挥作用的地方非常少。人口的绝大多数，所谓“10亿人口，8亿农民”，生产出来农产品的大多数，在生产队范围内记个工分就直接分配了，那

① 本文刊于2010年9月20日的《经济观察报》。

是完全不需要货币的。“商品粮”部分，看似穿上了一件交易的外衣，实质还是国家统购统销，而政府为了国家工业化，又把统购价压得很低。1斤粮食1毛钱，1 000亿斤也不过100亿元人民币，哪里要多少货币为农业服务？工业都是国有的，生产资料靠计划调拨，消费资料在低工资、低物价、凭票凭证的架构里，是商品也消费不了多少钱。至于自然资源，任你地下埋的、河里流的、山上长的、天上飞的，皆在指令计划掌控之中，一切“非礼莫动”，有货币也无用。

放权改革最重要的就是重新界定了产权，特别是放出了交易权。农民的粮食、棉花可以按市价卖了，工厂的产品可以按市价卖了，劳动力也是商品了，人民可以自谋职业了，国有工程师可以周末指导乡镇企业赚点外快，艺人可以上街市卖艺养家糊口。当时《人民日报》刊发过一幅老汉卖粮大把数钱的照片，让人过目不忘。我自己读到过最传奇的故事，是刘晓庆“走穴”时每天演出后和她母亲一起点钞票点到半夜两三点——那时人民币的面值小，真的是要数钱数到手抽筋的。把这些微观图像加起来，1985年广义货币对GDP之比为54%，1990年为82%，1993年过100%，1997年达到124%。市场化改革让中国的货币深化势不可当。

20世纪90年代初我刚到美国加州大学洛杉矶分校念书时，在英文的《中国经济评论》上读到易纲的一篇论文。该文起首提出一个问题，为什么改革以来中国货币供给的增加，远远高于GNP增加值与物价指数增加值之和。根据这篇论文提供的数据，1978—1992年间，中国的现金（M0）和广义货币（M2）分别增长了20倍，但真实GNP只增加了2.3倍，而官方物价指数和自由市场价格指数也只分别增长了1.25倍和1.41倍。易纲的问题是：为什么流通中的货币量大大增加了？那无法被GNP增长与物价增长解释的“超额货币”（excess money），究竟因何而来，最后又跑到哪里去了？

易纲提出的问题对我有很大的启发力。整个 80 年代，中国改革开放如火如荼，但有一项困扰如影相随，那就是“货币超发”。货币少发当然不成，流通不足、打击生产。但是货币供给超过了经济运行的需要——即货币超发——也会带来物价上涨的压力。严重的货币超发，一定会带来严重的通胀。这是货币主义大师弗里德曼反复强调的，也被无数经验事实不断验证。1980 年和 1988 年弗里德曼两次访问中国，恰恰都是中国通胀指数高企的年代，所以弗里德曼的理论影响到中国人的经济思维，实在很有缘分。货币主义认为，法定货币时代最要加以防范的，是政府因短期的财政压力主动超发货币，带来通胀甚至恶性通胀，最后危害人民生活和经济增长。至于怎样才能做到货币供给可控，弗里德曼的主张是“准则高于权威”，也就是美联储干脆像计算机一样，恒定让货币供给略高于经济增长率三四个百分点，坚持执行，对任何经济、政治压力一概不予理睬。

美国那样的经济，究竟能不能以略高于经济增长率的速度供应货币，是另外一个问题。但是转型中的中国经济，从改革以来货币供给就一直大大高于经济增长。这就带出很多不同的解释，比如“物价指数低估”“强制储蓄”，还有什么“货币悬浮”等。易纲的论文提出了一个新的假说，即“货币化进程增加中国经济对货币的需求”，并用 1978—1992 年中国经济的数据予以严格验证。这里，“货币化”就是指国民经济从计划统制、自给自足向市场体系的转化，诸如农产品市场化的发展、乡镇企业的异军突起、民营企业的增长等，都带来新增的、“额外的”货币需求，从而使经济运行中的货币用量增加，也解释了“超额货币”的来龙去脉。

我认为这篇论文最重要的地方，是把制度变迁带到了宏观经济分析之中。很清楚，根据“货币化增加货币需求”假说，恰恰是制度变动带来了对货币需求的变化。具体到 20 世纪 80 年代和 90 年代初，中国能不能仅仅按照“比经济增长略高一些”的水平来控制货币供给呢？答案是不行的。因为那样就满足不了货币化进程对额外货币的需求，不但抑制经济增长，而且抑制市场化改革的推进。如果对农民、农村和非国有部门的制度变迁熟视无睹，照猫画虎地套用成熟市场经济的“货币准则”，那绝对是要坏事的。这不是说货币主义失灵，也不是说那时中国就不存在货币超发。要点是，脱离具体的制度约束条件，即使通行天下的货币主义原理也不能为转型中国自动提供制定正确货币政策的根据。

1995 年底我回国以后，看到中国经济的货币深化方兴未艾。经济逻辑很明白：随着一样样产品的商品化，生产出产品的经济资源就有了可预期的未来货币收入流。于是，资源就有了资本化的可能。农地资产、劳动力资产、建设用地资产、城市房屋资产纷纷登场，也正在这些资产不断流转的市场过程中，产生了更巨量的货币需求。想想一幅城市土地的图景吧，过去政府一道命令说划拨给谁就划拨给谁了，有批件足矣，哪里需要多少货币？城市土地可以批租之后，大规模的土地拍卖要“吃”掉多少货币啊！城镇的房改房也是这样，过去单位分房子抓阄排号，麻烦是麻烦，但那是不花钱的麻烦。房地产市场化之后，同样的房子在很多居民家庭之间转手，人们消费房子，房子就非消费货币不可。

所以，易纲那篇论文抓住的问题不但延续下来，而且越发引人注目。还是货币增加的幅度高于经济增长与物价指数之和，只不过“超额货币”的绝对量和相对量都变得数目更加巨大。更具特色的，是中国与多数发达国家走过的路径不同，在那些地方，货币存量占 GDP 之比超过了 90% 的高点就掉头向下。而中国的货币轨迹是继续攀升，直到广义货币存量占 GDP 之比超过 150%，甚至达到当下的 180%。我们也许需要新的验证，看看资产市场化是不是比产品市场化带动更高的货币需求。不过在得出结论之前，制度分析还可以引出另外一个方向的问题：如果货币深化的进程停滞或逆转，那么过多的货币存量将因此减少了“消费需求”，就转而压迫一般物价与资产价格，引发通胀与某些资产价格的狂涨。

货币无侥幸[①]

2011 年经济的一件大事，是物价指数又爬到一个较高的位置。这距离上一波物价高企，只不过两年时间。物价变动呈现出一个两头高、中间低的马鞍形：2007 年的 CPI 为 4.8%，2008 年为 5.9%，2009 年为 –0.7%，2010 年当在 3%~4%。2011 年会怎么样？[②] 国家发改委提出的目标是把 CPI 控制在 4%，不少行家认为真做到了是不小的成绩。

这还只是 CPI。大家应该同意，物价总水平不是只用 CPI 就可以度量的。要是把“要素和资产价格”都放进来——还要考虑种种价格管制的效果——那就不难看出，这些年来中国的物价总水平其实是在爬一个长坡，甚至连 2008 年那场“史上最严重的”全球金融危机，也至多不过是把中国的这个变化趋势打了一个折扣而已。

事情总有个原因吧？个人之见，直接成因是货币。直截了当地讲，只要货币供应量超过了经济增长的需要，物价总水平终究不可避免地要爬高。这是基于常识和经验就可以理解的逻辑，不需要扯上太复杂的理论。弗里德曼的那句名言（“任何通货膨胀都只不过是货币现象”）虽然被看作货币主义的箴言，但正如本人多次提到的那

① 本文刊于 2011 年 1 月 17 日的《经济观察报》。

② 2011 年全年的 CPI 为 5.4%。

样，中文语境里“通货膨胀”的本意就是流通中的货币膨胀。因此，不需要等到形形色色的物价此起彼落地爬升之后，再急急慌慌跑出来反通胀。管不住货币，物价之火上房是早晚的事。这方面没有侥幸的机会。

不妨结合个人的感受把这一波的经验再回放一下。话说 2008 年入秋时节，我到温州调查行业和企业，也见到 20 世纪 80 年代就结识的好几位老朋友。那次访问有两大收获。一是明白了温州民营企业由艰苦开辟国内市场转为大规模外向的逻辑。另一收获，就是对那年国庆长假前后惊心动魄的“价格跳水”，有了非常直观的感受——美国金融危机对出口导向的中国实体经济的冲击，说来就来了。

从温州出来，途经上海参加《中国企业家》召集的一场小型讨论，主题是改革开放 30 年。不过大家不免议论经济走势。会前看了一些言论，对危机的估计似乎越来越严重。最著名的一个论断，是说来年（2009 年）中国经济别说保八，就算是保零也够呛。自己刚刚看了温州的市场跳水，当然知道发达经济的危机对多年依赖出口的中国打击巨大。不过衡量再三，我还是把“中国经济衰退的概率等于零”这句话说出去了。根据何在？当时讲得多的，是 30 年中国的经验证明了的一个道理：危机逼出改革、改革推动增长。当时语焉不详，现在细细写下理由，这就是多年从人民币汇率机制里被动放出的天量货币！

不过，还是“保零艰难论”的影响大。是年年底，中国总理的“两拳战略”（“出拳快、出拳重”）出手。我请教一些地方行家怎样看，得到相当一致的判断是，认为多年以来中央政府调控的就是地方投资的冲动。现在好了，两年财政 4 万亿，中央占小头、地方占大头，真正高度一致，“上下同欲者胜”。读者也许记得，当时有报道说，各地上报的投资总额超过 20 多万亿。那还有什么问题？我的“衰退概率为零论”，看来大可安然无恙。

物价却不买账。2009 年 2 月以后，每月 CPI 都是负的。生产者物价指数（PPI），更是从年初开始就是负数。这里当然有向下“翘尾巴”的因素（上年同期物价指数偏高），但连月跌、跌、跌的价格走势，也着实吓人。于是，货币龙头开动。3 月初“两会”的信息，是 2009 年全年“增发信贷 5 万亿以上”。可是第一季度的数据出来，仅前 3 个月就增加了 4.5 万亿信贷，直逼 2008 年全年新增信贷 4.9 万亿的水平。也是在第一季度，广义货币（M2）同比增加了 25% 以上。

面目全非的货币环境，不需要继续检验“衰退概率为零论”了。2009 年 4 月 27 日，我发表了“还算‘适度宽松的货币政策’吗？”，质疑大手放松货币对未来中国经济的影响。该文提出一个问题：为什么财政政策可以“积极”，货币政策却只能“适度宽松”？答案是，只要守得住 1994 年人大法律定下来的“财政不得向人民银行透支”的铁则，即使财政政策再积极，也要受到国家税收能力和发债能力的实际限制。比较起来，货币变量要“软”很多。“倘若政府不自我设限，发货币‘积极无度’，政策为祸的危险就增加了。”该文认定，比 2007 年中国 GDP 的增长率（13%）还高出 12% 的货币供给增长率，无论如何也超出了“适度宽松”的范畴。“中国不是美国，没有那么多的‘毒资产’——像有的行家建议的那样——需要泡入高通胀的药液才有望解毒！（中国的）央行也学不成美联储，因为这里大手松出来的货币尚不能漫游世界，累积的货币压力主要还将作用于国内。”文章最后的建言是，“还是不要把 25% 以上的货币增长当作‘适度宽松的货币政策’吧。其实它已属非常宽松。即使必不可免，也不宜加冠‘适度’之名而放松应有的警觉”。

这些论点不合时宜。要知道，那时媒体头条的通栏大标题是“保增长对贷款规模没有限额”。那可是银行监管部门负责人的政策宣示。

电视台里有的专家意见就更有学术性了：中国是一个高储蓄率的国家，大量投放的信贷来自储蓄，所以不会引发通胀。如此氛围之中，2009年上半年信贷增加近6.7万亿，全年9.5万亿！与此相得益彰的舆论，则是“宁要通胀，不要通缩”的高论。老天爷，通货膨胀居然成为一个可选政策，似乎可以操纵自如，想多一点就多来那么一点。

掂量再三，还是说不通嘛。中国的高储蓄没错，不过其一，来自净出口的那部分储蓄，本来就是过量货币追不到商品服务的产物，强贷出去，必然压迫物价上涨。其二，除非实行“百分之百存款准备金”（奥地利经济学家有此主张），商业银行放贷的时候，是可以“创造货币”的。其三，我国利率市场化改革远未完成，信贷不受利率的灵敏调节，再加一个“保增长信贷不设限”，流动性泛滥就见怪不怪了。再看国际收支失衡带给国内的压力，即便是危机时期也未见减弱。2009年国家外汇储备新增4 531亿美元，每一块进入中国的外汇，对应都有几块钱的人民币出去了。

可是到了2009年底，还是有那么多人主张“宁要通胀”。无计可施，只好录以备考。反正年终论坛活跃，我就要求到《21世纪经济报道》组织的年会上发言。记录稿传过来、完成修订的那一天，恰好是2009年的最后一天。这篇讨论“为什么后危机时代来得这样快”的发言，肯定地认为，“中国的增长速度不是问题”，“问题是救市的代价”。这是因为，“放出去这么巨量的货币，譬如比GDP的增长还高出20%的广义货币，绝不会没有后果。大量投放的流动性将继续在整个市场里漫游，集结到不同的产业部门、不同的资产领域或者不同的商品上，由此带来相对价格较大的波动，最后或早或晚推高物价总水平。”

文中还回应了一个当时流行的观点，即“还看不见通胀，因为CPI不过刚刚转正而已”。我指出，物价总水平可不仅仅只是消费品之价，也包括生产资料和各种资产之价。按这个更准确的定义看问题，说“看不见通胀”怕就没有那么大的把握了。至于“宁要通胀，不要退缩”之类的高论，那是值得刻到石头上的，免得将来哪一天无人认领。

两个月后，中国CPI过2%；5个月后，CPI过3%；10个月后CPI破4%；11个月后破5%。至于“要素和资产价格”如房价和地价，不说它们也罢。倒是留在报纸和网络里的“宁要通胀论”，再也无人前来认领。此一时、彼一时，大家无暇他顾，正在严肃地与通胀做斗争哩。

教训是，从货币超发到物价全面上涨，有一个时间间隔，并需要随机的偶然因素来触发通胀和通胀预期。排除这些偶发因素，以健全的记忆把跨时间的现象联系起来观察和分析，我们就能得到经验里的教益：货币无侥幸。

银根与“土根”的纠结①

政府和国企具有较强的信贷能力，这是中国经济的一个现实。大家知道，商业银行（和其他金融机构）不断放出贷款，是“货币创造”的重要组成部分。这样看，要理解中国货币供求的全貌，少不了要探究政府和国企投资活动的货币后果。

今天无论是中央的条条还是地方的块块，无论是央企还是地方国企，要向商业银行借贷，首要的条件是有资本金。资本金越雄厚，可借贷的贷款规模就越大。这就是说，政府和国企的自有资本构成杠杆银行贷款的“支点”，是放大贷款和货币流量的条件。

① 本文刊于2011年3月7日的《经济观察报》。

粗看起来，这与普通人家没有什么两样。普通居民家庭买房买车，要是不能掏现金全额付款，也可以向商业银行借贷。车价 10 万，你先付 6 万，其余每月还本付息，这 6 万就是你借贷那 4 万的“支点”。房价 100 万，你首付 30 万，你等于凭 30 万就杠杆了银行的 70 万。有了信用的支点，贷款才能发生，至于杠杆的力度——资产负债比率——那是由商业银行在监管政策下由竞争形势决定的。我此前曾提到，我国政府和国企的资产负债率普遍比较高，因为在我们的银行体系眼里，政府和国企项目的风险比较低。

居民家庭借贷的支点，通常来自过往的储蓄。即便是家人亲友帮我们一起凑成的“首付”，一般也来自他们的储蓄。回到最微观的个人行为，月入 1 万元，开销 9 000 元，省下的那 1 000 元，积少成多，就构成借贷购车购房的自有资本。简单地说，个人和家庭的收入减去开支的盈余，是日后发生借贷的基础。

政府和国企贷款的支点，当然也有一部分来自收支的盈余。譬如 2010 年央企的年度利润高达 1 万亿人民币以上，除了 10% 上缴财政，其余部分据国资委负责人公开发表的谈话，大部分用于投资。央企的投资，按我们举过的电力案例，资产负债比可以很高，杠杆力度极大，不过就其支点而言，也可以来自其经营的盈余。

但是，政府和国企得以实现借贷的自有资本，除了他们的收支盈余，还有其他来源。其中最大的一块，就是舆论沸沸扬扬、社会高度关注的“土地财政”——政府通过出让国有土地以及征收农民集体的土地再向市场出让所形成的净收入。对此我先注明两点：第一，“土地财政”的收益范围不限于政府，也包括国企，因为国企利用的国有土地，不论是过去就占有的，还是新划拨或新购入的，也都进入土地资产增值的通道；第二，土地财政不全是地方性的，因为地方的土地出让收益要与中央分成，而在中央各部委——譬如铁道部——的自有资本项下，土地资产都占了不小的一席之地。

土地收益是政府自有的资产收益。政府拥有资产，就有收益，这没有什么特别的。各国政府多多少少都拥有资产，也多多少少都享有资产收益。至于政府资产在社会总资产中的地位，那是由历史、传统和法律架构决定的，反正政府资产的数量多、质量好、收益高就是了。我的看法，中国特别的地方不是政府拥有资产，甚至也不是政府拥有的资产比较多，而是在历史形成、尚未改革的现存法律框架里，政府可以在公益用途之外的广阔领域，动用征地权把农民集体的土地变成国有土地，再在已经相当发达的国有土地市场上，实现这部分土地资产的收益套现。

这套学问说来话长，怕要写完这个货币系列另找机会与感兴趣的读者细细切磋。这里提醒一句，当人们把问题冠之以“土地财政”的名目时，可能忽略了土地问题对宏观经济更为重大，也更为敏感的影响。可观察到的现象是，征地权的实施不但把一块非政府的资产变成政府和国企的资产，而且成为政府和国企大手借贷的支点，构造了颇具特色的中国货币创造一个必不可少的环节。

说起来，上述认识产生于2004年的一次调查研究。那年我刚把前一年到耶鲁法学院访问时开始的关于农地转让权的研究报告完成，中心也举办了个专题研讨会，同行鼓励我继续深入。恰在那个时候，“宏观过热”卷土重来，中央财经领导小组办公室的刘鹤要中心老师做点儿调研，提供一些分析。于是我和卢锋等几位同事同学去了昆山、宁波、常州、芜湖、蚌埠和长沙，东看西看，问来问去。回来后消化调查所得，同天天看宏观的宋国青讨论，最后形成一份研究报告，送刘鹤那里交卷。我自己感受最深的地方，是此次调查在常州看“铁本事件”，在当地第一看守所与已遭牢狱之灾的戴国芳长谈了4个小时。事后回顾，如果没有那次经历，我不会对所谓的宏观经济问题有今天这样的关心热度。

那次调研的主要收获就是认识到“土地财政”有更大的宏观影响。不记得我们那份报告发表过，今天时过境迁，不妨引几段 7 年前写下的文字以飨读者。“调查发现，在我国现行土地制度下，建设用地的供给是社会总投资形成的重要条件。一般而言，建设用地的增加直接增加了机构和个人的自有资本金，从而增加了投资的本金；然后，经过土地的评估和抵押，又扩大了这些机构和个人的信用，把更多的银行信贷动员为社会总投资。反过来，建设用地供给的减少同样对信用规模产生紧缩性影响。我们把这个经济流程称为‘供地融资’。”

描述之后，是我们的理解：“在中国现行土地制度下，政府供地却类似投放货币。第一，相对于可出售建设用地的巨大市值，政府征地的直接成本非常微小，实在与发行‘低成本、高面值’货币的原理非常相仿。第二，‘土币’本身具有财富储存的功能，在高通货膨胀预期下，‘土币’的财富存储功能甚至优于货币。第三，在供地融资的经济流程里，‘土币’可以抵押借贷，从而把银行存款动员为投资。”

接着点到了我国货币供给的特色。“在我国并行于货币发行权的，还有独具特色的政府供地权。虽然人们还不习惯将政府供地与发行货币并列考察，但是在实际经验方面，城市化加速推动的国民经济增长早就体现出‘土币’的作用和威力。我们观察到的基本格局如下：扩张经济时期，中央政府在实施积极的财政政策与松动银根的同时，实际上还大幅度松动了‘土根’——也就是显著扩大审批征地的规模，并对地方政府在竞争压力下增发‘土币’的倾向眼开眼闭；紧缩经济时期，中央政府在收紧银根的同时，还运用‘冻结批地’、‘集中土地审批权’等办法，实际紧缩全国供地总规模。”

这里的“土币”和“土根”，相对于货币和银根而言，意在引起对特定制度结构下货币运动的关注。不料“土根”一词倒流传开来，演变为今天还有人在用的“地根”。不过，在政策选择方面，我们当时并不赞成——今天还是不赞成——通过行政命令控制土地供应量来实现“宏观调控”。个中理由，也要另外再谈了。

政府主导投资的经济性质①

几乎所有关于中国经济的重要文告，都少不了“政府主导”这个词。走进现实经济，与此对应的现象更是比比皆是。早年改革一度高举的“政企分开”大旗，也许是敌不过普遍现实的缘故，色调日趋暗淡。相反，高歌“政府主导”的理论和政策基调大行其道。不少理论家论证，“政府竞争”不但是中国奇迹不可或缺的组成部分，还是中国模式的真正秘密所在。偏好夸张风格的，还说这是有史以来“人类最好的经济制度”。

也许他们是对的吧。我的一点保留态度，无非是顾及经济比赛的时间相当长远，因果联系复杂多样，特别是由非常抽象的原则组成的“体制”，究竟对长期经济绩效的贡献几何，多看看有益无害，不必急急忙忙马上说个明白。本文一如既往，限于讨论“政府主导”特色对货币运动和货币政策的影响。

为什么央行以存款准备金率作为货币调控的一件主打工具？答案是，这不但与汇率压住利率的开放形势有关，而且是政府主导投资与信贷行为的一个合乎逻辑的结果。关键的一点，是上文指出，“政府主导的货币创造直接依托于行政权力、行政命令和行政审批——都是数量型手段，所以中国的货币调控手段也必须以数量型为主才比较对

① 本文刊于 2011 年 3 月 7 日的《经济观察报》。

路。”这句话点到为止，读者有不明白的地方，我再阐释几句。

统计数据表明，直接的政府投资在全部社会投资中的比例早已大幅度降低。这是事实。不过进入财政预算的投资项目，只是全部政府投资中的小部分而已。在财政预算之外，有一片广阔天地。譬如各类国企投资，要不要算入“政府投资”范畴，各国的国情不同，算法也不同。中国一般不算，但从实际情况看，国企投资常常是“更自由的”政府投资，除了免受人大审议，行为逻辑与政府投资如出一辙。

以新任铁道部部长盛光祖最近谈及的高铁票价为例。盛部长说，高铁（京沪直达）的“票价，是企业根据铁路建设成本、运营成本来测算的，最终的票价，将按照价格法的程序，经过测算后报批”。听起来，盛部长这里用的是成本定价法，即“企业”——其实就是政企不分的铁道部自己——根据各项成本加以测算后得出，再经报批才能最后决定。成本低、票价就低；票价高，只因为成本高，铁道部并不赚乘客的钱，舆论和公众理应释怀。

问题是，成本又是怎样决定的？譬如高铁，建设成本到底由什么决定？说来话长，建议希望了解高铁故事来龙去脉的读者，不妨读一读财新网《新世纪》记者王和岩的长篇报道。主标题很吸引人——“节约 10 分钟　多付几十亿”。读下来，事实依据来自京津城际高铁。据报道，2004 年国家发改委审批这条城际轨道交通时，“设计区段旅客列车的速度：满足开行时速 200 公里及以下列车的要求”，为此批准项目概算 123.4 亿元人民币。但 2008 年建成通车后，发现概算总额超出了 92.1 亿元，平均每公里投资达 1.85 亿元。建设成本大幅度上升的主要原因，是该铁路的通行速度从“时速 200 公里及以下”，一下子提升到时速 350 公里。最妙不可言的是，什么时候改成 350 公里的，连铁路系统的专家也说“大家都不知道”！

于是，京津城际就从原来批准的“200 公里及以下”，一下子跨越到“时速350公里”。记者算了一笔账，“京津城际全长115公里，时速从200公里调整到350公里，实际运行时间差多少呢？不到10分钟”。我帮他复算，其实是通行京津全程快了15分钟，由此增加投资概算92亿元。无论谁算得对，“节约10分钟 多付几十亿元”的命题还是成立的。

时速大跃进，以成本定出来的京津城际的票价，当然“一下子就上去了”。目前二等车厢票价58元，我坐过两次，感觉舒适而快捷，从北京到天津仅27分钟而已，比从北大到北京南站的时间还要快。不过曲高和寡，票价终究约束需求量。报道说，京津城际在2008年8月正式开通后，第一年客流量达1 800万人次，低于预期的3 000多万人次，“而这个客流量也是在铁道部停开了京津既有线上所有动车组后才实现的”。各界广为诟病之余，还嫌票价贵的就只好另选他途，好在铁道部还不能把其他交通方式一律都给关了。

按国际铁路联盟的标准，经历多次提速达到时速200公里的中国铁路，本来就已经是高速铁路了。不过，这并不符合铁道部的要求。要探究的是，如果铁道部欲建世上最快的高铁并不令人意外，那么此种要大手花钱的雄心壮志，究竟如何通得过国家审批的呢？

玄机据说只有几个字。原来，十几年前围绕京沪铁路，铁道系统内外就爆发过持久的激烈论争，究竟靠“磁悬浮”还是靠“轮轨”，究竟高铁要高到多高的速度等级，到底是“急建”还是“缓建”，各派意见吵到2006年才见分晓——“时速380公里的高速轮轨”。这也许预示，要把京沪高铁的模式推到全国，即便不是断无可能，也将难上加难。不料，时任铁道部长刘志军只在《中长期铁路网规划》里写入“时速200公里以上的客运专线”，就轻而易举绕开所有关于高铁的争议，并于2004年通过国务院审批，成为国家铁路发展规划。

这里的奥秘在于，“客运专线”不等于高铁，而“200公里及以上”，到批下来还不是铁道部说了算？

再过 5 年，中国应对国际金融危机，4 万亿元计划外加天量信贷，中国高铁再次受益。在毫无不同声音的背景里，到 2020 年全国规划铁路营运里程从 10 万公里增加到 12 万公里，客运专线从 1.2 万公里增加到 1.6 万公里。2010 年 3 月铁道部宣布，在 2013 年前全国建成客运专线和城际铁路 1.3 万公里，中国将很快成为全球高铁营运里程最长的国家。

各位看客，上述每一个数目字，从时速 200 公里及以下到 350 公里，从 10 万公里到 12 万公里的全国跑铁路网，从京沪高铁到遍布全国四横四纵、总里程达 1.6 万公里的全球最大高铁网络，都实实在在地发生相应的“建设成本与营运成本”。根据成本定价的原则，由此也决定了未来中国铁路客运的票价水准。

叫人看不懂的地方，是一个人均所得目前排在全球 100 位的经济体，投下巨资修建全球最快的铁路网，经济根据究竟何在？是有不少专家预测中国在不远的将来经济总量成为全球老大，这也是有可能的。但是谁也没有预言，在可见的将来，中国的人均所得将成为全球老大。人均所得远非第一，铁路客运速度非要排名第一，这两件事情加得到一起吗？从普通人的角度想，出门赶路，快一点当然好，可是倘若早到几个钟头的代价，远高于省下的那个时间所能挣到的钱，你会无缘无故喜欢全球最高速度吗？应该无人希望，春节大批民工骑摩托车回家的悲壮画面，将成为未来全球最快高铁网下普通人交通模式的一个预演吧。

本文不厌其详地讨论高铁投资的故事，为的是借一个实例来帮助自己和读者，进一步理解政府主导投资的经济性质。无论如何，这类投资依据的不是市场的相对价格，不是猜测的未来需求，也不是预期的支付意愿和支付能力。更为要害的，是这类投资的决策与其最后的结果之间，没有可靠的责任关联。刘志军留下的教训是，当舆论和公众可以问责的时候，他本人早就负不了任何责任了。但是，如此机制下做出的投资决定，继续决定了未来客户付费的“成本”，也连带影响到未来的价格、需求量、替代消费的选择空间。

这就是中国宏观经济的部分微观基础。至少我们要想一想，这样形成的需求包括投融资和信贷需求，要怎样调控才可能见效呢？

货币制度重于货币政策[①]

汇率与货币系列评论，我一共写了 50 篇，主要是想弄清楚两件事情：其一，吵得沸沸扬扬的人民币汇率究竟是怎样形成的？其二，汇率机制怎样成为中国货币制度的一个组成部分。回头看，算一个特点吧：十数万字的汇率与货币评论几无一处讨论货币政策，出发点和落脚点都是开放时代我国的货币制度。

当然知道货币政策很热门。处在我们这个有人称之为“布雷顿森林体系 II”的时代，全世界流通的货币都是“法定不可兑现货币”，供应多少皆由各国货币当局说了算，货币政策想要不热门也难。君不见，又一波欧美债务—经济危机袭来之际，美联储主席的政策宣示俨然多了几分“一言而系天下安危”的味道。也不要怪人家拿腔拿调，美联储的货币政策动向，松松紧紧之间，的确对全球投资、贸易和增长有着十分巨大而敏感的影响。中国呢？总量全球第二，增量如宋国青说过的那样，早就天下第一。因此之故，中国货币政策是松是紧，关心者日众，影响力与日俱增。

但是个人之见，货币政策却没有多少可供探查的余地。从一面

① 本文刊于 2011 年 9 月 12 日的《经济观察报》。

看，货币政策是松是紧，变化的动力机制比较简单明了。无非就是价格驱动：物价涨得凶，货币偏紧；反之，物价总水平下去了，名义经济增长率也下去了，就要考虑刺激了。比起其他经济政策，譬如为什么允许民营开矿，然后又把人家赶出来；房产证加添配偶名字要不要缴税之类，货币政策变化的依据较为清晰，没有多少探查的必要。从另一面看，物价水平的变化究竟到了哪一个点位才引起货币政策的调整，又受货币当局得到的信息质量、处理信息的能力、对经验教训的感知，以及关键决策人的私人知识和个人直觉有关，常常深不可测——局外人就是执意于客观的探查，也难以入手。

笔者是杜润生门下的经济调查员出身，除了探查，对别的事情兴趣不大。既然货币政策说浅了无须探查、说深了又无从探查，那不妨把这个科目搁一搁吧。好在天无绝人之路，人民币汇率升值与否的争议显示了一个广阔的待探查领域：那么多中外名家吵来吵去的人民币兑美元的汇率，到底是怎样形成的呢？这就是本系列评论开篇题目的由来——“口水能定汇率吗”？该文从一个简单的常识出发，因为所谓的人民币对美元的汇率，不过就是1美元能换几元人民币，不过就是货币市场上的一个成交价。方方面面对这么一个价不满意，入市出价不就得了？为什么那么多君子动口不动手，“升值”“反升值”地大打口水仗，就是不到市场里去出一个价？我声明，这个问题看似冲着别人而去，“说到底是冲着自己来的”，因为未经认真的探查，我自己也并不了解，“在每个平常交易日的早上9点15分，由中国人民银行授权中国外汇交易中心公布的那个‘美元对人民币汇率的中间价’（2010年4月12日为1美元兑人民币6.825 9元），实际上到底是怎样形成的？”

探查的结果，人民币对美元的汇率是在中国的一个市场里形成的。该市场就是“中国外汇交易中心”，总部在上海外滩，其前身是汇率双轨制时代的“外汇调剂中心”。这是一个会员制的高级交易所，由具备外汇业务资格的银行和金融机构会员们，携带企业和个人结汇所得的外汇入场，彼此交易外汇与人民币的头寸。惊动世界的人民币汇率，就是在中国的这个银行间市场里每日每时交易的产物。

说市场这里也真是个市场，有供给、有需求、买卖各方竞价成交。不过这个市场也具中国特色。一个特色明显，由于人民币还不可自由兑换，所以人民币兑美元和其他外币的交易，仅此一家，在国际上别无分店。持美元者要购人民币，唯有到中国来，在纽约、伦敦、法兰克福和东京都不能如愿以偿。后来在香港倒是开了一个口子，不过香港也是中国的一个特别行政区。此特色，解释了为什么人民币汇率问题常常被高度国际政治化，压人民币升值的外国政要一个接一个。用本系列的直白方式发问，你们要人民币汇率大幅度升值，尽管拿美元买人民币就是了，何苦吵吵闹闹的？人家的回答也许是，在他们那里买不到人民币！我讲过的，真正的釜底抽薪之道，是全球哪里都可以买到人民币，管他升值派还是贬值派，一概请到市场里出价，免得在会议厅里施压。

还有一个特色更为重要。外汇交易中心由央行管理，而后者又入场交易，且是中国外汇市场里的最大买家。这就更值得探查：央行这么一个国家机关，一不抽税、二不做生意，哪来的购买力天天在外汇市场上大把购汇？调查的结论是它动用了基础货币（来源是货币发行加法定债）。“基础货币”从央行的门出来，入了售汇给央行的商业银行的账户，就成为所谓“高能货币”，因为商业银行把款项贷出去人家再存进来，可以“创造货币”。再加一条中国特色，条条块块的政府都可以征用农民的土地，押到银行来借贷，让中国的货币创造更上一层楼。

这么一个变化，量小了无伤大雅。可是中国的开放是一个大国在人均收入很低水平上的开放，很快就在国际竞争中发挥出惊人的比较优势。1990年中国的净出口不过510亿元人民币，占年度GDP的2.6%，可是到了2004年，中国净出口就超出1万亿元，占GDP的5.4%；到2008年，中国净出口2.4万亿元，占GDP近9%。反映到货币运动上，央行的资产负债表上增长最为迅猛的当数“外汇占款”——央行从商业银行那里购买外汇占用的基础货币。大家可以看央行网站公布的数据，2010年末我国外汇占款22万亿元，比8年前的2002年净增近20万亿元。“高能货币”更加势不可当，2010年末我国的广义货币（M2）存量72.3万亿元，比2002年末净增了53.8万亿元。

货币流程根本改变。原来央行发出货币，主通道是借款给商业银行，后者再把钱贷出来，市场上就有钱用了。次通道是借钱给财政，特别是在财政入不敷出的年份。可是1994年中国对建国之后历次高通胀的教训痛定思痛，由全国人大立法，禁止央行对财政透支，把上述那条货币小通道堵住了。大体是从2000年开始，央行借钱给商业银行的通道也开始大反转，变成商业银行大把借钱给央行！探查过了，央行天天、月月、年年向商业银行购汇用的基础货币，在资产负债关系上，是央行的负债。当央行购入的外汇越来越多的时候，商业银行就成为央行的净债主。

了不得的货币运动翻转。如果说有哪一个词汇最为传神，那么我以为就是“央行被动发钞”。第一次听到前央行副行长吴晓灵女士讲这个词时，就觉得准，并以为没有在第一线承受过巨大压力之辈，讲不出这么一个词来。“被动”者，由不得你也。究竟有多少外汇流进中国，究竟央行为购汇要担负多大的基础货币负债，再也不是央行“主动的货币政策”的结果。这也是央行承担动用基础货币维系汇率稳定职责的逻辑结果。人民币汇率水平一旦成为政策目标，进多少外汇就决定了央行“被动吐出”多少基础货币。

又管本币币值稳定，又管汇率稳定，央行能不能一身二任呢？探查的结论是，这要看年头。1997 年中国出现通缩，外加亚洲金融危机雪上加霜，内需不足。在那样的情况下，人民币在主动大幅度贬值之后并入市场之轨，与美元挂钩，对出口有大帮助，对稳定各方预期也大有帮助。但经过几年努力，特别是经历国企大刀阔斧的改革、中国正式加入世贸，以及刺激内需政策收到效果之后，2003 年中国已走出通缩，并面临内外需求过旺的新问题。这也是余永定、宋国青分别在 2003 年提出人民币主动大幅升值建议的背景。从货币角度看，就是别指望钩住美元就保得了人民币的币值稳定。中国是大国，不是香港那样一个小经济用货币局制度靠美元约束港币就可以的。大经济还是要有约束得住自己的货币制度，任由汇率机制充当事实上的发钞机制，美元不毛还好，美元毛了，人民币怎么维系自己币值的稳定呢？

可惜直到今天，中国还是没有过得了这道关。不错，2005 年 7 月以后人民币兑美元持续微幅升值，累积起来对缓减人民币超发的压力不无小补。否则，倘若还是 8.26 元人民币兑 1 美元，今天中国的日子要怎么过？但是，人民币微幅升值并没有解决货币机制和货币制度层面的问题。在短期效果上，这些年人民币微升究竟能不能抵得住美元累贬的程度，还有疑问。否则，满街的“输入型通胀”，究竟是从哪里跑进中国来的？至于持续微升带来全球人民币升值的稳定预期，更是大麻烦。当今世界，贸易是小头，资本流动是大头。汇率预期指挥千军万马流入中国，那摸着不热的“热钱”要怎样应付才好呢？

事实上，汇率机制仍然是今天中国货币制度的组成部分。央行还是每日每时被动吐出基础货币来购汇，同时又衡量通胀形势，决定把多少吐出去的货币再“对冲”回来。抛开细节不谈，央行的“对冲”工具无论是提升法定储备金率还是发行不同期限的央票，都是央行的负债。这里带出一个“深层次”的问题：央行负债在理论上是不是国家债务的组成部分，在实践中要不要纳入财政预算管理？这不是小问题，因为以国家信用为基础的货币制度，财政稳健永远是货币稳健的保障。

实际的情况是，汇率维稳作为政策目标持久实施，却没有财政预算覆盖该政策的成本。那就是经济学家喜欢问的，收益脱离了实际成本的约束，行为会怎样？讲过了，那会累积“炒豆归己，砸锅归人”的道德风险。思想舆论方面也一样，“坚决顶住人民币升值的压力”看起来英雄极了。问题是，靠口水和文章是顶不起人民币汇率的。真要顶，还要靠物质力量。最可靠的当然是真金白银。没有真金白银，法定信用货币也可以顶一阵。最后要转了一大圈才发现，所谓“顶住人民币升值压力”的，讲到底还是靠国内通胀顶下来的！后来连美国政客都拿这一条做他们国内的工作，不知道我们这里的英雄们情何以堪？

一番探查之后，问题提上了台面。既然挂钩美元的人民币汇率机制被动放出过量货币，甚至危及人民币本币的币值稳定，为什么就不能考虑改一改？“大刀阔斧改汇率”，就是这样提出来的。不过我的主张，还不是一早上就大幅提高人民币汇率的水平，而是考虑根本改革人民币汇率的形成机制。说简单也简单，因为要点就是中国货币当局目标过多，除了《人民银行法》规定的“维护人民币币值稳定，以此促进经济增长”，还要拿基础货币大手购汇，然后又要把多放出去的货币收回来。还是回归单一目标吧，就是守住本币币值，对得起天下持币人。汇率维稳，不妨从已有的流动性里找出路。横竖作为政策目标，一定要在预算里留有足够的实施政策的资源。具体来源，无非是预算拨付（委托央行也可）、专项发债（特别欢迎主张人民币绝不升值的中国公民和外国专家带头认购）、国企利润（似乎比上缴财政技高一筹）。其他来源还有，包括国家减持金融和一般国企的股份、社会管理收益（如道路拥挤收费之类）。反正原则就是一条，要在已经发出、已经创造出来的货币里打主意，筹措大手购汇，即维系人民币对美元的汇率稳定。读者或问：如果一切潜在可能都用尽，仍然筹不足购汇款项，那又怎么办？我也答了：那就让汇率升吧。因为那才是更完全意义上的“市场汇率”，至少与维护人民币币值稳定这一更为重要的目标，不再矛盾与冲突。

那也才有完整意义上的“货币政策”，因为货币当局的全部工作注意力，集中于维护货币币值的稳定。这件工作的意义重大，因为事关整个国民经济运转的交易费用。使命之艰巨不是因为技术方面有解决不了的困难。真正的难处，是如何以有效的资源约束无穷无尽的人类欲望。我不相信为货币选锚有那么复杂与神秘。货币史的教训说，困难的是如何防止一个经济迫于短期的压力，把好端端的或至少尚可用的货币之锚白白给废了。这方面，控制现代货币机器的国家欲望的管理，显然是难中之难、重中之重。还是那个命题，稳健的货币来自稳健的财政，而财政的稳健要靠制度保障。

最后讲几句全球货币格局。美元的地位是历史形成的，不会一天就终结。不过由一个国别货币同时充当全球储备和结算货币，却从第一天起就含有内在的麻烦。何况，一“币”独大下的国家欲望的管理，对西方选民政治来说是一个“不可能完成的任务”！反正屈指一算，尼克松总统宣布关闭美元按当年布雷顿森林体系承诺之价换黄金的窗口，已经过去了 40 年。美元没有因此而倒，堪称奇迹。但是美元地位开始动摇，却是不争的事实。最重要的是摇出了欧元，也是 20 世纪人类经济生活中的大事件。可惜欧元冲击还未见最后成功，它自己就开始摇了起来。问题是一样的：管不住国家欲望，不可能有可靠的财政，因此断然难有可靠的货币。

这就带来一个全球货币前途的大问号。在所有的不确定性当中，我看唯此为大。中国要怎样打算盘？人民币有没有机会？这是大家不能不关心的问题。个人之见，全球化非要全球货币的配合不可。大路径也许就是两条。其一是开会开出一个国际货币来，如凯恩斯当年在布雷顿森林建议过的那样。其二是若干个国别货币竞争全球货币的地位，在竞争中互相约束，防止国家欲望的管理失控。事情太大，中国应该在两方面都有所准备。积极参与 G20 的对话和谈判，积极参与国际货币新秩序的形成，这方面已经有好的开头（标志是人民币纳入国际特别提款权）。人民币国际化，则是第二手的开端。不过当务之急，还是要奠定确保人民币币值稳定的货币制度。真希望我的看法是过于保守了：本国人民还在用我称之为“民间金本位”的货币，走向国际不免任重而道远。

第五部分

改革驱动的经济增长

向内转型的困难 ①

外销订单骤减，逼迫不少出口企业转回来打国内市场的主意。这也是中国应对全球市场风云的一个重要方向。其实，没有哪家公司生下来就赌咒发誓，非出口生意不做的。我自己在珠三角、长三角看过不少企业，有从做内需起家、转向出口的，也有从外销开始、转为内销的。从这些公司的产品看，不少可以卖到国外的，国人买来也极为相宜。这样看，从过度依赖外向，转到“外向、向内并举”，应该顺理成章。

可是，万不可把向内的困难看轻了。几天前到温州，见到很多老朋友，交谈涉及企业经营向内的转变，以他们的经验和见识，一致认为此次转变不会很容易。让我把听来觉得有理的地方，写出来与读者分享一下吧。

先要交代的，是温州这个地方的企业，差不多都是从做内需市场起家的。纽扣、像章、眼镜、鞋饰、低压电器，这些当年赫赫有名的温州小商品，我想不出有哪样不是冲着国内消费者而生产的？那个地方没有什么资源，温州人的本事是做市场，十万经销员打天下，进而

① 本文刊于《财经》杂志总第 224 期，2008 年 11 月 10 日。

承包商业柜台，然后搞起发达的经销系统，终于带出闻名天下的制造业。离开了市场和经销能力，温州人的创业之梦——“白天当老板，晚上睡地板”——怕就圆不成了。

温州货逐渐走向更远的市场。不过，以1994年我在加州大学洛杉矶分校念书期间回国访问柳市镇的记忆，当时温州产品冲出国门的还并不多。此次我问几位当地朋友，温州经济大规模外向究竟起于什么时候？比较一致的回答是90年代晚期，也就是中国入世以后。这是有迹可循的：草创的公司在干中学，把产品越做越好，为国际市场的标准所接受。另外很重要的一点，就是1994年中国主动大幅贬低人民币兑美元的汇率，国内生产的成本优势得以发挥，与国际市场打成一片，“中国制造”更开放地拥抱全世界。

那一波大规模转型——由向内产业转到外向——容易吗？答案出乎意料，“非常容易”。为什么？识者如此教我：那时做国内生意很难，竞争激烈，杀价无情，还要跨地域管理庞大的营销网络，遇到景气波动，收货款都困难。这时外销订单来了，一是订货数目巨大；二是回款信用好；三是交易简便，签了合同，发传真就可以做生意。当然，国际订单压价较狠，可是走货量大，权衡利害，无数温州企业很容易就转为外向。

顺水行船，外向的温州创出了新辉煌。许多内销小商品的“大王”，很快在全球市场上占有一席之地。几年前一份行业报告说，行销欧美的温州打火机占了那里市场的三分之二！全球商路对温州开放，国际大订单接踵而来。产能、管理、技术、批量一起增长，也渐渐改变了温州的商业模式，从“做市场、带工厂”，转向了“接单工业”，温州商人倒是再也不用那么辛苦了，特别是不用为国内商路上层层叠叠的麻烦劳神了。

也有人看到了舒服中隐含的危险。“红蜻蜓”董事长钱金波就是其中一位。这位楠溪江边的农家子弟，认定自己这家鞋业民企的核心竞争力就是遍布全国城镇的 1 000 家自营门面店，外加 3 000 家加盟店。“离开了商道，越来越庞大的制造能力从哪里得到市场信息和感觉呢？” 5 年前，一家国际连锁巨头公司以超大订单要求“红蜻蜓”转为接单生产，钱金波就是在谈判中才清楚地分析了接单产业的利与弊。他看到行内那么多厂家亦步亦趋，干脆把心一横，不但谢绝了超大订单，而且把当时已占公司 30% 产出的贴牌生产也转为通过自己的渠道营销。2008 年回头看，整个鞋业销量下降 30%，“红蜻蜓”只下降 15%。“好歹我们还可以通过自己的销售网灵敏地知道市场动向。”接单模式就不同了，国际市场需求一旦减缩，订单不来，“就像突然拉掉电灯，屋子里马上漆黑一团，谁也找不到路。”

能不能再转型回来呢？无非重操旧业，再把营销商路建起来。此行知道温州不少公司正在转，衷心希望他们再转型成功。可是，钱总不乐观。“那次是从难转易，此次是由易转难，根本不可同日而语。”更严重的是，“那时老板们的平均年龄也就是 30 多岁，现在 40 多岁，打拼不动了。”无论同意不同意，钱金波的这些话，我要认真想一想。

我曾提过，包括汇率在内的相对价格如果失真，会给产业布局带来严重后果。现在我们或可补充：一旦人们对失真的价格信号做出了反应，他们的商业模式、斗志和激情，也会发生连带的偏差。即便这些变化并非不可逆转，向内转型的难度和持续时间也不容低估。这样看，其他方面调整政策的力度非加强不可。

不能仅靠政府拉动经济[①]

未来有很大的不确定性，我们常常不能完全看清楚。因此，需要

① 本文刊于《财经》杂志总第 230 期，2009 年 2 月 2 日。

从过去的经验中汲取力量。这一波经济大势的变动史无前例，但是，经济下行的挑战过去也遇到过。例如，1997年以后中国就提出过“保八”。过去的经验对今天特别有意义的地方，就是不能仅靠政府拉动经济。因为无论出手几万亿，对今天中国的经济规模都是不够的。当然，政府发债加上银行信用，可以推动基础设施建设。但是，无论修成了多少基础设施，最后上面要有车跑，才有持续的经济增长。

所以，还是要两手并举：一手是积极的财政政策，针对未来的增长瓶颈启动投资；另一手就是体制性政策，以改革激发经济活力，使修起来的路上很快就有车跑。中国还是转型经济，除了像发达国家那样的货币政策、财政政策，要更多地考虑体制性政策。

从这个角度来看，2009年的经济有这么几点值得考虑。

第一，还是要更充分地发挥相对价格配置资源的作用。经验表明，价格管制即使在高通货膨胀时期也是错误的，因为那仅仅管住了“温度计”，却并不能管住“温度”——那要靠控制货币供应量。

在任何情况下，价格管制总是扭曲经济行为。因此，政府已宣布终止临时价格干预措施是非常重要的。为了振兴产业，还要干脆利落地消除前几年“抑制过热”政策中所有价格管制和变相管制的措施。

更要看到，问题不单单是一般商品和服务的价格，像汇率、利率、资源价格有更重要的功能，要在这些领域让价格机制发挥更大的作用。灵活的相对价格反映供求，可以帮助产业界和企业发现机会、及时调整投资和经营的方向。否则，内需和外需都是很抽象的概念，离开了相对价格的指引，究竟什么是内需，什么是外需也讲不清楚。

第二，目前的政策措施里面，已经包含了减少部分增值税的内容。这是对的。但减税的力度远远不够。要是春季后景气低迷进一步加剧，不妨考虑更大幅度的减税措施。

要算清一笔账：究竟等企业垮了以后搞社会政策救助，还是先采取减税措施让能撑下去的企业尽可能撑下去？我认为，后一个办法更好，那就要把明显偏高的增值税砍下来一块，因为等更多企业撑不住，到春节后可能就比较麻烦。减税不光是增值税，企业所得税、个人消费所得税等，都要考虑大幅度地减。此外，进口税能免则免，否则，顺差绝对量还有增加，不是好事情。

第三，虽然总的讲现在信心不足、投资不足，但同样明显的是国内还有很多高利润行业开放不够。不是民间没有力量或没有兴趣，而是开放不够。应该把上一个“保八”时期开始的打破行政垄断的市场开放文章继续做下去。当时，因为中国要加入世贸组织，在电信、民航、电力这些大行业进行了某种程度的开放与改革，对经济增长的贡献很大。现在看来，这些领域以及医疗、教育、文化等领域的市场开放还有很大空间，有很多潜在的投资机会，问题是不准入，谁也没有办法。

有行政垄断因素的大国企的改革，首要的不是利润上交，不是降低高管薪水，而是开放市场准入。因为这些部门超高的利润和福利薪水等，根本上是市场开放不够之果。

前几年国务院有“非公经济 36 条”，规定非禁即入，但过去的宏观环境实际上没有提供认真执行那个文件的条件，应该利用这次低迷的机会，把行政垄断行业的市场开放文章做大，重新激发企业家精神。

第四，2004 年以来，由于汇率机制引导的出口过旺，调控政策的重点就集中于抑制国内产业的产能和投资。开始是三大过热行业，后来又是九大过热行业，再后来调控房地产，都是抑制性取向，而且扩大了行政审批和行政控制。

现在，必须加快反向操作，解开那些可以解开，也必须解开的体制性绳索，鼓励生产、鼓励创业、鼓励投资。比如说，现在要考虑，是不是还要沿用传统的征地制来为“4 万亿元”国家投资完成土地配套？那样势必派生农民财产受损、收入和购买力不足的问题。所以，有一个怎么给“4 万亿元”投资完成土地配套的问题，值得仔细研究。

中国的改革是逼出来的，这是过去 30 多年基本的经验。轻轻松松就高速增长、财政收了很多钱、企业账面光鲜、投资人大赚快钱的时候，喊改革也不容易有行动。当下的困难可能推进改革，新年的中国应该在危机改革方面取得实质性进展。

经济增长与企业成长[①]

2000 年以前，三位在麻省理工学院求学的中国同学，问了他们老师一个问题：与日本或欧洲相比，美国经济最显著的特点是什么？这位老师叫莱斯特·瑟罗，回答了一句话，“我们能够以比世界上任何人都快的速度创立公司并把它们变成大公司”。这位曾任斯隆商学院院长的经济学教授举证，“如果你看看美国 25 个最大的公司，其中有 8 个在 1960 年根本就不存在”——英特尔不存在！微软不存在！沃尔玛不存在！“但如果你看看今天欧洲最大的 25 个公司，它们在 1960 年早就是大公司了。”[②]听得出来，这位教授对美国经济的这个特点颇感自豪。

这就带出了本文的主题——成长。受到上述对话的启发，我们不妨思考经济成长与公司成长的关系。在经验上，似乎有四种不同的类型。第一种类型是，一个经济主要就是靠一家大公司支撑着。比如芬兰，当然那里也有不少好公司。但达到国际级的，可能就是诺基亚一

① 本文写于 2006 年 11 月 14 日。

② 见廖理、汪韧、陈璐著，《探求智慧之旅——哈佛、麻省理工著名经济学家访谈录》，北京大学出版社 2000 年 6 月版，第 53—70 页。

枝独秀。国内有的地区也有这种现象，方圆几百里就是一座高山，靠那一家公司支撑着当地的财政、税收、就业和繁荣。这种类型有某种脆弱性，就是一旦这个支柱性公司发生什么问题，整个经济就摇晃。

第二种类型是，日本和一些欧洲国家，靠一批百年老店支撑大局。1997 年亚洲金融危机以前，韩国经济差不多也是这个特征。谈起最大的好公司，多少年来就是这么几家。早先还是不断地推陈出新、后来居上，可是一旦形成一个顶端结构，多少年就超稳定。这同样符合瑟罗说的特征，最大的公司，20 年前就有了，少有大的变化。

第三种类型是，从经济看是高速增长，但从公司看则是前仆后继，一排排起来，又一排排倒下去。通过一批又一批公司的死亡，实现经济的高速增长。从一个角度看，这是很普遍的现象，因为就是在最发达的经济里，公司成活率也不一定比最落后经济里的婴儿成活率高。但是仔细比较，不同国家的差别还是很大。有的大浪淘沙，总还淘出金子来——出了一批好公司；另外一些地方呢，来回折腾，所剩无几。经济高速增长，但没有在公司组织方面留下家业。

最后一种类型就是令美国教授颇感自豪的那个类型，不断从小公司中成长出最大的、世界级的公司来。不是说老公司全都垮了，许多百年老店还在，比如 IBM、福特汽车、J. P. 摩根等，都还在，也还有实力和活力，但又不断冒出微软、沃尔玛这样在 25 年内就迅速成长为最大公司的新锐。就是中国老话讲的长江后浪推前浪——后浪推过了前浪，但是前浪并没有消失，前浪后浪一起组成了滚滚东流的大江。

不难理解，为什么最后一个类型才支持了最持久的经济增长，才从中长出了全球最大的经济。前两个类型，或者过于脆弱，或者结构僵硬。当然它们总比前仆后继型的好很多。经济增长没有落下组织成果的，可以一时间很热闹，可是代价太大，消耗太多，难以持久，最后不能支持持续的经济成长。

看中国经济，连续20年的高速经济增长，是不争的事实。问题是一个高速增长的经济，是不是一定意味着它的公司和公司群就能够自然而然地健康、持续、高速地成长？答案是不一定，因为在国家经济增长与公司成长之间，可能出现多种不同的组合。这样看，讨论中国经济高速增长背景下的"公司成长"，是一个重要的题目。

公司成长，环境条件当然重要，不可或缺。但我们也观察到，在同样的环境条件下，企业自身的状态有决定意义。这里，要集中谈一谈企业家精神。最主要的一个看法，就是在当前和今后保持和振奋旺盛的企业家精神，比以往任何时候更重要，但似乎也更加困难。

这里说的是"企业家精神"，而没有使用流行的"创新"——最早由熊彼特定义的作为企业家的最重要的特质。创新当然很不容易，可是创新究竟难在何处，人们并没有作很多探究。我的看法，难就难在绝大多数的创新——技术、产品、商务模式等——在市场上可能一钱不值！

是的，标新立异固然不易，可是比起能够满足人们需要的、受到市场欢迎的标新立异来，实在是小巫见大巫。说到底，脱离市场需要的"创新"，不但不是公司成长的源泉，而且常常是商业活动的灾难。这是所有创新性活动的共同困难——艺术创新最难的是打动人们的心灵，学术创新呢？贵在启迪人们的思想。要是只讲新颖和独到，不论是否满足他人的需要，不断搞怪的"创新"，又有何难？

在商业上，受市场欢迎的创新才是最难的。为什么？因为我们并不能轻而易举就知道什么是"市场需求"。不要以为消费者会把他们的需求清楚地说出来，在许多时候，甚至连消费者自己也不完全知道。举一个例子，川菜似乎谁都知道，但如果不是"俏江南"开发出带有文化格调的川菜，人们从何知道居然还有如此独到的对川菜的

“市场需求”？

这类故事是讲不完的。要点就是有人对人们尚未满足的需要很在意，在旺盛的企业家精神的支持下，判断、决策、尝试、行动。不是关起门来的创新，而是从满足市场需要出发，把创新作为满足市场需求的手段，组合各种资源，把产品和服务做出来，把市场做出来。所以，我还是习惯把“对潜在市场需求的敏感”作为企业家最重要的特质。伊斯雷尔·柯兹纳讲得好，脱离市场需求的“创新”，可能给商业带来灾难。

仅从这一点看，现在更需要激发企业家精神，因为发现潜在的市场需求比过去困难多了。到处都是所谓的“买方市场”，再不是计划经济时代那种普遍的短缺，找一个产品生产出来就可以卖钱。另外，全球化扩大了市场规模，同时也大大增加了竞争的激烈程度。一个人想到的商业点子全球有很多人都想，而且强手如云，很容易把商业点子变成产品。

从另外一面看，企业家精神的“供给”难度又发生了变化。回头看，贫穷似乎是一个超级强大的发动机，因为穷则思变，逼人奋进。中国一大批草根企业家，就是在穷得没办法的情况下，左闯右闯杀出一条路来。今天经济增长这么快，收入和享受比过去大大提升，反过来就是创业的成本迅速增加了。另外，过去我们国家还有一种造就企业家的特殊历史力量，那就是体制的错误和耽误，许多人多少年也没有干一番事业的机会。改革开放好不容易带来机会，就拼死也不放弃。我知道的柳传志，差不多40岁才有实现人生抱负的机会，就是货币报酬再低，工作难度再大，柳总那代人也要干。现在不容易了，找一条坚持做下去的理由，很难；找一百条放弃的理由，容易。

社会舆论也发生了很大的变化。多少年的官本位传统，企业家——商人——的社会地位本来就低。再加上长期乱批资本主义，企业家连头也抬不起来。只不过因为长期贫穷，“一部分人先富起来”才在一个时期内被舆论接受，先富者包括企业家也还受到一点尊敬。但是新的情况又出现了。有一些先富者的钱财来得不清不白，结果导致“疑富”，甚至“仇富”情绪的蔓延。这不能不降低对人们在市场上苦斗的精神奖励和鼓励。不止一次听人说，“何苦来着，现在又不是没饭吃”！

实际的经济环境变化也很快。2004 年我讲过“成本激升的挑战”，就是中国靠低成本在世界市场上竞争，但近年产业成本升得凶——人工、土地、能源、材料，以及政府服务之价全面上涨。怎么适应这个新的变化？我也讲过，与发达经济相比，中国还有很强的成本优势。但是全球都在开放，印度、俄罗斯、越南，追兵四起，谁也不会客气的。一片“中国世纪”的乐观浪潮里，新的挑战早就逼近了。市场上的挑战主要对着谁来的？当然对着企业家。从这方面看，难度也加大了。

最后，成长，特别是高速成长，本身就是极大的麻烦。我们来看“成长”这个词怎么用。一幢大楼从 9 层盖到 10 层，我们不叫“成长”，因为大楼没有生命。成长总是指有生命的主体，比如说孩子在成长，或者一棵树在成长。要感谢上苍——多少万年的进化，凡有生命主体的成长差不多都是自动实现各方面的配合和适应。比如孩子的个头和体重增加了，心脏、血管和神经系统也相应得到发育，否则就要出毛病。但是“企业成长”没有那么久远的进化。到今天不少人讲到企业，还是“做大做强”——完全都是物理概念，而不是生物的成长。可是在实践上，企业属于有生命的主体——销售和利润的增加，一定引起内外部一连串的变化。疯长身高，内脏器官或调控系统没有得到相应的发育，很危险。

小结一下。现在比过去更需要振奋旺盛的企业家精神，但也比过去更困难。于是问：英雄何在？很难的事情，才需要英雄的。在深圳调查的时候，很多年轻的企业家不断讲到任正非，讲到任总当年如何困难，而今天的华为让世人刮目相看。到浙江台州，很多年轻的企业家总讲当年的李书福。这说明一个地方、一个经济里只要出几位英雄，对后人就有极大的激励作用。最后，中国未来的经济增长与企业成长究竟是一个什么样的格局，讲多了没有用，做得出来才算数。

应对更激烈的全球竞争[①]

2006年快要过去了。在这快要过去的一年里，中国经济取得了相当好的成绩。大家一定看过中央经济工作会议的消息，我国的经济总量2006年将第一次过20万亿，GDP比2005年同期增长10.5%，居民消费物价指数保持在1.3%，农民纯收入增加6%，城市居民收入增加了11%，财政增收20%。当然不是没有任何问题，不过从整体看，从全球范围看，中国经济的表现实在好。

在经济的成绩当中，企业和企业家做出了重要的贡献。也是最近的数据，2006年全国规模以上工业企业的利润增长超过三成。这不是一件很容易的事情，因为大体从2004年以来，南方以致全国的劳动力成本开始上升，土地价格上涨，原料和能源的价格也上涨。这给企业经营带来不小的压力。但是实际情况说明，中国企业，其中包括各个类别的企业，整体上在消化成本上升压力方面做得相当好，生产率的进步超过了成本上升的幅度，所以利润增加了。

单是中国出口的大量增加，也是企业贡献的证明。这里面当然有汇率的因素，但是那么多符合国际市场标准的商品和服务，源源不

---

① 本文刊于2006年12月18日的《经济观察报》。

断地生产出来提供到全球市场上，本身就是非常了不起的。进口的减少，也有一部分是因为中国产业升级正在加快的结果，因为一部分原来非进口不可的设备工具，中国公司开始在本土制造，其中有的还开始出口。这些当然都是中国企业的贡献，其中很重要的，也是中国企业家对国民经济的贡献。成绩好，当然就有理由高兴，有理由自豪和骄傲。在这样一个年末岁初、回顾成就、论天下企业英雄的时刻，应该不需要我来宣讲谦虚使人进步、骄傲使人落后的道理。

那么讲什么好呢？想来想去，还是从一些经济学家同行对中国企业利润的不同看法谈起吧。最早是世界银行的中国专家发现，在中国的高储蓄中，有很大一块并不是来自居民家庭，而是来自企业。企业的储蓄则来自他们创造的利润——此项研究估计中国企业的投资回报率高达 15%。另一位经济学家、我的同事宋国青教授仔细分析了中国企业的数据，发现被认为过热的投资其实有一个微观基础，那就是投资受到了企业高利润率的刺激，至于由此引发的宏观平衡问题，是另外一件事情。批评的意见，主要来自具有丰富投资经验的单伟建教授，则认为中国企业的赢利能力被高估了，由此可能带来判断和政策方面的失误。这里牵扯到数据和学理，不是在这里展开讨论的合适话题。我只想告诉各位，即使按有分歧的估计中的下限值，也就是中国企业的投资回报率没有 15%，没有 12%，只有 9%，也是相当高的。

这里有什么问题值得企业家们注意呢？我认为是这样一点，就是较好的企业赢利表现，一定会对未来的市场竞争发生重要的影响。道理是这样的，所有已经创造并报告出来的利润，都是向市场上发出的引导资源配置进一步变化的信号。已经谢世的美国诺贝尔经济学奖得主米尔顿·弗里德曼讲过一句精彩的话，他的意思是任何公司获得较高的利润，等于给天下的英雄豪杰发出了邀请函。是的，中国经济已经融入了全球市场竞争。中国经济表现好，中国企业表现好、赢利高，一定无可避免地引起全球市场所有参与者们的后续反应。越南要反应，印度要反应，俄罗斯要反应，东欧国家，更不要说欧美日本也要反应。至于全世界形形色色的公司，包括成名的和尚未成名的，浮出台面的和潜在的，绝对不会无动于衷。这个世界是一个竞争的世界，任何地方和企业发出的赢利信号，都注定要招致注意并引发竞争性的反应。现在，中国经济和中国企业在邀请函已经发出去了，天下英雄终归要来的，更激烈的全球竞争和国内竞争无可避免。

这里有两种情况。一种情况就是市场比较开放的情况，哪里冒出了利润信号，资源、资本、技术、人才就向哪里流动和集中，结果使下一步的市场竞争变得更加激烈，直到把创新或领先的利润做“平”了为止。所有今天成功的公司，明天就是各家争相要超越、竞相要取而代之的目标。因此，成功者不得不在未来付出更大的努力、更大的代价。今天你走到了前头，明天你就非跑得很快才能站得住脚。用我熟悉的行话来说，所有今天的利润通通无可避免地要转化为明天的成本。不少人不明白，为什么市场逐利活动可以革命性地降低商品和服务的价格，从而给消费者带来巨大的福利。原因不是别的，就是在市场开放的条件下，一家公司一旦发出赢利的信号，市场上一定群雄并起，唯有在竞争中改善经营、节约成本者才能继续存活。

另外一种情况，企业发出了高额赢利的信号，别人也看到了，但由于市场准入有难以逾越的障碍，天下英雄豪杰就是收到了邀请函，也无法前来赴会。举一个例，中国移动今天上半年的利润高达 300 多亿人民币，全世界都看到了，但是看得动不得，因为并不容许哪一家公司冲到中国的移动通信市场里来参与竞争。不但外国公司不行、中国公司不行、中国一般的国有公司不行，甚至连中国国有的电信公司也不是随便就行的。在我看来，这当然是我国经济改革仍然有待解决的一个问题，因为事关中国经济竞争力的持续保持和加强，不过今天我们并不打算在这里谈这个问题。

要问的是，当市场开放存在着制度性障碍的时候，创造了高额利润的在位企业，是不是就可以完全避免更激烈的未来竞争的挑战？实际情况表明，事情可能不是这样的。比如国资委管理的超大型国有企业集团这几年赢利越来越来越多，关于国企必须上缴利润的议论也越来越多，拟议的方案和实行办法也越来越完善，并终于宣布要在2007年正式出台。这是什么呢？我的看法，这也是社会各方对超高额利润的一种反应，或者说，是一种非市场的反应和压力。类似的现象，还有行政垄断大公司的所谓“减薪风暴”。试问这些令人羡慕不已的超大公司，做得好好的为什么要减薪？因为有市场以外的压力，别人看他们赚得大把利润又不得其门而入，其他压力总是要来的。形式和内容当然有所不同，但过去的利润总要转化为未来的成本，这个道理是普遍适用的。

其实，非市场竞争压力还有许多其他表现。最近越来越热门的“企业的社会责任”，恐怕也是其中的一种。我们不妨先远远地看，为什么十多年前没有这类时尚？读弗里德曼的著作，我们知道至少20世纪60年代欧美就有人喊这个口号，但是10年前的中国，国企的第一位任务还是脱困，大多数民企的第一位任务还是谋求生存。在那种情况下，无论哪类公司，做得下去就是对社会、对国家和人民很大的贡献，没有人起劲地把西方“企业的社会责任”潮流引进来。可是，当中国经济持续走好，越来越多的中国企业持续有了较好表现，舆论就起了变化，有关“企业的社会责任”言论越来越多，标准也好像越来越高。这是不是对企业赢利水平提升的一种非市场性回应呢？我以为是的，而这股潮流也一定要提升企业和企业家未来的压力。

这就是说，该发生的总要发生。不过，的确也存在着一种可能的危险，就是含糊其词的口号和潮流把事情搞过了头，从而对中国经济的竞争力、对中国企业的竞争力造成某种不大不小的损害。具体来讲，我认为“企业的社会责任”作为一个口号，有内在的含糊性，主要就是把“社会责任是全社会所有成员的责任”这样一个命题，有意无意地改成似乎仅仅只是企业和企业家才需要担负的责任。这是错的。社会是由许多部分机构和人组成的，大家各有各的社会责任。政府有政府要担负的，也只有政府才能担负的社会责任，公务员有公务员的社会责任，法官、警察、商人、员工和农民，也都有各自要承担的社会责任。

以我从事的行当为例，在大学教书，不在政府工作，也不在公司工作，是不是就没有相应要承担的社会责任？应该也是有的吧。要是我天天到这样豪华排场的论坛里夸夸其谈，不认真备课、不认真教书、不认真对待学生，也不认真做研究，就不能算尽到了一个教师应尽的社会责任。要是一个学者，既不受事实的约束，也不受任何科学传统的约束，仅仅靠卖弄银样镴枪头来哗众取宠，或者不敢说出经过研究而发现的事实与真理，那是不是也没有承担应尽的社会责任？

所以谈社会责任，在概念上不可以偏概全。我的文化修养不容许我来界定什么是本次论坛提出的“中国式商业伦理”。不过系统地而不是孤立地看世界，可能是中国传统思维方式的一个比较好的地方。多次听柳传志讲，简单如一张桌子要安装四条桌腿，也不能单把某一条桌腿拧得很紧很紧，而要齐头并进，哪一条桌腿也不能落下，桌子才站得稳。社会经济问题要复杂得多，但道理是一样的。喊“社会责任”不能只拧企业和企业家这一条腿，不能造成一种舆论，似乎除了“企业的社会责任”，其他的机构和成员再也没有社会责任问题。

举一个例，北京市过去几年马路上的下水道井盖被盗 3 万多个，导致很多危及人身的恶性事件发生。这里有没有企业的社会责任？调查一下，有的，因为这些井盖最后反正都卖给了钢铁厂。钢铁厂为什么收购下水道井盖？你出钱收购，不就等于给盗井盖的提供了一个“出口”吗？问得有理。可是再调查，发现不少卖到钢铁厂的井盖已经被砸碎了。钢铁厂就是不收购，井盖也不能再用了。所以这样一个井盖的问题，单强调钢铁厂的社会责任虽然于事有补，但不能完全根治。要根治，还要强调城管的、警察的、废品回收站的、商业监管机构的，甚至全体当了见证人的过往行人，所有相关各方的社会责任，系统地来推进才行。

再举一例。毒米的报道我们都看到了，当然首先是制造毒米的商人和企业的责任，制假贩假、害人性命，无良经商到了犯法的地步。可是追查下去，一些毒米来自国有粮库，那里把“陈化粮”违规卖到了市场上。这里就有相关政府部门的责任了，一方面是作为国有机构的所有者的责任，还有一方面就是作为市场监管者的责任。所以，单强调一个环节的责任，不能有效解决问题。

在座各位没有人不同意，公司依法纳税是企业应当履行的社会责任。我当然也同意。可是还有一个税法和税负水平合理的问题。如果名义税率过高，征税又做不到普遍，有的税官再搞点名堂，那就有很大的问题。几年前就看到降低税率、简化税种、普遍征收的税改方略，不过看现实，这个改革纲领还远没有实现，在很多情况下，还是在对诚实和诚信“征税”。这样的问题，单讲“企业的社会责任”不行，还要考虑立法机构、税收机关和税官的社会责任，共同来承担，共同来推进，才能使中国的税制走向简明、透明、税负合理、普遍执行。

更加复杂的情况是，各部分应尽的社会责任之间，有一个互相关联和互相影响的问题。比如现在还很严重的商业贿赂、官商勾结，不言而喻是一个毒瘤，不但要毁掉各方当事人，而且可能毁掉整个社会的未来。这件事情上，如果所有中国企业家都能达到王石的水平，就是坚守经商绝不行贿的道德底线，那不但可以使企业健康成长，也可以救下很多官员的性命。问题是实在不容易，常常是商人行贿源于官员的索贿，官员索贿又源于看到别的商人行贿。闹来闹去，互相激发，因果相连，难分伯仲。反正，官员不履行社会责任，商人也不履行社会责任，最后的结果就是谁想履行社会责任都难。对付这样的联动，没有单一解决方案。

甚至企业家行善也有系统配套的问题。比尔·盖茨捐出了那么多钱，巴菲特把更多的钱捐给盖茨基金，给全世界功成名就的企业家带了一个好头。不过有一点不要忘掉了，个人把自己在企业的权益捐给了社会公益事业，在发达国家是免税的。而我们国家到今天为止，还没有普遍做到这一点。这里面当然有许多实际情况，绝不可照搬美国和其他发达国家。但是同样的，对中国企业家捐款的要求，也不能照搬美国或其他发达国家的就是了。

我的看法是，企业和企业家在履行他们应尽的社会责任时，还是要讲究一点顺序。就是先把最应该履行的责任履行到位，有余力再谈其他。如果一家公司的老板，连员工的工资都在拖欠、银行的贷款也不能按时还，却满世界捐款行善，那可实在不是什么好事情。这样的故事几年前我见过，银行怎么催，有的老板就是无动于衷，却到处大手散财，最后把银行惹急了，把行善不还贷者的名单在报上公布，才迫使这类“慈善家”老老实实面对债权人。

为什么把企业自己的事情办好非常重要呢？我知道的理论说，企业既不是一座大楼，也不简单就是一个具有法律地位的机构。企业是市场里的一组合约，包括公司与员工们的合约，与银行的合约，与股东的合约，与技术、土地、原材料、能源以及一切要素所有者的合约。企业通过这些市场合约来利用资源，生产出商品和服务，提供给消费者，也经过销售或服务的合约。所以，一个企业和它的企业家，最重要的，也是最基本的责任就是要履行合约。我早就讲过，天下企业家都是睁开了眼睛就欠着别人的。企业家绝不是有钱人，虽然他们拥有的个人钱财比我们很多人多很多，但所谓企业家，就是钱再多也比他想做的事业需要的少，也就是钱财永远不足够。企业家永远面对一个矛盾，想做的事情多，自己拥有的钱财又不够。怎么办？就是通过合约，通过承诺来用别人的资源、用社会的资源。别人的为什么给你用？就是有承诺。你举起一面招工旗，工人答应来打工，你其实已经就欠上了工人的钱，因为你承诺付工资，如果付不了，工人怎么过日子？

很多老板说，教授你讲起来容易，我拖欠工人工资是因为很多人不付我钱。有这个情况，特别是我们看到有的政府项目拖欠工程款，建筑公司就拖欠农民工工资，然后政府也就不好意思来监管拖欠民工工资问题。这一点上文讲过了，社会责任要系统推进。不过更深一层，世界上正是因为有这种麻烦才需要企业家。企业家的工作，就是兑现对工人、对银行、对土地、对股东、对消费者做出的各种承诺。麻烦在于，企业家做出的常常是确定性的承诺，比如到时发薪、到期还贷，但是市场的变化却不确定，你的商品服务能不能卖出去、能卖什么价钱，可不那么确定。企业家就是通过对付不确定性来履行确定性的承诺。当然很辛苦、很不容易就是了。做不了的，和我一起教书，领确定性的报酬算了。至于有的老板一面欠员工薪水，赖银行贷款，对股东搞什么“融资所得就是利润”，一面却花天酒地，甚至大手散财，那就不但应该遭受道德谴责，而且还要被追究恶意违约的法律责任。

所以，不要小看企业履行合约这样一件事情，不要认为这里面就没有社会责任的内容。企业的市场活动也包含了大量的社会责任。每个员工后面连着家庭，每家银行后面连着很多很多储户，一家公司不履行自己的合约责任，一定连累很多无辜。反过来，企业履约对整个社会有重要的正面影响，刚才马云讲了一句，“给客户带来价值”——听起来挺生意经的一句话，里面有没有社会责任的含义呢？三周前我刚巧到牡丹江一家林业公司调查，是家小公司，产品也简单，筷子牙签之类的木制品。但那位年轻的管理人谈话中间拿电话讲英文，原来是以色列商家来订货。我问他怎么找到老外客户的，他说通过阿里巴巴。虽是小公司，但也有200多名工人，守着东北的老林区，几十年砍光了木头只剩下了人。这个公司用俄罗斯进口木材生产木制品，卖到国际上。要是不好好做公司，工人就只有下岗等救济。从这一点看，阿里巴巴认真做它的商务，后面也包含了履行企业社会责任的重要内容。

当然企业家有能力做得更多，舆论一定要给予鼓励。不过这里面也要小心区分，究竟什么是企业的社会责任，什么是企业家个人的责任。除了百分之百的私人独资企业，“公司”多多少少是“公”的。盖茨、巴菲特捐出来的都是他们个人在公司里的权益，绝不是笼统地拿公司资源去行善。我们这里公司的类别很多，许多基本的财产界限到今天还远没有划清楚。刚才有批评说国企不愿意捐钱。在我听来倒好像是一种进步的表现。国企老总把个人所得捐出去是一回事，凭控制权把企业的钱财大把捐出去来博取个人的名声和社会地位，是另外一件事。这说明，谈责任包括社会责任，总是一个与权利相对应的概念，以清楚准确为上。

小结一下。中国经济整体表现好，中国企业整体表现好，将无可避免地引发未来更激烈的竞争。中国的邀请函已经发出去了，中国公司的邀请函也已经发出去了。我们不能指望，这个竞争的世界会对此不做反应。可以指望的，是取得举世瞩目成就的中国企业和企业家，更加清醒、更加理性地判断局势，面对未来更激烈的全球竞争，争取更好的成绩。

三种私人资本和中国经济[①]

似乎在不经意之间，私人资本已经成为国民经济的重要组成部分。我的观察是，现实中有三种私人资本，它们形态各异，需要解决的问题也不一样。三种私人资本的动向如何，影响当前投资需求，更影响中国经济的长远发展。为了理解的便利，我先说明，本文在费雪和张五常的意义上把“资产”定义为任何可能带来收益的资源，而资产的市场价值，则为资本。至于“私人资本”，那就是由个人拥有的、能够为其带来未来收益的资产市值。

私人企业中的私人资本

第一种私人资本，是私人企业中的私人资本。这是 20 世纪 50 年代中期之后直到改革开放前完全不可以在中国合法存在的资本。改革以来，“私人经济、私人企业、私人资本”的合法性在实践中逐步重新确立，直到 1999 年新修改的宪法承认私人资本构成国民经济的一个重要组成部分。国家相继公布的《合伙企业法》和《独资企业法》，大体为 20 世纪 80 年代以来在“个体户”“私营企业”等名目下存在的私人资本，提供了一个法律框架。回想 80 年代早期“陈志雄雇工包鱼塘”和“安徽傻子瓜子”的故事，私企的合法性在中国早已不可同日而语。目前全国私人企业的总数当在 1 000 万家，从业人员在几千万上下，每年总产出约两万亿，固定投资大约占全社会总投资的四分之一。很清楚，要不是中国弃置那些过时的教条，改变体制政策并修订法律，私人企业断然不可能在中国发展成这么个规模。

一般而言，私企中私人资本的产权已经得到了清楚的合法界定。

① 本文写于 2000 年。

但是，把产权界定得一清二楚，无非是为了便于市场交易。要是交易受到非经济因素的阻碍，再清楚界定的“产权”价值也会打折扣。当前私人企业中的私人资本首当其冲需要解决的问题，就是市场禁入，也就是从事市场交易活动的限制。

有一个管制条目，叫作“产业禁入”。各类政府管制机关，手中多有成文或不成文的关于禁止私企禁入（或限制）的行业目录。根据为何？据说凡国家“战略性产业”，私人资本进入就不宜。但是现实的市场活动中，人们只见一个个具体的产品或具体的服务，哪里见过什么“产业”？举个例子，卫星制造属于“国家战略性行业”应该没有疑问。但是，温州柳市镇私人企业产生的合格低压电器装上了国防卫星，到底有何“不宜”？更一般而论，谁人真正见过什么“产业”？当下时兴的“跳舞机”，你说它算个什么“产业”？家电业，还是运动器械业？其实，对于市场来讲，跳舞机属于什么产业根本无关紧要，要紧的是它能不能满足某种需求、质量如何、价格是否可以接受，以及相应的商业服务如何。人为划定产业顶多为分类研究提供某种便利，但是我们可要晓得，当非驴非马的骡子同时挑战“马”和“驴”的分类时，真正要改进的是那原先笨拙的分类，而不是骡子的存在。

问题是，一旦勉为其难的“产业分类”构成政府管制的内容，与什么审批权挂钩，超越“分类问题”的既得权力和既得利益就形成了。这时候，要是没有主管骡子的部门和审批骡子的条例，骡子就不能合法地存活，除非它有办法把自己化装成马或者驴。要是有人再来一通“产业高论”，认为马比驴更加“战略”，私人企业为驴尚可，但不得成马，那么对不起，凡是还想活出个马样来的真驴和已经化装成驴的骡子们，只好赶快研究化装成马的技术，并为此追加化装成本。我不是说笑话，神乎其神的“产业政策”加“所有制压制和歧视”，主要功效无非就是增加经济活动中的“化装成本”。

当前经济问题的症结就在“战略性行业”。多数人已经认可，非战略性行业可以允许私人资本进入。但是战略性行业，比如金融、电信、航空、媒体、出版、进出口贸易等，至多只可以组织国有企业之间的竞争，而不准私人企业插足。我的看法，如果我们不是用“产业”这样大而无当的概念来讨论问题，向私人企业开放的空间还是大得很。比如金融，如果说由私人开办全国性商业银行不可想象，那么地方性、社区性的私人银行也断然不可一试吗？以资产抵押批量购买国有商业银行的贷款来从事转贷业务，可不可以呢？比如电信，全方位的基础电信业务不对私人企业开放，某些环节譬如线路分销可不可以开放？电信增值业务可不可以突破1993年规定的只对国有和集体企业开放的限制，按照市场竞争优者胜出的规则，让私人企业也有一个正式的、无须“化装”就可得的机会呢？总之，对私人企业的合法权益的保障，可以考虑开放更大的市场空间，扩大市场准入。这样才能进一步激发企业家精神，刺激私人投资，并进一步消除“战略性产业”国有行政垄断的弊端。同时，增强的市场竞争也可以加大私人企业优胜劣汰的力度，提高私人企业的整体素质。

与公有资源缔约的私人资本

第二种私人资本，是清楚地属于个人的财务资本或人力资本，通过一个市场性的合约，与国有或集体资本结合成一个企业。这类私人资本形态很多，绝大多数上市公司、股份制公司、承包制公有公司（包括农村集体土地的农户承包制）以及各式各样改制的公有公司，都包含着这类通过市场性合约联系着的私人资本。媒体最近报道的江铃汽车公司，其营销业务通过长期合约全部由私人经销商经营，也可以看作是私人资本通过合约进入“公有企业”的一种形式。事实上，私人资本作为要素进入国有或集体企业之后，纯粹的“公有企业”已经变成基于市场合约的“混合制公司”。因此，我们也可以将第二类私人资本称为“在混合企业中的私人资本”。

这方面，联想集团的“国有民营”是一个重要的创造。“国有”，说的是15年前中国科学院计算所投了20万元钱，当时不讲股权、债权，无非钱拿去用，过两年你有了，再给所里做贡献。“民营”，说的是以柳传志为首的创业人负责经营，国家（科学院）基本不加干涉。现在联想集团净资产几十亿，“国有民营”体制功不可没。但是，科学院和联想没有满足于企业家人力资本与国有资源在事实上达成的合作，而是审时度势，分步通过规范的利润分成合约，并在利润分成基础上进一步界定国家（科学院）、企业创始人、经理层和员工对联想集团拥有的股权。至此，“国有民营”已经发展成为“国有民有合股”的新体制，表明私人要素与公有资产之间的合约，可以随着经济转型而不断从初级和简单的合约升级为更高级和更复杂的合约。

另外一个私人与国有资本通过市场合约连接起来的例子，就是中国网通。读者一定知道，那是一家由中国科学院、中国广电网络总公司、铁道部和上海市四家国有股东组成的、旨在发展中国新一代宽带高速互联网的“国家级战略公司”。但是中国网通的首席执行官，却不是国有机构行政性委派的官员，而是由董事会聘来的原亚信（一家在美国创办的高科技公司）总裁田朔宁。亚信已经在纳斯达克上市（总算替中国内地在亚洲上市的108家网络公司争得唯一的一席之地），而田朔宁本人是亚信最大的个人股东。用流行语言描述，田朔宁不但是“知本家”，而且还是“资本家”。国家公司聘用一位知本家兼资本家任老总，过去不能想，现在也不多，但是毕竟中国算是有了。私人资本可以与公有资源通过市场性合约结合起来了。

与公有资源混成一体的私人资本，凭借合约界定权利。因此，凡是影响合约有效性的因素，都会影响这类私人资本的产权有效性。我们知道，中央计划经济公有制的一个传统就是不承认个人的缔约权。中国的改革大体从承包制开始，使个人逐渐有了缔约地位，从个人承包公有企业，到个人投资股份公司和上市公司。现在，首先的一个问题，就是个人缔约权还是不够普遍。举个我在讨论电信改革的文章里提过的例子，中国电信（香港）在海外上市，固然使境外的私人投资人获得一个与中国国有电信资产缔结股权合约的机会。但是，境内中国公民至今还没有这项投资权利。众所周知，垄断性的电信公司利润的一部分来自其垄断地位，也就是买方不得不付出的高价所产生的“利润”（其实是“垄断租金”）。为什么境内的我国公民，只有付高价电话服务的“权利”而不能投资分享垄断租金呢？类似的事情，还有一些。比如国有垄断性资源到境外上市，使得持人民币的国人就是有意也无缘投它一把。有趣的是，这样的事情倒无人去问一声“正中谁的下怀”，可见某些先生是从来不把中国公民的个人财产权利包括在他们的“爱国主义”概念之内的。

其次的一个问题，是公有资源本身缺乏市场交易性，结果就阻碍了本来还可以更大规模与之订约的私人资本的进入。国内上市公司不流通的国有股、法人股平均达到70%，等于宣布这些公司的控制权不买卖。如此架构，市场收购企业的功能基本缺位，私人投资人虽然还是可以“用脚投票”，但却无法对公司管理层产生根本性的影响。再次，就是“国有资产流失”方面的“有罪推断”。无论什么企业，一旦要到境内境外上市，统统要到国有资产管理部门办“有关手续”。我曾经好奇，为什么不是国有公司的事情也要劳国有资产管理部门经手。答案是：任何公司必须先被认定没有国有资产；如果被认定有国有资产，那么就要证明没有发生国有资产的流失。

这个逻辑实在荒唐。本来管理国有资产是政府有关部门的职责，国有资产在哪里投资并享有权益，应该清清爽爽。怎么可以国有资产究竟在哪里拥有权益都搞不清楚，反而一屁股坐在交通要道，要每个过往人员证明怎么就没有占了国有资产的便宜？如此“有罪推断”，产生四个结果：（1）普遍增加证明无罪的成本；（2）增加另一类化装成本；（3）增加腐败动力和机会；（4）大大减少私人资本与公有资源结合的意愿，因为凡事“粘上”了国有就麻烦无比。

公有资源缺乏市场交易性的另外一个根源，是定价难题。回到本文使用的资产定义，资产价值是面向未来、由资源未来的赢利潜能来确定的。但是，面向未来的事情总是多多少少包含一点奈特讲过的“不确定性”。因此，资产定价有很大的“主观性”。因为“慧眼识英雄”，因为“情人眼里出西施”，不同的投资主体对未来不确定性的认知程度差别很大。资产在市场中定价，就是在交换不同主体关于未来认知的信息流中定价。可是，这套游戏规则，由行政机构管理的国有资产经济模式就“玩”不转，因为主观定价的要害是由“主”来定价。行政官员或准官员（国有企业经理）来代理国家资产定价，怎么识别是“投资的远见”还是徇私、疏忽甚至腐败呢？于是，只好根据“客观”标准定价，那就是看着“资产”的过去来定价。过去的事情当然很客观，比如投入多少，折旧多少，账面净资产还剩多少。但是，在资产定价这件事情上，过去的客观记录和资源的未来赢利潜能之间，往往没有什么重要的关系。就是说，即便按照客观标准定价，资产交易的要价也同样可能远离其真正的价值。

国有资产的定价悖论导致成交困难。按照赢利潜能估计的、可以为私人资本接受的国资价格，要是低于国资账面净资产值，就是“国有资产流失”，不可以合法成交；反过来，等于或高于账面值的国资，其市场赢利潜能又不为私人投资主体看好。能够成交的，仅限于高于账面值且还具有市场赢利潜能的国资。那可是真正的“黄金资产”。问题是，这样的黄金资产，不是已经成交了，就是还没有开放。我的看法，国资定价悖论对于政府被过度拖累在国企解困问题上，要负很大的责任。但是，国资管理方面的一个有罪推断，一个定价悖论，是不是也表明，动员更多的私人财务资本和人力资本与国有资源订约，在我国还有很大的余地，值得继续改革，继续努力。

公有企业里的私人资本

第三种私人资本最不成形，但又几乎无处不在。这就是在所有公有企业中，尚未得到清楚的产权界定，尚未有合法缔约权的人力资本。按照我的理解，人力资本天然属于个人。像人拥有的体力，掌握的知识、技能，以及努力、负责、创新、冒风险、对潜在市场机会的敏感等，总是附着在个人身上，并且只归本人调用。问题是，事实上属于个人的人力资本，并不一定被法律承认并受到法律保护。于是，实际上控制着人力资本的个人，可能因为法律不保护他的人力资本产权，而不将事实上只受其控制的人力资源充分贡献出来。

传统的国有企业搞不好，根本问题是没有把“国有企业”也看作科斯所讲的“一组市场合约”，其中固然有属于国家的资源，比如财务资本，但也有不属于国家而属于私人的资源，比如经理和员工的人力资本。即便国家拥有企业全部的财务资本，也要与属于私人的人力资本订约，通过市场性的合同，承认并保护个人人力资本的产权，承认其价值。否则，国有财务资本怎么能够保值增值？现在讲国有企业要利用劳动力市场（包括经理市场），而不能靠行政机制配置资源，大家都接受。其实，所谓劳动力市场，就是承认工人、技术专家和经理的人力资本产权，并且用法律保护其交易的制度安排。

所以，第三种私人资本，早就存在于所有公有企业之中，只是尚未在市场化改革过程中转化为法律上的私人产权。因为尚未完成转化，所以争取向市场原则转化的有之（表现在各地改革公有制企业的大量经验中)，利用事实上对公有资源的控制权，加速“捣糨糊”的有之，“做和尚撞钟”混过大好时光的也有之。

私人资本的起源

这最后一种私人资本，竟然是我国所有形态私人资本的起源。历史上看，到 20 世纪 70 年代中期，中国的一切资源差不多都归了“公”。怎么 20 年后，平地就冒出一个私人企业部门，又冒出更大的一个私人资本与公有资源合约在一起的混合经济呢？我的理解，除了外来户，中国本土的私人资本统统来源于天然属于私人的人力资本。比如在人民公社体制下，当然不承认“劳动的努力”属于农民个人。结果，事实上控制着“努力”资源的农民就在人民公社的公田里偷懒。农民偷懒的结果是饥饿和食物匮乏。于是，明里暗里的包产到户从 1957 年起就没有完全断过。最后，还是农民拥有的人力资本产权与人民公社的公田达成了一个被普遍接受的承包合约。

城里的事情复杂一点，主要是工商业企业的资产比土地更容易贬值，对规模经济效果更敏感，因此必须承认企业家。但是，基本的逻辑在城里和乡下都是一致的：不承认私人的人力资本产权，公有经济中的人力资本就怠工；当社会政治经济结构无法承受普遍的怠工时，事实上的私人人力资本就在一个个初级的自发合约中获得承认，并扩大市场性合同的缔约权；最后，私人可以通过与公有经济的合约合法地赚钱和储蓄，可以将私人资本再投资于私人企业而形成第一种私人资本，也可以继续与公有资源订约而再形成第二种私人资本。

当然，由于没有原发性的产权和契约，公有经济的产权变革，必定伴随着污泥浊水。相当一部分公有资源的实际控制者，在转型中攫取了远远高于他们“应得份额”的钱财，并且形成了与行政权力结盟的另一类“私人资本”。这类伴随着公共权力被滥用而成型的“私人

（官僚）资本”，构成了对转型时期社会秩序的严重威胁。汪丁丁阐释过，作为一种权利（right），产权首先必须正确（right）。中国的教训是，仅仅有经济改革包括产权改革，并不能解决关于“正确”的社会可接受的一致标准。全面解决产权问题需要在更全面的行政和政治改革方面下功夫。

科斯定理与国资转让①

科斯在1959年写过一句斩钉截铁的话：清楚界定的产权是市场交易的前提。这是张五常版的“科斯定理”（与施蒂格勒最早命名的不一样）。近来要对关心过的几个题材做一个“理论小结”，思前想后，非把“科斯定理”请出来不可。

“产权清晰”的试金石

科斯思想的影响，超出了学术的象牙塔。我们中国人可以见证的，是“产权清晰”或“产权明晰”这样的词汇，不但在改革文件里登堂入室，而且成为改革实践的口号。追根溯源，“产权清晰”来自科斯定理，虽然高举这一口号的人不一定知道科斯先生是何方神圣。

“产权清晰”讲多了，就出来一个问题：究竟何为“产权清晰”？比如国有资产，不少人说“产权不清晰”，但批驳者说，国有资产就是国家的资产，清清楚楚，谁说不清晰？于是问题来了：说产权清晰还是不清晰，从哪里看？拿什么做标准？

我以为科斯定理的一个重要用途，就是点明“产权是否清晰，在转让中看得最清楚”。解释这一点的道理很多，我取比较直白的逻辑

① 本文写于2002年3月。

下笔：（1）任何转让——产权易主——要考虑代价；（2）任何估价免不了“主观因素”；（3）“主观”的关键是一个“主”字；（4）怎样界定“主”，转让就怎样进行。一句话，转让最容易“暴露”产权界定的实际状况。

国资转让的困难所在

让我们拿国有资产试做分析吧。是的，我们很容易说某家工厂是国有企业，也很容易说某家银行是国有银行。查查书本，国有资产的定义是“政府管理的全民财产”，也没有什么不清楚的地方。只要政府派员使用、占有和管理国有资产，承担经营损益，国资的产权是清晰的。

但是，一旦发生转让，模糊就随之而来！譬如要把一家国有工厂卖掉，该怎样进行？我们知道，“卖”无非是取一个代价而放弃资产的产权。问题是：取多大代价才“值”得放弃产权呢？答案是，要资产之主自己来判断。简约一点，“可取的代价”多于“不放弃产权的收益”，对于卖者就应该“值”了。

困难在于，以“可取的代价”来比较“不放弃产权的收益”，离不开“主观估计”。在经验上，我们知道天下是有“饱汉不知饿汉饥”这回事的，而饿汉要“知”饱汉恐怕更不容易。同样一碗米饭的使用价值是多少，以多大的代价得之或弃之才“值”，饿汉饱汉的答案截然不同。就是说，评判价值离不开主观性。离开了“主”之“观”，市场交易无法进行。

要出售国有工厂，值或不值可问谁？问“国家”吗？除了“朕即国家”——皇帝的个人意志就是“国家意志”——之外，国家差不多都是一套行政机构和相应的工作程序。哪一个政府机构经过何种程序可以代表“国家”决定对一家国有工厂的“主观估值”？是工厂的主管部门？是国资管理机构？还是被授权经营国资的机构？答案是都可以，只要有明确的规定。但是倘若进一步问：这些机构里有许多工作人员，谁的“主观”才可以代表那个机构，进而可以代表“国家”？想来想去，没有一个好答案。

转而求助于“全民”吧。在法律上，国资属于“全民”，遇到主观定价这类难题，问问“最终的主人”如何？答案是无人可问。“全民”是抽象的，它既不可分解为公民个人的私产，也不是经过私产之间的市场合约“集合”而成的“公产”。对比一下私产基础上的股份公司和各类基金，那是有人可问的体制，不难表达“主观估值”。恰恰在转让的环境下，我们可以清楚地看出“全民国资”一不可追溯为个人私产、二不以市场合约为基础的性质。

替代的法门

传统的国资体制干脆不准转让，或仅限于在国家的各个代理机构之间“调拨”，似乎就免去了定价难题。问题是，资产转让一旦超出国有的范围——这是改革带来的压力和机会——怎么办？

中国的经验是，发现替代。譬如，普遍以国资的“净资产值”作为判断国资转让是否值的基准线：如果市场的成交价高于“净资产值”，国资转让就被看作“增值”（至少也“没有流失”）；反之则反是。我们知道，“净资产值”——资产形成的历史投资在今天的账面记录——是非常客观的。过去投资了多少、今天还剩多少，全部有迹可循、有账可查，不需要主观估值。

“净资产值法”帮助了国资向私人和非国有机构转让，功莫大焉。问题是，形成资产的“成本信息”虽然客观，但与该资产在未来提供收入的能力没有关系。等量的历史投资形成的资产，在未来提供的收入可能是正的，可能是负的，可能多，也可能少。就是说，等量“净资产值”的资产市价——按资产未来预期的收入决定的今天价值——可以截然不同。“净资产法”只允许“高者”转让，那么“低者”——国资的市价低于净资产值——如何处置？

早期的“办法”是不卖，否则以“国资流失”论处。结果是我们看到了独步天下的“不流通国有股”。上市公司的国有股按净资产作价后，不准非国有机构与私人买卖和持有。我们也看到由此带来的“减持难题”：一旦宣布按市价减持国有股，市场预期会把股票市价大幅度向下拉。

“净资产值法”的另外一个结果是，随着“靓女先嫁”，政府手中积压了大量“丑女”——账面净值大大低于市值的资产。要减轻政府负担，防止资产进一步缩水，势必要把按照低于账面资产值的市价出售国资的任务提上日程。这方面，华融资产管理公司去年按市价——只相当于账面值的 8%——处置了约 100 亿元人民币的银行债权资产。它的经验是，靠境内外私人公司之间的公开市场竞争，得到本来“没有主观估值能力”的国资的市价信息。重要的是，资产一旦按市价成交，其投资和管理造成的损益就浮上台面，要求更清楚的权利划分与责任承担。

这些经验表明，走市场经济之路，“产权清晰”——不是法律所属的清晰，而是在转让中可以运用市价机制的清晰——是回避不了的任务。科斯定理是铁则，不是说着玩的。

第六部分

中国还需要做对什么？

改革是对未来最重要的投资[①]

讨论经济形势的时候，有一个比喻很流行，那就是“三驾马车”。这个比喻把本来庞杂无比的国民经济，简化为“投资、消费、出口（其实是净出口）”三驾车，很形象、很生动、很好懂。派生出来的一个效果，就是把国民经济管理或“宏观调控”，也看得像赶马车一般，这里一鞭子，那里一鞭子，经济就跑起来了。

我的观点是，从现在的实际情况看，恐怕没有这样的机会，可以轻轻松松几鞭子，就把中国经济重新赶回高速增长的通道。

分析一下吧。外需乏力，特别是发达经济所体谓的“新常态”，不是我们打鞭子就可以打上去的。国际上倒有一些声音，认为中国的高速增长有助于全球复苏。但过去很长时间中国是靠出口驱动高增长的，未来究竟谁靠得上谁，现在还真不好说。

内需除了消费，就是投资。如何摆布这两驾马车，认识上似乎有摆动。刺激消费、向内需转型，讲了很多年，效果还不明显。不过希望拿国内消费的增量来抵消外需减缓，看来做不到。于是，最近的舆

① 本文刊于 2012 年 12 月 3 日的《新世纪》周刊。

论是重新强调投资，认为中国经济的持续增长还要靠投资驱动。

我的看法，投资与消费有矛盾，但不对立。从概念上讲，投资就是减少今天的消费，以换取明天更多的消费。譬如今天少吃粮食，省下来酿酒，将来喝酒的享受大过今天吃饭，那就是投资。也可以说，投资是把时间引入的消费，所谓投资决定，就是在当下消费还是未来消费之间做抉择。

把时间引入投资决定或跨时间消费的选择，会带来不少麻烦。

第一，投资可能失败。譬如酿酒，可能出佳酿，也可能出劣酒。如果把省下来不吃的粮食放坏了，更是血本无归，全盘皆输。很明白，凡投资都可能失败。所以，除了技术、经验、知识和运气，最重要的是要有对投资效果负责的一套体制。

第二，在今天的消费与明天的消费之间，要有恰当的比例。这也是常识：把所有的粮食都拿来酿酒，谁也吃不上饭，通通饿死，投资成就再伟大也没有意义。反过来，吃光分净，将来的享受就没有了。问题是，在两个极端之间，如何保持消费与投资（未来消费）恰当的比例？答案是，对一个大经济体而言，最实用可靠的，还是要让“相对价格机制”发挥作用。今天吃一钵饭，有一个价；省下来酿酒，又一个价；酿五年的酒，再一个价，十年的，还有一个价——就是靠相对价格的高低不同，引导无数市场中人决策。

以上两个方面——投融资的责任体制和以相对价格引导投资和消费的决定——恰恰是中国的体制转型中的短板。一方面，“政企不分”的老体制特征，在投融资领域表现得最为顽固。“块块”如此，“条条”也如此。党政权力掌控投融资决策，最大的弊端是责任链条松松垮垮。往往官员人事一变化，投资责任就再也找不到主。“新官”对上新项目、借新债情有独钟，一般都不爱理旧账。在此约束下，今天减少的消费到底能不能带来明天更高价值的享受呢？答案是缺乏制度保障。

相对价格的问题更大。虽然一般商品和服务的价格，大体由市场供求决定。但关键的生产要素价格，包括地价、利率、汇率、金融服务取费以及电价、教育、医疗和其他生产性服务费率等领域，行政干预依然广泛存在，严重干扰各类主体的投资决策。举一个例子，工业地价在行政主导的招商引资“竞争”中的普遍扭曲，不但大量浪费土地、形成过剩产能，还把包括民企在内的很多实业组织，大批诱向“圈地寻租”。利率的歪曲，则是另一个严重问题。没有正确的利率指引，跨时间的“投资”决定差不多就是儿戏。

或有人问，过去我们的体制也远未改革到位，但政府主导的基础设施方面的投资，不也取得了举世瞩目的成就吗？我的回答，成绩不容否认，但过去有两个难以复制的条件。其一，80 年代面对的是大量历史欠债，反正道路短缺、电力短缺、通信短缺、港口短缺，哪里短缺就在哪里修，决策不容易错。干这件工作，政府快刀斩乱麻，见效很快。其二，90 年代末以后的那一轮“投资启动内需”，紧接着就是中国加入世贸，外需冲天而来，那一茬的基础设施投资的埋单自然没有问题。

2009 年为应对全球金融危机的冲击，中国发起又一轮以财政、信贷刺激的投资热潮，大批“铁公基”项目上马。这一轮投资，拉动了当时的经济增长率，推动“保增长”策略获得了成功。问题是，这一轮大投资，能不能为未来经济增长所健康消化，会不会形成又一批优质资产？

对这个问题，我认为还要看一看。关键点还是经济有没有足够的“胃口”来消化如此天量的投资。这里的经济学说简单也简单，反正修了高速公路，总要有车跑，一辆一辆地收过路费，才能把修路的投资收回来。同样道理，修了高铁，要一张一张地卖票；建成了电站，要一度一度卖电；修了音乐厅，要一场场办音乐会，最后才能把预期的投资收回来。反过来，修了很多路，车流量老也上不来，那就麻烦了。北京的鸟巢很雄伟，不过从投资角度看，如果里面没有鸟，或者有鸟也不够多，那“巢”的投资就悬了。

新的情况是，现在越来越多的投资都具有“超前”性。这就是一个大项目摆下去，未来有没有足够的需求还不知道。这类超前进性的投资，对约束体制有更高的要求。因为决策出错的可能性上升了。如果出错无人负责，那么胡来、乱来的事情就会失控。所以，比之于过去，现在更不能离开体制机制讲投资。脱离体制机制，只讲投资拉动经济，很危险。

要明确，所有过去发生的投资，都要靠当下的消费来消化。已经酿出来的酒，就得有人花钱买去喝。消费不足，过去的投资就没有收效。把酒一直酿下去也不是不可以，反正好酒越陈越香、越香越贵，但是最后还要靠更大的消费力来埋单。

鉴于累计投资存量之巨大，鉴于居民收入的比例不高，也鉴于外需增长趋缓，我认为继续靠投资驱动增长的算盘，不应该打得太满。越是想“靠投资拉动增长”，就越要注意消费的相应增长。这两匹马要互相协调，才能跑得又稳又快。

当然，消费也不是打一鞭子就可以上去的。因为消费也受制约。最根本的制约是收入，没有收入谈什么消费？这是常识。但增加收入又谈何容易？涉及很多深层次的改革，特别涉及转型社会最基本的权利界定。比如裁判到底能不能进场踢球，过去似乎是清楚的，但这些年好像又不大清楚了，似乎裁判拿个哨子进场踢球，还是一道“中国模式”的风景哩。在很多情况下，又何止裁判踢球，简直是拿了根棒子在那里抢球！官与民争利，哪里还谈得到提高普通居民的收入？没有收入的实质增长，怎么增加消费？所以说，消费也不是打一鞭子就会上去了。

提高收入还受到更根本的制约，那就是生产率的提升。如果生产力进步慢，国家就算下死命令给所有人加工资，经济也不能持久增长。因为那样的“收入”，没有可消费的商品和服务的相应增长来支撑，无源之水，终究要枯竭的。

从未来五年、十年的角度看，非要把投融资体制改革到位，非让市场的相对价格机制更充分发挥作用，非全面重新界定权利体系，我们才能真正处理好投资与消费的关系，才能支持国民经济的长期健康发展。

民贫国衰、民富国强[①]

最近关于“国退民进”还是“国进民退”有很多讨论，引起大家关心。我看到对这个问题的讨论，有两个层面。一是对事实的认定，也就是中国这些年来究竟是不是发生了“国进民退”这么一回事。当然有很多不同角度的观察，得出的结论也不尽一致。以我比较关注的土地问题而言，国进民退是存在的。因为宪法规定，所有城市的土地都是国有土地，所以城市化加速，城市的范围扩大，政府就把更多农民的集体土地征为国有土地。这当然是国有土地在增加、农民集体所有的土地在减少。这是财产存量方面的变化。

第二个层面就是评价。如果事实上发生了国进民退，或者没有发生，那么到底应该还是不应该，好还是不好。这涉及价值观，看法的分歧就更大了。

但是还有一个层面的问题，讨论得比较少。那就是无论是国进

① 本文刊于2011年1月24日的《经济观察报》。

民退存在不存在，好还是不好，都有一个基本概念的含义，即何谓“国”，又何谓“民”？目前流行的讨论，是把“国”与“民”在概念上对立起来处理。似乎在这个“国”里面，完全没有民的因素；而“民”的概念，也可以彻底排除国的成分。我认为，这样的概念本身就是问题。当我们用这样的概念来概括可观察的现象，并加以价值评判的时候，容易把具有实质意义的问题忽略掉。当然，对这个概念的讨论不仅仅涉及经济学或政治经济学，自己也没有想得很清楚，所以这两年就没有对国进民退问题发表过意见。

两年前在一个场合，问题变得不容回避。当时我供职的北京大学中国经济研究中心，经林毅夫提议并得到各方面的支持，重新组建为北京大学国家发展研究院。等到大学正式批准成立的时候，林毅夫已去世界银行工作。成立揭牌会上要发言，我就犯了难——这“国家发展研究院”里的“国家”，究竟是个什么含义？没有办法，我只好把亚当·斯密的《国富论》搬了出来。此书名是严复的译法，后来郭大力、王亚南的译本，书名就成了《国民财富的性质和原因的研究》。那么，究竟是“国富”，还是“国民财富”？查斯密的英文原文，是 The Wealth of Nations，因此关键就是怎样理解 Nation。译成中文，Nation 当然有“国家”的意思，但此国家可不是彼国家（State），与填表格“国籍”栏目的那个 Country，也不是一个意思，当然就更不是“政府”“朝廷”或“官员”了。于是，我就用亚当·斯密的 Nation 概念，把北大国家发展研究院里的那个“国家”，理解为“以人民为本位的国家”。那才是经济学传统的关怀，就是国民财富的增加，以人民为本位的国家的富裕和强盛。

当时就这么简单提了一提。但这个国家的概念问题一直引起我的思考。为什么在今天的中国语境里，人们讲到国家似乎就只意味着 State，只意味着政府和政府部门，甚至只意味着掌权的“官”？为什么我们这里，国家的国、国富的国、国进民退的国，或者国籍的国，如果要找对应的词汇，总是不那么容易找到Nation那里去？

是中国的文化传统使然吗？也不尽然。刚才总编致辞里，不是提到一句“江山社稷”吗？那可不是舶来品，而是地地道道的中国文化。什么是江山社稷？“江山”是领土，“社稷”是人群中的一套仪式，其中“社”代表土地神，“稷”代表谷神。社稷就是祭祀土地神和谷神的仪式。为什么要祭祀？答案是农业文明靠土地和谷物养人，所以祭祀的出发点和落脚点还是黎民百姓，是国民的安康、富裕与财富。孟子的名言大家熟悉，“民为贵，社稷次之，君为轻”。在那么早先的时候，就把这个关系梳理得如此清楚。在这个传统里，任凭君权多么高高在上，官位多么显赫，政府多么强大，在政治伦理上还是要排到民和社稷的后面。这是中国思想文化传统的精华，一脉相承、发扬光大到当代。“为人民服务”是这样的理念，权为民所赋、权为民所用，也是这样的理念。

所以，我们也许可以把“国”的概念，理解为三个元素的合并。第一是一定幅员的领土，第二是人民，第三是人群得以组织起来的典章制度，其中包括管理众人之事的政治、政府与行政。加到一起，江山人民社稷三位一体，才算完整的国家概念。没有民只有官和政府的国家，在历史上和现实里都站不住，因此在概念上也站不住。这是说，我们有理由拒绝没有人民的国家概念，不能轻易接受与民对立的国家概念。在公共政策讨论的顶层架构里，最需要严格推敲的基本概念，就是国家。这个概念出了岔子，一系列问题都会歪，跑偏就严重了。

具体来看，“国进民退”本来要讨论的是国民经济中国有企业与民营企业的比例及其变化。既然有国有企业，它要增加竞争力、发展壮大、做大做强，当然是题中应有之义。总不能要求把国有企业做小、做差、做垮吧？问题是，什么是国有企业？国资法的规定，国企是属于全体人民的企业，所有者是全国人民。过去叫全民企业，反映的就是这个性质。既然全国人民是所有者，当然全国人民才是真正意义上的“出资人”。但是全国人民怎样才能充当所有者和出资人？13亿人哪，上哪儿开会，怎么掌握情况、做出判断和决策？这里有巨大的信息成本。目前的解决办法，是人民把国企委托给国家机关，这就是国资委。所以准确地说，国资委是“代为履行”出资人的职责。从经济关系分析，那也是一类委托与受托的关系。

讨论国资委设立的时候，记得也有过这样的构想，就是要把这个受全国人民之托打理国企的机构设在人大，不要放到政府里面。那样的话，国资委直接向人民代表大会负责和报告工作，接受人大的监督。这里最关键，也是最敏感的问题，是国企的活动范围可以覆盖国民经济的哪个部分，以及国企有没有权力禁止、限制人民自己组织的企业进入同一个市场来竞争？这并不是政府的行政事务，应当由人民代表大会来讨论、表决和立法。但是，最后国资委还是设在了政府，还是以行政权力来履行出资人职责，其主要任务、目标和考核又偏重于赢利和做大做强，利润分配还不受同朝为官的其他政府部门的节制。这样，随着国企的经营业绩越来越好，国进民退的议论就来了。

第二个问题是税制。税的经济性质是纳税人付给政府的钱，以此来购买政府的服务。税收之所以需要强制征收，为的是防止和杜绝一部分人民可能的“搭便车”行为倾向。但政府机关不可因为强制执行力在手，就自行决定税的种类和税负的轻重。可是，我们很多税现在还是行政部门直接定，自编自导自唱。这在道理上是说不通的。大家看最近进口流量变大，因为很多消费品在境外买便宜，老百姓和民企中总有人很灵敏，代购活动就起来了。作为海关当然要维持所有进口税制的公正，但为了所谓的计算方便对每台带入的 iPad 一律抽

1 000元的税，那是讲不通的。这不是技术性的小问题，而是涉及人民和行政部门之间的重大关系。问题是我们常常把这种重大问题看得很轻，出手的时候也比较随便。

作为一个经济学家，我还有一个多年的观察，就是不要轻易提加税的建议。因为那是最容易被吸收的一种意见。倒不是说不需要增加税种，但只加税不减税怎么调整国民收入分配？讲了那么多年国民收入分配政策，要增加居民在国民收入中的比重，可是加税建议很容易变成政策，减税就非常难，结果还不是与改善国民收入分配的目标越走越远？所以我后来说，谁提一条加税建议，就请他同时提一条减税建议；政府出台一项加税政策，就同时考虑一条减轻税负的政策，以保证总税负不脱离经济情况而不断地加重。

最近还有一个问题是通胀抬头，那是流通中的货币过多的必然结果。从国家制度层面看，央行动用基础货币的权力受到什么样的实际制约，这是货币政策的制度基础。在央行的资产负债表上，基础货币记在央行的负债项下。那是央行对谁的负债？简单讲，那些法定储备金是央行依法对商业银行的负债，而商业银行的钱又来自对储户的负债。另外一部分基础货币，即发行的货币，则是对全体持币人的负债。那么，央行在什么条件下可以扩大负债？又受什么节制？这是比日常的货币政策更根本的问题，也就是央行的独立性问题。美联储主席常常要到国会山上去报告情况、接受咨询，反映的就是这个关系。中国的国情不同，但动用基础货币时，譬如拿基础货币大手买入外汇，一下子就扩大了央行的总负债，就需要一套合理而严格的约束机制。否则，基础货币发多了，物价上了房，就不纯粹是技术性的问题了。

最后，涉及人民的基本权利的法律法规和政策限制，要有公开的、严格的程序来加以决定。如最近的调控，像限制购房、购车等。

情况紧急，有人买了很多房，有人买不起房，老百姓为房价问题而分裂，所以要出台政策。但是涉及老百姓基本权利的事项，包括可以买什么、不能买什么，这是很基本的权利。出台限制性政策就要比较慎重，要经过很长时间的讨论和严格的程序。或者就是短期的、临时的，划清时间范围。否则人民会觉得行政权的执行没个准头，说情况紧急可以限这个、限那个的。一旦街上人把这些没准的行为纳入预期，大家的行为和市场就可能紊乱，长期代价就大了。

小结一下。我认为合适的国家概念要以人民为本位，加上领土、主权和典章制度。这样来看，民是国的出发点和落脚点。国无民不立，民贫国必衰，民富国才强。

体制政策要靠前[①]

话说汇率机制僵硬带来的贸易顺差过大、基础货币过多、资产价格和 CPI 的大起大落，不但给中国企业带来决策的困扰，而且影响体制政策的方向。道理简单，外需过旺就不得不压抑国内的生产和投资，这就形成了抑制性的体制政策。两年前，宋国青有一个比喻，人们怕车跑得太快，又不习惯用汇率、利率这类“刹车”，非在路上挖出一道道沟来强制降速。本来用刹车可以收放自如，可是，靠投资项目审批、土地供应、产业准入政策、环保、安全、劳动等体制性政策来调控，就没有那样灵便了。因为体制性政策很容易形成既得利益，为了限速，你放手让它设路障；等到要鼓励提速时，要撤那路障可难了。

所以，对经济下行的严重困难，我不认为仅靠放松货币就可以解

① 本文刊于《财经》杂志总第 225 期，2008 年 11 月 24 日。

决问题。货币政策在应对可能的通缩方面有作用，该出手就出手。但也要看到，启动经济，还需把路修好、整平。否则，就是装满货币的车子冲了上去，也难免磕磕碰碰、颠簸不已。

经济活动的体制障碍只有针对性强的体制性政策才能扫除。在这个意义上，应对当前困难局面，体制性政策要靠前。

第一，取消临时价格干预政策，继续推进价格改革。人们总会对相对价格的变化做出反应，问题是价格体系能不能灵活地反映市场的变化。不让兰州拉面涨价是可以的，但商家被迫减少拉面，最后消费者不会受益。要是有人以降低品质来对付物价管制，后果就更严重。所以，即使 CPI、PPI 高企，也没有搞价格管制的道理。现在，物价环境松动，更应明令取消所有临时价格干预措施。要知道，离开了灵活的相对价格指引，连什么是内需、什么是外需也讲不准的。要让灵活的相对价格来告诉企业和顾客，引导供求之间的调整。

进一步的价格改革，不但包括一般商品和服务，还要推向资源价格、利率和汇率。近年的一个基本教训就是政府可以控制的只是名义上的相对价格，却无论如何也控制不了实际的市场相对价格。“管住”名义变量的结果，是误导产业和企业，延误经济调整的时机，到最后还是躲不开市场调整的现实。像汇率机制这样的问题，不准备重大改革，未来还可能再次酿成大祸。

第二，减税。这是政府刺激经济的措施里已经安排了的，问题是力度可能不够。因为仅把投资活动的增值税率调低，在企业实际投资额大幅度减少的条件下，减税效果未必有估算的那么大。何况偏向投资的增值税减少，可能有歧视就业和消费的效果。建议把增值税平头减去若干百分点，给当下摇晃要倒的公司一个立竿见影的帮助。个人所得税方面，有人建议提高起征点到 5 000 元，茅于轼建议 8 000 元。都赞成，关键是出手要快、出拳要重。

只减税收、不减行政支出，财政的根基动摇，长远必有代价。至于政府发债搞建设和基础设施投资，是另外一回事，不能与经济困难时期政府减少行政开支混为一谈。“积极的财政政策”并不意味扩大政府本身的行政管理开支的水平，更不应该提升政府行政消费档次。否则，政府怎么与企业共渡难关？

第三，扩大市场准入，继续推进行政垄断部门的改革。中国的储蓄率不低，为什么大量转为对外债权，同时国内又面临巨大的就业压力？原因很多，其中与国内某些高回报投资领域的开放不够有关。前几年的“非公经济 36 条”，有非禁即准的规定。当前要认真落实。不但非禁即准，而且有必要审查、收缩“禁”的范围。1998 年后，我国在电信、航空、金融、电力等领域有过破除行政垄断的举措，这篇文章继续做下去，可以释放巨大的能量。

第四，清理近几年的政策性法规和条例，对产业政策、市场准入、投资、安全、环保、劳动等方面诸多法规条例，作一个系统评估，该坚持的继续坚持，该放松的赶快放松。再不把那些捆着经济实体的那些抑制性绳索解开，经济调整将更加困难。

第五，这几年为了防过热，政府一直严控“土根”。现在有必要审时度势，适度扩大供地。更要按照十七届三中全会的决定，在逐步缩小征地范围的同时，规范地启动集体非经营性建设用地入市，推动城乡建设，增加国内投资和建设的机会和总量。

总之，中国遇到的困难有多重由来，对症下药要采取不同的措施。体制性障碍涉及经济活动的制度成本，对经济行为影响极大。在货币政策已放松、积极的财政政策已出台之际，需要体制性政策靠前，才能激励人们的创业、投资和工作意愿。否则，修成了路却没有人和车在上面跑，不可能刺激经济增长。

防止改革成为半拉子工程[①]

“权贵资本主义”这个概念杨小凯用，吴敬琏老师用，媒体上也用。我自己对这个概念觉得没有把握用得很准。“因权而贵”到底是不是一种“资本主义”，本身是个问题。克林顿卸任后一场讲演多少万美元，究竟是因权而贵，还是因为就是有很多人愿意看看这位美国的前总统？中国历史上，“三年州知府，十万雪花银”当属因权而贵，印尼总统亲属的公司上市卖得贵一点，也肯定是“因权而贵”，但是不是算资本主义，要取决于定义。

不过，“因权而贵”的确是一个可以观察到的现象，也是当下中国转型里无法回避的一大问题。这个现象是改革以后引起普遍注意的，但改革以前也早有那时的表现。它有两大源远流长的来源。一个是上面提到的皇权社会的历史传统，从来就没有公民意识，只讲什么“草民”和“臣民”，到底是纳税人养活了国家，还是“皇恩浩荡”才使老百姓有吃有穿？历来不说清楚，更从来没有正确答案。在这样的传统里，因权而贵似乎天经地义。

第二个来源，斯大林的计划体制是一个等级体制。因为消灭了私产以后，总有一个稀缺资源利用的划界约束问题，否则资源早就耗光了。计划体制到底用什么替代了私人产权？其实靠等级制，即划分权力等级来利用资源。因为资源利用不可能是一个真空，也没有办法在和平年代长期靠革命热情和理想来维持积极性，一定要一个替代性的制度，结果就出现了早年革命的共产主义者都无法想象和接受的行政等级制。在那个时代，不但政府、企业、事业单位都定了级别，连寺庙都要定级，“官本位”制就是这样来的。莫斯科红场上有

---

① 本文是作者2008年在光华新年论坛上答记者问的记录，经修订与补充。

苏共政治局委员的专用车道，还有黑海度假、“小白桦树”特供商店等。20 世纪 60 年代中国批判“苏联修正主义”，那其实是“文化大革命”的一个起因。中国这里的情形也许好一点，代价是不断发动运动“整干部”，还有很多情况靠保密工作做得好，老百姓不知道。

改革发生在上述两个传统之上。本来我们的历史传统，制约权力的机制就非常薄弱，计划经济又建立了一个行政等级分配资源的框架，再加上一个从计划体制向市场经济的转型，那些未经有效制约和监督的权力可以在市场上“变现”，祸水就大了。所以，我的发言把改革开放理解成一个重新界定权利的过程，重新界定私产，离不开重新界定公权力。

这当然是高难度的社会变革。究竟是怎么启动的？回头看，早年中国的改革有自己的“预备课程”，都是不期而遇的“事件”，比如 1959—1961 年的大饥荒逼出了一个自留地、一个包产到户，也就是逼出了一套公有制下重新界定行为许可边界的、有制度含义的办法；再比如几次大规模的“逃港”，逼出了向资本主义的香港做某种开放的措施。这在我看来都是改革开放的“伏笔”，或者叫实践的探索和经验准备。但是仅有这些危机逼出来的自发调整，也可能自生自灭，就是过去讲的“吃饱饭又折腾”。这时候还要一个条件，就是“文革”把所有干部都打倒、把国家搞乱，逼得上层政治结构形成一个共识，就是实事求是、思想解放。结果，在新的思想路线下，发现很多老大难问题，其实在我们的社会里已经积累了解决办法：既然包产到户动员农民生产更多的粮食，那就扩大包产到户的规模，延长这套临时措施的时间，不合法变它为合法，短期起作用就让它长期不变；既然内地人逃到香港资本主义企业打工，很快赚到了钱，那就开放“外资”进入内地；既然外资可以，“内资”也应该可以——那个时候从做买卖、开小工厂到办股份制公司，统统装在“资本主义”这个大筐里。

这样鼓励实践、鼓励尝试，鼓励“闯”，把中国人从僵硬教条的束缚下解放了出来，从而革命性地解放了社会生产力。

就是说，饥荒、逃港等危机逼出来的自发的体制突破，在思想解放的条件下，才转化为改革开放的探索性实践。简单讲，就是危机驱动改革。

30年过去了，一方面是改革开放激发的经济增长超出了几乎所有人的预计，另一方面是使中国远离了饥荒和逃港那样的危机性事件。在这个新环境里，怎样坚持改革开放本身都成为一种挑战。从权利重新界定的角度看，未解决的问题一点不比已经解决的问题少，私产界定半半拉拉，公权约束甚至没有破题。怎样乐观估计，已经完成的改革不会达到九十，而中国老话说，“行百里者半九十”，所以还有必要防止改革成为一个半拉子工程。

避免糟糕的政策组合[①]

2010年岁末，通货膨胀有如出笼猛虎，令人望而生畏。中国连续两年的天量信贷，美国再次启动的量化宽松货币政策，内外交织，置中国经济于极高风险之中，既令资产价格快速飙升，也使普通物价节节攀高。面对美国联邦储备委员会“通胀不起，宽松不止”的势头，中国如何应对由此催生的通货膨胀？美元贬值趋势难改，人民币还要盯住美元吗？中国经济还要承担盯住美元的巨额成本和风险吗？

① 本文为作者与财新传媒《中国改革》执行主编叶伟强的对话。刊于《中国改革》，2011年第1、2期，2011年1月1日。

被动超发货币是通胀之源

财新：中国 2010 年出现的通货膨胀，超出了大多数人年初的预计，你对此形势以及目前的政府对策如何评价?

周其仁：理论上可以说，“通货膨胀总是一种货币现象”。通胀必定与货币超发有关，为应对金融危机，中国过度发放的货币现在已经显示出很大的副作用。但等大家对这都形成统一认识并不易，所以处理通胀问题往往显得滞后。

同时还应该看到，通胀又不只是一种货币现象，如果增加商品或广义的资源的入市，增加货币需求，则价格总水平当可回落或平缓。增加商品或资源供应，也有很多选择，比如当下中国，增加供不应求的服务，例如医疗、教育等。此外，扩大进口也可以缓和国内通胀。

目前政府已经采取较多方面的措施，包括价格管制，希望稳定总体价格水平。不过，我早就提出，如果政府压价把供给也压制住了，则是愚蠢之举。

财新：对于通胀的源头，你比较担忧央行的“第二货币动脉”，即为了守住汇率目标，不断用基础货币大量购汇，而加息对此的作用和空间都有限，因此不能调节其间的货币运动。怎么办?

周其仁：加息就像是给货币老虎多喂块肉，当然有助于暂时把它稳在笼子里。可是，“老虎”也因此变得体形更大，胃口也更好了。所以问题尚未根治。

消除负利率还不等于消除通胀的压力。道理很简单，即使利率在物价指数之上，物价总水平也可以升到不被接受的高水平。高利率有助于抑制高通胀预期可能转为恶性通胀的概率，但并没有根除通胀压力。

加息也是“加价”。物价总水平过高的根源是货币总供给过大，非到源头下功夫无法根除。仅仅调控金融机构与其客户的关系还不够，正本清源，还要调节金融机构与央行的关系，特别是根除当下央行在开放条件下被动超发货币的机制。

财新：被动超发货币是中国经济通胀之源，这个应该怎么理解？

周其仁：人民币盯住美元，导致中国在早年立法消除“主动”超发货币的制度漏洞后，又面临“被动”超发人民币的新挑战。

1997—2005 年间，人民币兑美元汇率为 8.27 元，意味着每增加 1 美元国家外汇储备，央行就要增加动用 8.27 元人民币的基础货币向商业银行购汇，这 8.27 元“高能货币”转入银行系统，再乘上 4~5 倍的货币周转速度，可放给市场的流动性总额就是 40 元人民币上下。

这就是说，人民币汇率的形成机制，在事实上已经成为货币当局被动发行人民币的机制。人民币币值稳定屡出情况、宏观调控压力不断，皆因此而起。

财新：中国央行超发货币较大程度上是被动的。但以往发行速度也不低，然而人们却并没有体会到明显的通胀，这是为什么？

周其仁：从货币数量论来看，不论 20 世纪 40 年代末期的恶性通胀,60 年代初在严厉的物价管制下顽强地以“短缺”形式表现的通胀，还是改革后数次两位数的通胀，凡物价总水平持续的上涨，都可以从货币存量大幅增加的事实中找到原因。

以往通胀没有恶性化，最关键的一点，就是货币化或货币深化，在给定货币量的条件下，增加了货币需求，从而对物价的上涨产生抑制作用。

财新：具体而言，过去这些年，货币深化对消化吸收超发货币是如何起作用的？

周其仁：给定货币被动超发，如果国内市场化的潜力得到充分发挥，对货币的需求是一种水平；如果市场化潜力得不到充分释放，甚至受到人为抑制，那对货币的需求就是另外一种水平。

作为一个转型经济，中国尚没有投放到市场里来的资源有的是，市场形势危急，加大投放就是了，即“水多了加面”：20 世纪 90 年代以后，国有土地拍卖、城镇居民房改、农民工大规模离乡进城，加上土地转包和山林权转让，多少资产投入，把那被动超发的货币“积极平衡”了不少。

对于中国这样的转型经济体来说，市场化、货币化是加速推进还是停滞不前，对物价的影响就大了。远的不提，要理解近年中国货币占 GDP 之比持续高升、包括资产市场价格在内的物价总水平屡出险情，似有必要双管齐下，从货币供给机制与市场化进展两个方向，分别调查，综合研究。

财新：目前，中国是否还有进一步货币深化的空间？市场化改革的空间还有多大？

周其仁：经历了 30 多年改革开放的中国经济，继续市场化的潜力还是挺大的。表面上看，中国市场里有无数商品供过于求，时不时还有“严重产能过剩”的报道。但是如果加上品质维度，仍然有不少商品与服务严重地供不应求。

比如，老百姓对好医院、好医生、好学校、好老师的需求与日俱增，但“政府主导”的医疗和教育似乎永远也满足不了这些需求。可以也应该开放市场、引入民营。

要素市场的进展更不平衡。劳动力资产的市场化程度比较高些，但城乡一体、不论身份的劳动力市场还是有待发育。土地的市场化程度看起来不低，因为“地价天王”天天刺激着购房人的神经。但仔细看一眼，就发现该市场只限于城市国有经营性土地的转让。宪法规定的、作为中国两种土地所有制之一的农民集体土地所有权，至今还没有全国范围的合法市场转让权。

中国还远远没有充分释放市场化的潜力。诸多后果之一就是难以平衡不断被动超发的货币。根据中国改革的早年经验——“水多了加面”——比较合理的政策组合似乎应当是，或动员更多的资源进入市场，以消化源源不断超发的货币；或减慢市场化改革的步伐，但必须严格控制货币的超发。最糟糕的组合，就是既听任货币被动超发，又在市场化改革方面畏首畏尾、裹足不前。

财新：为解决被动货币超发的困扰，中国的出口导向政策是否需调整？如果是，该如何调整呢？

周其仁：出口导向带来的国际收支不平衡，不但对外“失衡”，而且对内也失衡。根本解决之道，不是人为地压缩中国的出口，而是主动扩大进口，在更充分发挥自己与贸易伙伴比较优势的基础上，达成国际收支的基本平衡。

那么，是什么力量影响了中国进口的扩大？因素颇多，其中比较根本的还是人民币汇率形成机制。因为从进口的角度看问题，人民币汇率的水平决定着中国人花美元买国外商品和劳务——进口的机会成本。经济逻辑说，成本降低，需求量上升。这样推理，人民币汇率升值定有扩大进口之效。

此外，进口税费的设置和服务是否便利，对进口流量有非常灵敏的影响。应适度压减进口税费并进一步提供进口服务便利。每增加一元钱国外商品的进口，就是为平息国内通胀压力增添了一份积极力量。

不但出口政策需要调整，整个刺激政策都要退出。中国经济已经保证了8%以上的增长，既然第一个复苏，当然有理由第一个退出。因为经济刺激不是没有代价的，最明显的就是大量货币的发放对整体市场物价产生的不利影响。刺激政策只有短期的效果，中国经济必须要回到可靠的增长基础。

人民币应该择善而从

财新：你刚才提到人民币汇率的形成机制是影响中国进口扩大的根本因素。目前，人民币汇率形成机制受到诸多国际上的批评和指责，对此如何理解？

周其仁：人民币汇率是在中国的市场上形成的，就是中国外汇交易中心。它的确是一个市场，不过，尚带有转型经济的若干制度特征。第一个特点较为明显，它是一个仅仅设在中国的市场，在世界其他地方别无分店。另一个特点较为隐蔽。中国外汇交易中心实行会员制，所有在中国合法经营外汇业务的商业银行和其他金融组织，经央行和外汇管理局的审查批准，都可以成为该中心会员。进入中国的外汇，无论来自贸易顺差、外国直接投资，还是所谓的“热钱”，都是先与这些会员“结汇”，然后再由会员机构在中国外汇交易中心这个“银行间市场”上竞买竞卖各自持有的外汇头寸。

现在全球高度关注的人民币汇率，就是中国外汇交易中心的会员们每天在这个市场上竞争的结果。说人民币汇率是在市场供求竞争中形成的，此言不虚。

财新：既然人民币汇率是通过市场化机制形成，为什么争议这么大？

周其仁：中国外汇交易中心有一个特超级会员，这就是主管中国外汇市场的央行及外汇管理局。在这里，像所有其他会员一样，央行可以进场购汇。加上“特超级”的修饰语，是因为央行不但是日益成长的中国外汇市场上的最后买家，而且在事实上购入了进中国外汇的绝大部分。

当然，特超级会员也还是会员，因为今天的中国再也不要求强制结汇，央行进场购得了外汇的绝大部分，仅仅是因为它的出价最高。

问题在于央行购得数万亿美元储备所付出的惊人庞大的人民币，与基础货币有关。这是央行不同于任何其他入市的政府机构的真正特别之处。

央行通过发行货币购汇。从经济关系看，货币发行是央行之负债，这里的“债主”不是别人，恰恰是包括你我在内的所有持币的个人和各类机构。如果央行为了大手购汇而发行出过多的货币，那么天下持币人原本的债权权益就受到侵害，也就是老百姓说的钱不值钱了，或者说票子“毛”了。

财新：如今，不仅中国货币超发，人民币所盯住的美元也在主动超发，11 月刚刚出台了第二轮量化宽松政策（QE Ⅱ），导致中国汇率政策面对的局面更加复杂，整个国际货币体系也面临诸多挑战。这种情形下，重建金本位的建议再次出现，你认为是否可行？

周其仁：倘若各主要国家的货币都受到黄金的约束，金融麻烦当然少得多了。以 QE Ⅱ 为例，如果还是 19 世纪 80 年代的经典金本位，主要西方国家的货币直接就是黄金量的表达，那么除非美国财政部突然多出一大块黄金储备，否则伯南克就算有天大本领，也发不出 6 000 亿美元来购长期国债。若是在承诺以黄金为本的货币制度下，例如 1971 年以前的布雷顿森林体系，美联储也不容易如此宽松货币，因为持有美元的各国，不但可以口头问责，还可以凭券到美国财政部兑换黄金，看看“山姆大叔”的承诺究竟值多少钱。

金本位也根除了汇率战。既然各主要货币都以黄金为本，或与承诺金本位的货币以固定汇率相连，那就无须做什么动作也可维系汇率的稳定，国际上又何来汇率纷争？

简言之，金本位有效约束各国政府对内无从乱抽通胀税，对外不能通过操控货币汇率以邻为壑，当然是上佳的货币制度。然而，实际的货币制度取向，似乎服从“两痛相权取其轻定理”，即货币和物价不稳定的痛苦更大，货币制度就向金本位靠近；经济调整的痛苦更大，则向易于放水的货币制度演变。

麻烦在于，虽然全球化把主要经济体联成一气，但各国经济的“痛点”尚有不小的距离。缺乏对不同的痛点加以权衡的大体一致的感受，全球重回金本位的难度极大。

财新：如果不可能再回到金本位制，以某一种货币为中心的固定汇率制可以尝试吗？

周其仁：1997 年亚洲金融危机的一个重要背景，是东亚货币在此前十多年一直采取盯住美元的汇率政策。包括泰国、菲律宾、马来西亚、印尼和韩国在内的东亚国家，汇率盯住美元，再以汇率目标控制国内货币供应，等于给各自的货币龙头加上了一道锁，只要谁也不超发货币，物价稳定，这些后起之秀就很容易在国际上发挥比较优势，外向驱动经济高速增长的东亚模式就此形成了。

然而，1997 年亚洲金融危机的导火索，就是泰国、韩国、马来西亚和印尼等国的货币纷纷“跳水”。很奇怪，盯住美元的汇率固若金汤，为什么守不住了呢？人们纷纷到这些出了麻烦的国家里寻找其内部的原因。却很少有人想，那构成东亚货币之锚的美元本身会不会有什么问题。2008 年危机的爆发地点是美国，也就是那个为全球、亚洲与中国提供稳固的货币之锚的国家。危机的特征是锚先大动，然后祸及被那高频盯住汇率绑到一起的经济体。假如美元自己没有可靠的锚，它又凭什么充当其他国家货币之锚?

财新：既然金融危机后，国际货币体系前景未明，人民币应当作何选择?

周其仁：选锚之举为的是维系人民币的币值稳定，无论怎样打算盘，人民币应该择善而从。以历史教训和货币掌门人为锚的货币，还不足以提供制度性的保障。倘若能与一个客观的、“非人格化”之物挂起钩来，人民币的币值稳定才能有不受人事变化影响的制度保障。

在此意义上，选物为锚不失一个可靠的办法。选什么呢?石头太重，虽然弗里德曼给我们讲过石币之岛的精彩故事。黄金白银不够，历史并没给人民币留下贵金属储备。

当然也可以选一种外国货币或一组外国货币来挂钩。不过论及以外币为锚，不免让人感叹，因为要赶上一个好时机也殊为不易。以美元为例，人家响当当就是黄金的时候，人民币还没有问世。如今，除非美元有可靠之锚，否则人民币不能以美元为锚。

以规则的确定应对结果的不确定[①]

如果我们在法治社会与市场经济的基本制度方面，经过改革奠定一个扎实的基础，那么只要几个确定程度很高的规则，就不但能够帮我们应对未来还可能带来危机的不确定性，还能够帮我们获得未来的机会、运气和财富。

---

① 本文发表于2008年第24期的《中国企业家》。

我想我自己并没有起码的远见，可以在这里有把握地谈论中国的未来。即使没有这场席卷全球的金融危机，中国的未来也充满着不确定性。作为一个拥有十几亿人口的大国，地域辽阔、内部发展极不平衡、过去的很多包袱还纠缠着她前进的步伐。在达到了人均 2 000~3 000 美元的发展高度以后，中国经济究竟还能不能持续、健康的保持高速增长，是一个没有确定解的问题。

的确，可以和未来中国 30 年最紧密地连接到一起的关键词，就是“不确定性”。在某种程度上，当下的这场金融和经济的危机，就是不确定性的一个证明。大家记得去年领袖年会的时候，因为在会之前做了一些调查，特别是在柳传志领导的联想投资的几十家中小工业公司的形势分析会上，听到了广东一家公司从业 15 年来第一次在两个月内没有得到一张订单，我产生了很大的警觉。后来看了一些数据并做了一些实地访问，所以在 2007 年的年会上我就提出，虽然当时宏观方针还是防止过热，但是在企业层面可能要准备对付寒冷。即便如此，这顶多也只是从逻辑上认识到，过多的货币一定会出问题，正像过山车一样猛冲的市场价格，终究会遇到深谷。但是，对今年经济形势从骤热转向骤冷，特别是对 9—10 月以来市场价格自由落体般的暴跌，当时还是完全没有预料。

这是一个要面对的长期议题。无论公司、行业还是国家，当没有预想的事情突然发生的时候，究竟怎样来应对？这个问题本身充满着矛盾性，因为所谓不确定性，在定义上就是说无法根据过去的经验来推断事件未来发生的概率。既然过去的经验甚至不能在概率水平上预测未来，那么应对又从何谈起？天有不测风云，我们到底怎么渡过未来的岁月？

破解这个难题，可以从一个基本事实出发。这就是上面讲到的不确定性，并不是现在才有的。它早就出现了，也一直陪伴着我们。任何公司、行业、国家在一路走来的途中，总不能完全避免不确定性的纠缠，人们总是自觉不自觉地在对付不确定性。从事后才看得出来的成败得失中，我们可以获得经验教训，可以得到启示。利用今天这个机会，我就这个题目谈一点认识，就是以确定的规则来应对不确定的结果。

我们不妨先从体育比赛谈起。高度竞争性的体育比赛，结果总是不确定的。这正是大赛吸引全球亿万观众的原因。但是，比赛结果的不确定却要求比赛规则具有高度的确定性和明确性。任何短跑运动员都难以事先确定他或她是否一定比别人跑得快。但是，他或她也一定要明确知道，那个比所有别人跑得快的运动员，一定是比赛的冠军。没有确定的比赛规则，运动场中人的努力就根本无从集中，也就不可能有精彩、结果不确定的比赛。

经济活动远比体育赛事复杂，但道理是相通的。没有非常明确和确定的规则，市场中人的努力和注意力，同样不可能集中于结果不确定的经济竞争，也就无从动员人们勇敢地面对未来市场的不确定性，尽最大努力争取收益、避免灾祸。

那么，哪些确定的经济规则对未来具有特别重要的意义呢？第一个就是，积中国过去 30 年的经验，或许还要加上更远久年代的教训，我们认为一个可靠的企业制度具有基础的意义。这是一套关于企业创立、营运、兼并和破产的规则。其中最重要的，就是要保护创业者人力资本与财务资本的合法权益，从而鼓励社会的方方面面，把资源投入回报极不确定的在市场里创办企业的过程中来。这是我们走过了历史的弯路，终于找到的承认、保障、鼓励多种所有制企业并存、平等竞争的一条路径。这一点无论如何也不能动摇。

企业是对付市场不确定性的组织。既然没有人可以事先打包票，对一个企业的投入一定可以得到多少回报，那就要有很确定的规则：

投入企业的资源所有者可以获益的权利一要得到明确的保护！这个规则很抽象，因为对应的内容完全没准，究竟有多少获益，还是赔本的买卖，甚至血本无归？事先根本不能保证，能明确的只是投资获得回报的权利。这是企业制度的基础，否则就没有办法动员人们把资源放到市场里的公司来与不确定的未来搏斗。这是决定未来能不能健康发展的一个重要基础。拿我们国家的实际情况来看，现在与改革开放早年的时候相比，对创办多种所有制企业的歧视已大大减少了，企业经营的环境也显著改善。但是，进入到细节观察，某些歧视依然存在，过高的制度费用还是妨碍企业集中注意力对付市场。所以，当前的危机也是一个机会，进一步消除歧视、改善企业运营环境，形成一个各种企业真正平等竞争的局面，其中也包括新创办企业和老企业之间的平等竞争。要有一个非常牢靠的基础，动员人们把资源、精力、能力和企业家精神放到企业来，虽然结果不确定，但只要有正的结果，就一定有正的回报，正如有负的结果，也一定承担责任和损失。这是对付市场不确定性的最基础的确定性规则。

第二个确定性的规则，就是要由反映供求的价格机制来指导资源配置，使之成为全部资源配置的基础。价格是灵活变化的，但靠价格机制发出信号引导生产则是非常确定的。这是因为，无论 2009 年的中国经济增长率会减缓到什么地步，中国已经是一个大经济，再也不像一个封闭的村庄经济，可以按照自家或邻居的需要直接指挥生产。作为一个开放的大经济，唯有抽象的、变动的相对价格才能准确而灵敏地显示社会的真正需要。政府不应任意对价格的变化进行行政干预和管制，因为那将阻碍供求信息的传递，妨碍资源的有效配置。

第三个就是货币的稳定。这场全球性的金融灾难，讲到底是货币问题，就是政府控制的法定货币的发行，远远超出了经济增长的需要。在某些短期压力下，首先是美元的增发和超发太多，并作为全球储备货币和主要结算货币影响了全球经济。中国作为一个后起的发展中大国，究竟怎么处理好自己的货币，怎么让人民币拥有制度上的稳定性和规则上的可靠性，杜绝在任何短期压力下依赖超发货币“振兴经济”，还是一个有待探索的难题。不过这次因为货币超发带来的资产价格从飞涨到飞跌，从通胀到通缩，应该让产业界和企业认清，货币规则的不确定一定带来信息的严重误导，最终带来“措手不及的打击”。中国要争取未来的健康的增长，就要努力使确定性的货币规则高于倾向于相机调控的权威。

再一点就是税收。任何经济增长不可能没有强大的国家保驾护航，而强大的国家就要靠有效的税收来维持。但是，税收具有合法强制性，容易被利用过度，从而适得其反。作为一个转型经济，从农业经济转向工商业，从计划经济转向市场，确实要发生税种和税制方面的巨大变革。但是，作为合法强制性的税收体制，本身又要具备程序合法的严肃性，不能成为一个过于灵活的调控开关，想拨一下就拨一下，增加各方面对未来的人为的不确定性。税制改革还是要坚持简化税种、降低税率、普遍征收的基本原则。离开一个确定的税收环境，企业和企业家对付市场不确定的搏斗意愿就会下降，那不但是企业的损失，也是整个社会包括政府的损失。

考虑到税制变革与稳定之间的矛盾，有一点可能很重要，就是要把总的税负在国民收入中的比重，在《宪法》层面确定下来。现在的经济困难，很大程度是国民收入的大分配出了问题，就是居民家庭占有的比重偏低，政府的比重偏高。在这种情况下，所谓启动消费或拉动内需，就不容易办到。因此，要考虑一个税收总量的稳定比例，加了这个税，就要相应地减少其他的税。中国要在未来成为伟大的国家，一定要在这件事情上达成政府、企业、居民之间最基本的一个共识，有一套制度限制，不要让合法强制性的税收变成一个过头使用的权力，导致投资、创业、生产的意愿下降。

最后，所有影响市场行为的法律，要有很高的稳定性、可靠性、透明性和变更程序的权威性。这是转型当中不断会遇到挑战的问题，即法律的稳定性、权威性和转型经济难以避免的变通性之间的矛盾，究竟怎样处理为好？我想根据这些年的经验教训，包括新劳动合同法颁布以后遇到的问题，要考虑一条很肯定的意见，就是凡是没有很大把握的法律，或者只经受了经济高峰的检验却没有经受经济低谷考验的法规，一定先在地方和局部进行试验，然后才可成为全国性的正式法律。贸然立一个法，经不起经济低迷的考验，受损害的就不但是产业和市场，而且连带国家法律的权威。

总起来说，基本规则的确定，有助于动员人们振奋企业家精神去应对结果的高度不确定。中国的老话说，“以不变应万变”。这是了不起的传统智慧。今天要强调的是，以不变的规则应对万变的结果。

最后，我想讲“不确定性”其实是中性的。它不一定意味着灾难。不确定性也可能是未曾预料到的、非常好的结果。今天的中国再困难，与 1978 年以前相比也不可同日而语。要是还站在 1978 年，我相信我们没有人可以从那个时候的过去，推断出未来中国 30 年，也就是 2008 年中国的经济图景。从这点看，中国今天取得的成就，在当时来说也具有高度的不确定。这是意想不到的机会、意想不到的发展、意想不到的财富。所以，如果我们在法治社会与市场经济的基本制度方面，经过改革奠定一个扎实的基础，那么未来的中国不但可以在这个基础上应对那些灾难性的不确定性，而且也可以在这个基础上承接机会、承接运气、承接未来。

“中国制造”的转型前景[①]

大家知道，中国经济由两个引擎驱动，一个是出口，另外一个是投资。其实，这两个引擎共享一个基础，这就是中国的制造业。制造业支撑着出口，也支撑着投资。因为所谓的投资，就是用储蓄购买大量制造业的产品——钢铁、水泥、设备等——然后安装到地上或地下，成为基础设施。这样看，认真观察中国的制造业，可以对中国经济有个基本的判断。

近年，中国制造业面临不少新问题。其中最为突出的，是“中国制造”的成本，特别是人工成本升得很急。2002 年美国人有一项调查，结论是中国制造业的平均小时工资为 64 美分，仅相当于美国工人平均小时工资（21.64 美元）的 3%。自那以后，中国的人工成本开始加快提升。目前，我国制造业的小时工资大约等于发达经济平均水平的 10%。其中，城市薪资上升更快，据《华尔街日报》最近的报道，2010 年中国城市雇员的平均年薪为 5 500 美元，比上年增长 13%，比 5 年前增长 77%（劳丽 · 伯基特，2012）。

其间，政策方面也发生着变化。近年中国政府的政策转向更具包容性的增长，也就是考虑更多的人、特别是广大劳工分享经济增长之果。2008 年，中国修订了《劳动法》；2008—2011 年中国法定最低工资的水平加快提速，2011 年各地的增长幅度平均在 20% 以上；“十二五”规划要求，大幅度增加劳动所得在整个国民收入中的比重。

市场与政策一起发力，推动中国制造业的人工成本更快增长。整

---

① 本文为作者在新德里召开的“中国与印度：持续的高质量增长”讨论会上的发言稿，经作者修订发表，刊于 2012 年 3 月 26 日的《经济观察报》。

体来看，中国与发达国家在人工成本方面的差距，大体从开放之初的100倍，收缩为目前的10倍；再进一步收缩为5倍，甚至3倍，所花费的时间可能比所有专家估计过的还要快。

这就引起了喜忧参半的关注。一方面，经济增长就是以人均所得的持续提高来定义的。因此，中国人工的所得加快提高，本来就是经济增长的目标。但是另一方面，人们也关心：中国制造业的“低成本竞争优势”会不会因此加快消失？全球制造业的布局和投资重点，会不会发生重大调整？支持中国经济高速增长的引擎，会不会动力减弱？“失速”的中国经济，又会不会拖累金融危机后的全球经济复苏的步伐？

利用这个机会，我谈谈自己的看法。首先，迄今为止中国平均工资的快速增长，基本反映了劳动生产率的提升。这方面有不少研究和计算，有一项报告说，2000—2010年间，中国的劳动生产率每年平均增长10%，比美国的2%快了5倍（《证券时报》，2011年11月12日）。要注意，中国劳动生产率的绝对水平当然大大低于美国和其他发达国家，但这里讲的是生产率的变动率。好比速跑比赛，跑在最前面速度最快，但再加速就难了，而后来者可以加速更快。

甚至对2008年以后引人注目的“工资通胀”，我个人的看法，主要成因也是汇率机制还不够灵活，结果中国虽然大体维系了名义汇率的稳定或缓步升值，却经由通胀的抬头实现了人民币实际汇率的上升。在背后，真正的经济推手其实是中国制造业生产率相对较快的进步率（周其仁，2012）。

如果这个判断对头，那么基本反映生产率变动的工资较快增长，对制造业的成本结构与利润边际，就不会，也不可能产生实质性的损害。这可以由近年中国公司普遍的利润状况得到证明。看未来，由于地区间的产业转移和承接还有极大的潜力，更由于中国人的学习曲线还有较快上升的空间，所以我们不可低估，中国制造业还可能具有的长期竞争优势。

甚至现在大家普遍关注的人口转型，也难以改变上述结论。包括老龄化在内的中国人口类型的转变，当然有长期的重要影响。但是，至少这并没有构成对制造业竞争优势的现实威胁。因为观察过中国农业的人都不难明白，我们超小的农业经营规模中还“储蓄”着巨大的劳动力，伴随着城市化和农地流转的进程，只要有关政策对头，这部分人力资源的潜力还将继续释放。

中国工业增长真正的限制因素是市场需求。在当前，最现实的就是全球复苏的步子缓慢。从 2008 年危机冲击中国以来，我们已经观察到，每当发达经济复苏的步子略略加快，中国沿海工业的订单就上升，招工难的问题就突出，制造业的增长就强劲。问题是，这些接单工业产生的经济能量，包括由此带动的进口，看来还不足以拉动欧美日本的全面复苏。这并不值得奇怪，现在要指望总量 7 万多亿美元的中国经济，就能够把欧盟（16 万亿美元）、美国（15 万亿美元）和日本（约 6 万亿美元）都拉起来，实在不现实。加上印度和其他新兴市场呢？力量大很多，对全球增长的边际贡献更大，但怎么看，还是像小马拉大车。

在这种情况下，如何回答本次讨论会最后一项议题，即“确保后危机时期全球经济的强劲增长”？我认为还是兵分两路：发达经济好好解决他们面对的问题，中国印度则尽力把自己的事情办好。对中国经济而言，一个可能的方向，就是把一部分中国制造出口的能力，转过来为国内的消费市场服务。

事实上，在多年所得快速提高、人民币升值，以及分配政策改善等多重因素的作用下，国内消费市场增长强劲，潜力更是巨大。不少跨国公司和中国企业都发现，要缓解“中国制造”的成本压力，不但可以经由综合营运效率的提升，更可以通过抓到中国市场的先机，扩大市场销售规模来对冲。毕竟，把生产基地搬到远离中国市场的“低成本”位置上去，在战略上得不偿失。

向国内市场转，会面临哪些障碍？我们来看一项统计，2011 年中国城市服务业市场上空缺职位的数量，要比求职者多出了 140 万。2010 年呢？空缺比求职多出了 100 万。这表明在我们这个制造大国，服务业才是影响转型的软肋，因为市场需求远远得不到满足。以我追踪访问了几年的北京华联为例，他们开店的规模越来越大，差不多开一家旺一家，现金流好到不能相信。可是，生意很好却招不到人！特别是招不到数量足够的合格店长、“买手”（采购经理）和领班。顺便提一句，国内市场上不少商品质量问题，其实也与服务业有关。消费者越来越忙，需要商店来帮他们挑选合格的商品。这个环节薄弱，既不抑制消费，也不能有效改善生产。

回头看，多少年势如破竹向全球出口的“中国制造”，其实正是依托了香港和欧美日本的服务业，才一船一船走出去的。现在中国制造要向内需走，首要的是为服务业提供克服瓶颈的服务，包括政府放松不当管制的服务、改进税制和其他制度安排的服务、教育训练的服务，以及特别重要的金融服务。政策制定者和业界有必要认识到，“为服务业的服务”可能是下一阶段经济增长的一个关键。

小结一下。我的观点是不要低估中国制造业持久的比较优势，更不要得出“中国制造没戏了”的轻率结论。在生产率较快提高的前提下，工资上升不但不会丧失市场竞争力，反而可以让国内市场变得越来越厚实，成为培育较高品质中国制造能力的一个规模极其巨大的温床。

中国还需要做对什么？[①]

“渐进”变成“渐渐不容易推进”，中国前行的障碍是改革动力问题

《中国青年》：您的《中国做对了什么》一书以一个问句作为书名，那我们就从这个问句开始，您认为在30年改革之路上，中国究竟做对了什么，才取得被称为“中国奇迹”的经济增长成就？

周其仁：从大处看，中国做得最对的事情就是改革开放。要是没有改革开放，今天人们常讲的驱动中国经济增长的三驾马车，不可能这样强劲有力。

开放之初，偌大一个中国的全部出口，一年不足100亿美元，从来不需要担心什么“过度依赖外需”。改革前夜，农民人均纯收入一年只有134元人民币，城市居民人均可支配收入也就是几百元。老百姓收入那样低，但消费品还要凭票凭本供应，所谓“短缺经济”，好像怎么也拉不动生产。

那时的投资率倒也不低，但论投资规模，完全和今天不可同日而语。1968年我从上海去东北下乡的时候，“大上海”最高楼（国际饭店）只有24层；火车在南京过长江还要摆渡。后来南京长江大桥建成，举国欢腾。今天你去上海可能不再注意国际饭店，而整条长江到底有多少座长江大桥，再也算不得新闻。作为十几亿人口的大国，在不到一代人的时间里把国民经济搞得如此翻天覆地，做对的事情就是改革开放。

《中国青年》：尽管有今天的成就，您也提到中国的这部改革史尚

① 本文是《中国青年》记者赵涛于2010年5月对作者所做的访谈。

未完成，您认为前进之路上最大的阻碍是什么？

周其仁：人们常说中国的改革是渐进的。这是与苏联的改革路径比较而得出的结论。苏联和改革前的中国，经济体制的基本特征都是计划经济，就是把整个国民经济当一个超级国家公司来办，权力高度集中、信息不灵、经济活动的动力和活力不足。要解决这些问题，就要改革，特别是要朝着市场经济的方向改革，靠价格，而不是靠行政官僚命令来配置资源。但是，在怎么改的问题上，苏联和中国的选择不同。

叶利钦似乎认为既然要搞市场经济，那就从西方市场经济里请个高明的专家设计出一个改革路线图，照单改就是了。于是就有“500天激进改革计划”之类的故事发生。

中国没有那样幼稚。西方的市场经济是多少年多少代社会经济法律关系演化的结果，即便有专家知道当今市场经济是怎样一回事，也并不一定知道那套经济究竟是如何来的，更不知道怎样从一个“超级国家公司”（计划经济）转向市场经济。中国的办法就是从自己的实际出发，哪里走不通了就东看看、西看看，摸索出一个解决方案，再来回做试验，直到解决问题。事后比较，多数人认为中国的渐进策略优于苏联的激进策略。

不过这也落下了一个问题。中国的渐进式先易后难，把好改的先改了，留下一些相当难啃的骨头。更麻烦的地方，是因为易改的改了，经济上收到了成效，人们对还要不要再改革攻坚，就不容易达成共识。毕竟改革前无古人，又不可避免要触动一些既得利益，“渐进”就变成渐渐不容易推进。诚如我在这本集子里梳理的，早期的改革开放都是逼出来的。譬如几亿种地的农民吃不饱饭，不改过不下去，所以包产到户。现在因为改革成功，再也难有类似当年那种逼的形式，结果就说改革得多，实际改得少。如果说什么是最大的障碍，我以为还是改革的动力问题。这样拖来拖去，渐进改革也可能留下很多“半拉子改革工程”，妨碍社会生产力的进一步解放。

“摸着石头过河”，即使在今天和明天依然有效

《中国青年》：改革的过程中派生了腐败，在您看来，腐败和改革赛跑的现象，是人情社会的侵蚀还是因为制度安排的不完善造成的？

周其仁：这的确是个严重问题，或许可以说是渐进改革策略还要面对的最大挑战。

在逻辑上，过去的中央计划经济体制，其实就是把整个国民经济组织成一个超级国家公司，党政企不分、权力高度集中。由于运转不下去，才放权改革。可是在实践上，放权改革是渐进的：部分过于集中的权力放到了公民个人和普通企业手里，但是还有相当部分的权力，只是放到了较低级别的、还是党政企不分的国有企业、部门政府或地方政府手里，而无论中央的还是地方的政府，又重新集中起一些权力。所有这些权力主体，一起在“市场”里竞争。由于具备了合法强制力的国家权力也“下了海”，凭权力设租寻租，就做不到“法律面前人人平等”。

在台面上，人们看到很多中国的政府机构很像“公司”，而不少党政领导人很像“老板”，同样在那里争利逐利，但他们又拥有唯有“公家”才拥有的合法强制力。在台面之下，权力搅买卖的活动天天包围着那些看起来很像老板、其实还是官员的干部，腐败的发生就不是个别人的道德问题，而是体制转型中的系统性风险。

这个问题也不能简单地归结为文化，即人情社会的传统使然。过去的中国文化里，也还有官家不得与民争利的传统呀。当然，公权私权的界分不清是一个由来已久的问题，所谓“人情社会”对权力腐败见怪不怪，倒是提高了社会对腐败的容忍度，减轻了问题的紧迫性。

不过，我还是倾向于把当下的权力腐败作为超级国家公司转型中的问题来看待。目前国际国内都有这么一个倾向，就是试图在理论上把中国转型中的制度和组织模式化，似乎官商不分的现实正在构建出一个新文明，似乎超级国家公司的中央计划经济模式虽然失败了，但变成碎块的小超级国家公司仅仅因为彼此之间展开着商业竞争就成就了人类历史上最好的经济制度。我对这些倾向持保留态度，我以为中国如果不直面自己成功的渐进改革中尚未解决的权力腐败问题，迄今为止举世瞩目的经济增长能不能持续，还是未定之数。

《中国青年》：能否寄希望于政治体制改革？在您看来，这是邓小平未完成的事业。

周其仁：实践证明，邓小平在1986年关于政治体制改革与经济体制改革关系的论点，并没有过时。任何一个健康的社会，都离不开合法强制力即政府的服务。问题在于，一个社会须臾不可离开的合法强制力，本身是不是得到了有效的监督和制衡。现在我们看到的很多坏现象，公众议论纷纷、批评和抨击的，甚至激发群体事件的，差不多都围绕这个主题在展开。几年前我讲过一个观点：国家权力不上轨道，私人产权很难上轨道。要国家权力及官员的行为上轨道，就离不开政治约束条件和机制，这就离不开政治体制的改革。

《中国青年》：邓小平形容改革开放是"摸着石头过河"，您认为在改革开放走过了30年之后，我们是不是应该有更长远明晰的国家策略？

周其仁：从认知的角度看，实践理性永远比少数精英规划、设计的理性更为可靠。未来充满不确定性，所以应该没有什么人可能把什么都想全了，然后规划一个理想社会让大家进去就获得现成的享受。这样看，"摸着石头过河"所表述的知行互动、多样化局部试验、给行得通的做法提供合法化的承认等等这一套，即使在今天和明天也依然有效。

当然，强调基于经验的实践理性，并不排斥理念——那些在长久的人类社会生活的经验里提炼出来，又经受经验检验过的抽象准则。譬如受保障的财产权利、以不侵犯他人自由为限的最大限度的自由、程序正义、民主与法治等，就不能说只有西方社会才需要，中国就不需要。把这些抽象的普世价值作为中国发展的目标，也没有什么不可以。但要真正实现这些抽象的准则，还是离不开实践理性。

后危机时代，需要面对“货币宽松”、“财政负债”等问题

《中国青年》：2007 年由美国蔓延向全世界的金融危机为中国的发展带来的新的挑战，面临这场来势凶猛的全球性危机，不少经济学家都做出了悲观的预言，您对中国经济的整体趋势还是一直持乐观态度的，您的信心来自哪里？

周其仁：真的不是乐观，只是比较客观。

当时有判断，认为中国既然过度依赖外需，而美国和发达国家经济出了大问题，中国就一定被连累得不轻。2008 年 10 月的时候，有人甚至预言中国经济要保零也难。我自己去了珠三角和长三角不少地方看，外销订单的确一时掉得厉害。不过，我也看到在全球化打通的条件下，中国与欧美日本各自的比较优势还是大有潜力，中国综合的成本优势并不因为金融危机爆发就消失了。美国经济高度发达，其进口需求经由金融而形成，金融危机当然冲击需求，但只要金融稳下来，它的进口需求还是会上来的。

此外，中国连续多年高速增长，内需是存在的。民间、地方、中西部地区的发展冲动还是非常强烈。加到一起，也就是在 2008 年 10 月市场价格纷纷跳水之际，我说中国经济衰退的可能性等于零。我

还认为，说本次美国金融危机比1929—1933年危机还严重，恐怕有点言过其实。那个危机的货币环境是金本位体制，市场恐慌了谁也难有大作为。但是当代的美国欧洲，哪个还实行金本位制？都是法定不可兑现的货币——市场中人怕了，政府只要有胆印了票子用直升机撒，别的麻烦会有，但像美国历史上那样的大萧条却不可能再现。

《中国青年》：您认为所谓的“后危机时代”已经到来了吗？

周其仁：早就是后危机时代了。美国股市2009年3月后涨了60%，那还叫危机？西方政要不肯断然宣布“退出”刺激政策，不是他们的经济没有复苏，而是经济复苏与就业脱了节，成为所谓“无就业增长的复苏”。所以他们举棋不定、进退为难。这是值得关注和研究的现象。至于中国，2009年信贷增加9万多亿，广义货币的增加超过GDP增长很多，更早就不能称之为危机了。现在要面对的是应对危机时所付出的那些代价，如货币过于宽松，还有财政负债、主权债务危机等。

理想和现实的距离，哪一代青年都会遇到

《中国青年》：很多人都知道，您年轻时下乡在完达山狩猎7年，当今的青年人可能没有那样的波折与传奇，但是也会面临着“蜗居”“蚁族”之类的困境，对于媒体所谓“失梦的一代”，您有什么期望或建议吗？

周其仁：理想与现实有距离，甚至有冲突，应该是哪一代人都会遇到的吧？不同的只是时代背景不一样，理想与现实矛盾的具体内容也许有点不同。就我接触到的同学，还有我访问过的很多机构像阿里巴巴公司的那些年轻人，我可不认为他们是所谓“失梦的一代”。他们的梦，颜色远比我们当年的多姿多彩。我也看到很多年轻人，浪漫做梦，踏实做事，走他们自己的路，总结他们自己的经验教训，我就

是真有建议也派不上用场的。

《中国青年》：作为“充满理想”的一代人怎么看可能更“注重物质”的新生代？

周其仁：怕不好做这样鲜明的对照。小时候我想要一本黄胄的画册，过了好长时间也没有得到，可失望了。也记得上中学时骑上了妈妈给买的新自行车，美得跟什么似的。那不也是很“注重物质”吗？

当然，当年学雷锋运动如火如荼，我们的确心甘情愿地做过不少好人好事。而今天的青年志愿者也不比当年的差，汶川地震救灾中的那些故事，就是放到1965年也是响当当的。现在的问题，不是青年人有什么特别，而是转型社会遭遇的道德标准紊乱问题。据说有个代表团到欧洲某国家取经，借鉴如何防范法官腐败，不料人家说帮不上忙，因为多少年以来就没有发生过此类案子。我以为在那种情况下，再富裕也不用担心只注重物质的下一代。

《中国青年》：30年前，您和同龄人的困惑可能在于人生的选择相对单一，当今青年面临的问题是，选择多了，反而更迷茫了。

周其仁：那也许可以请他们从经济学的思维中吸取营养。我知道的经济学，从一个角度看，就是关于如何在有限资源的约束下对多个目标做出选择的学问。

接着石头过河①

在十八大之前，人们对中国未来要走什么路有过一番热论。中共

① 本文发表于《中国改革》2013年第4期。

十八大得出了结论：继续改革开放。新任总书记习近平在深圳邓小平当年走过的路上提出，“改革不停顿，开放不止步”。

下一步的问题是，用什么方法来推进改革开放？

摸石头过河、顶层设计与地方首创

从经验看，有过几个办法。改革开放早期提出摸着石头过河，那是 20 世纪 80 年代的改革方法论。最早与农村改革有关。十一届三中全会前后，很多地方因农民常年贫困和吃不饱饭，在底层发生了包产到户。安徽、四川等地针对这个现象，做了调查研究和分析，制定了地方政策支持变革。然后，中央连发五个“1 号文件”给予承认和肯定。这是第一个典型的摸着石头过河。

第二个摸着石头过河的是民营经济。温饱问题基本解决后，过去在公社体制下磨洋工的农村剩余劳动力往哪儿去？国家和集体办的企业可没有这么大的吸纳能力，于是民营经济提上日程。最早的民营经济也是从底下冒出来的，广东的陈志雄包鱼塘、芜湖的“傻子瓜子”，都涉及雇工经营。过去的理念对此完全不能接受，以为与社会主义水火不容。当时中央高层的看法也不一致，所以要多看一看，到 1987 年才给予政策上的承认。

改革进城之后，遇到的问题复杂了，牵一发动全身，所以大体在 1986 年的时候，开始对整个国民经济体制，包括物价、税收、商业、进出口、财政体制等，考虑相互联系，准备综合性的总体改革方案，国家还专门设立综合改革方案办公室。十二届三中全会通过的体制改革决定，就比较系统了，邓小平说他的印象是一部新的政治经济学。当时还没有“顶层设计”这个词，但已经有了这个内容。同时，系统的政治体制改革也提上日程，十三大前在中央直接领导下对此做了大量系统的调查研究，准备了方案，提交给十三大讨论通过。

到了20世纪90年代，特别是邓小平南方谈话提出了市场经济问题，涉及的体制面更为广泛，后来有了十四届三中全会通过的50条，确定了社会主义市场经济的目标，提出要让市场机制成为资源配置的基础。

又过了十多年，应该是制定“十二五”的时候，正式提出来“加强顶层设计”，意思是改革不能互相打架，不能这里通了那里又不通，要有通盘考虑。

这些经验都很有意义。其中有一个问题值得思考，为什么几次通盘规划改革，还要一次次地再发动？究竟是原来的设计不全面，还是实施中遇到阻力就搁置了？现在看，改革目标的确定、方案的设计以及改革的实施，是互有联系的三个环节。目标要明确，不能摇来摇去；方案要系统和全面，考虑周详；实施则要看环境与时机，选好突破口。

直面露出水面的石头

还要看到，现在已不是20世纪80年代、90年代，也不是新世纪初的局面。中国启动改革30多年了，出现了好多新情况。无论中央还是地方，基层、民众、企业、各类组织，都遇到新问题，特别是年轻人得到的信息、他们的诉求、权利意识和对社会问题的看法，跟以前大不相同。

可不可以说，现在不光是执政者自上而下摸石头，设计方案推进改革，水面上也露出了大大小小一些石头，天天在考验决策者？很多挺尖锐的问题，其实露出水面很久了，究竟要不要面对、怎样面对？有时候是一类现象，反复出现；有时候又是一个突发事件，像水面上丢下块石头，牵动方方面面，引起全社会的关注，要求做出回答和反应，看政策制定和体制形成，能不能从中吸收正能量。

举一个例子，农民与农民之间的土地关系，发生了多少事情？这方面虽然改革很早，但石头还是不小。都说家庭联产承包责任制长期不变，似乎问题已经解决了。最早提 15 年不变，后来说 30 年不变，到了十七届三中全会，提长久不变，温家宝总理答外国记者，说长久不变就是永远不变。这些都对，因为实践证明有效的经济体制就不要变。但走进农村看，不难发现土地关系其实还是经常在“变”。为什么？因为人民公社虽然取消了，但集体的制度基因还在。

要说明一下，集体经济不是土改后的那个农民土地私产的经济，也不是以农民私产为基础、自愿缔约的合作经济。土改后的农民私产，边界很清楚，不会因为你家人口增加得快，再把别家的土地划给你。合作社也一样，入社如入股，不会因为家里增人减人，入社的财产权益就变。但到了“集体”，就一锅煮了：所有这个村庄里已经出生的以及未来要出生的，都一起分享土地权利。结果，农民和农民之间的土地权利边界，总随着人口的变动而变动。这是集体制的本质。包产到户后，中央政策说不变，但实际上农民各家人口总有变，按照集体经济的法则，就老有调地的要求。调地就是变，所以没有做到永远不变。

20 世纪 80 年代中，贵州湄潭作为改革试验区提出过这个问题。贵州比较落后，大量农村劳动力集中在土地上，如果每年调地变动，谁好好种地、对土地投资？所以，当地提出“增人不增地、减人不减地”，也就是把农民家庭之间的土地权利边界划清楚。这个实验在当地行得通，后来得到中央文件的提倡，也写进了 2002 年《中华人民共和国土地承包法》。问题是全国没有普遍执行，至少有一半以上农村社区，还是过些年就要调整承包土地。这到底什么问题？是立法错了，还是有法不依？这个环节不清不楚，土地流转就受限，因为地缘范围内所有现在的人口和未来的人口，都被一小块实物土地资产锁到一起，构成一条永久的债务链。在这个链条下，谁转让一块地，等于把未来其他家庭人口可调地的权益也转走了。

连带到农村的宅基地，也成为实物福利，隔绝在合法流转、交易和市场之外。本来宅基地是“生活资料”，无须纳入社会主义改造的范畴。但经过人民公社化运动，1961 年一个红头文件就把土改法律废了，宣布宅基地也是生产队的集体土地。既然也是集体的，上述由所有人口不断分享实物福利的准则就一样起作用，结果就是凡农民成家立户，分宅基地一块。过去城乡分割，还看不出多大问题。但农民流动、进城一起来，无数的空心村、空房子占而不用，也没有合法流转的通道。温总理说土地是农民的财产权，说得对。不过财产权包括转让权，应该允许租赁、买卖、抵押。可是这些权能，至今全不合法，算不算一块石头呢?

工业化、城镇化随经济自由的扩张而提速，但人民公社的集体基因至今还拖着农民对更高收入机会作反应的后腿。个人之见，这块石头冒出来的时间很长了，端看我们的理念、政策和法规怎么应对。视而不见，假装没这回事，它天天来摸你的脸就是了。

更大一块石头，是政府和农民的土地关系。现在这个领域的社会矛盾很是尖锐，群体事件、腐败大案、民心向背，都与此有点关联。基本框架就有问题，包括“城市土地全盘国有”、不区别土地用途的单一征地制以及征地补偿行政决定等等。体制就如此，怪地方、怪干部不解决问题。追索下去，中央与地方事权财权的划分，政企、政资、政地分开等等，都有牵连。这块石头不好接，因为没有全盘考量，接过来也拿不下。

总有不期而遇的遭遇战

现在水面上露出的石头其实不少，坚持改革要对这些问题做出反应。当然，飞过来的石头也要调查、研究、估量、权衡，还要好好摸，要有通盘的考虑，分清轻重缓急。所以，接石头跟顶层设计、跟摸着石头过河，并不矛盾。

温州这些年的发展，是不是也遭遇了石头？我没有系统调查，下不了结论。来过几次，知道不少温州朋友对自己城市的发展也不大满足。远远地看，反正肯定不是因为这里缺钱。温州是中国民营经济的最早发源地，但后来好像就集聚不起更大的财富，或者说没有形成积聚更大财富的框架。也不是没有冲动，如十多年前，这里就有过一个温州财团，要联合民营资本投资城市基础设施。更早的时候，还冒出一个“农民办的小城镇”——龙港镇，试图用一套新的体制搞城镇化。但是很遗憾，这两方面后来都没了动静。形不成更大的发展架构，温州也就难上一个更高的台阶。

像民营银行问题，1984 年我们陪杜润生来温州调研时，当地就提出来了。那么多民间资本，那么多实业企业，为什么就办不成合法正规的民营银行？这方面，今天的温州好像还不如台州，那里办成好几家民营银行，其中一家叫泰隆，是民办小信用社扩张成的商业银行，到今天已有上海、杭州、宁波等十个分行，总资产 365 亿人民币，为草根的微小企业提供很好的服务。到底是温州没有这些钱、没这样的人才，还是别的问题？可能就是没有面对当时飞来的石头，在遭遇中开辟一条新路。

从这个情况看，尊重地方首创精神很重要。中国是个大国，许多地方实践出现的问题不能全跑去北京解决。地方实践走向全局合法，也必须在清楚的全局目标下有整体的通盘考虑。所以摸石头过河与顶层设计要结合。是不是还可以加一条，对于那些浮出水面摆了很久的问题，不能老回避，要正面应对。爱因斯坦讲过，搞科学研究，不能老在一个木板很薄的地方打很多洞，但就是不敢去碰那木板比较厚的地方。搞改革一样，对真正阻碍国民经济长远发展的关键问题，越难越要碰。

总之，为了推进改革，恐怕阵地战、游击战、遭遇战都要打。现在不少问题上门，石头早露出了水面，谁回避谁就丧失主动性。未来的趋势，可能是在互动中推进中国的改革和转型，包括上下互动、观念与实践互动、设计与实施互动。

从抽象上升到具体

汪丁丁

我套用了王元化先生反复引用的马克思命题：从抽象上升到具体。这里，最耐人寻味的，就是“上升”二字。今天的年轻人大多习以为常的是“从现实上升到理论”，很少想到怎么从抽象“上升到”具体。元化先生早年深研《文心雕龙》，中年因胡风案被难。文王囚羑里而演八卦，元化囚陋室而读《小逻辑》。孔子读易，韦编三绝。元化读《小逻辑》三遍，书页几散。由此，素来主张以生命融入学问的元化先生，对黑格尔逻辑以及任何逻辑（或原则）能否涵盖真实世界产生了怀疑和批判。

编辑邀我为其仁此书写推荐语，我回信告诉编辑，我读其仁的书，必写书评。其仁于我，情同兄长，我的书评不能是序，只应是跋。我对其仁的尊重，还有更重要的理由，由这篇跋文的标题揭示。多年来，我虽熟悉或被认为广博阅读了各种理论，却深知理论或任何逻辑自洽的体系之内在缺陷。在许多场合，例如某一年与CCER（中国经济研究中心）的新生见面，我发言强调的，多是理论之内在缺陷。我以为，金岳霖先生的概括最是精当：理有固然，势无必至。这里最难为年轻人的，就是真实世界的“势”，它虽在某种意义上与“理”相合，却不是必定要发生的。李零概括中国古代“兵家”的基本原理为“任势不任人”，与儒家十分不同，所谓“形势比人强”。其仁在收入这本书的某一散论中表示过，他对于在想象力的约束下表现高超的理论建构能力毫无兴趣，他只关注现实问题。可是，每当我介绍其仁这套见解时，总会有学生们追问我什么是“现实问题”。学生有学生所见的现实问题，通常受大众媒体的引导，也有他们的“常识”。

金岳霖先生关于逻辑与现实之间的关系曾发表经典见解，我也常引用：全体现实可能性的集合是全体逻辑可能性的集合的一个子集。近年来，我引用金先生这一见解，是为了说明创造性为何不可能被容纳到全体逻辑可能性的集合之内。我的理由是，创造性就其实质而言只在未来呈现为逻辑可能性，而逻辑学所论的任何“集合”只能涵盖静止于某一时刻的全体可能性。其仁关注的，就其实质而言，是尚未被普遍意识到的可能性——或就这本书而言，是他在社会调查中感悟到的未来可能得到政治承认的制度创新，不是随意可见的创新活动，而是可让他感悟到大势所趋的“势”的那种创新活动。换句话说，金岳霖先生讨论的“现实可能性”，并不包括未出现或未被意识到的现实可能性。回到金先生所言的“势”，汉语的字源学显示，这一单字与“几微”关系密切。几，就是“几何”这一汉译的来源。将发而未发，谓之“几”。理科学生，切不可小觑这个“微”字。国学第一经典《尚书》（“禹谟”）已言“人心惟危，道心惟微”。圣人的能力之一就是“见微知著”，由一叶而知秋。维护社会健康，由表及里的方法，我们称为“防微杜渐”。还有一套由里及表的方法，中医谓之“上工，不治已病治未病”。换句话说，西医差矣，因为它沉沦于“治已病”，忘了“未病之病”才是病之本源（今天西医承认这是“亚健康”）。那么，怎样医治已病的中国社会呢？仍有两种思路。西医的思路是“头疼医头脚疼医脚”，治已病而已。中医的思路是治未病，寻求病之本源。我长期观察其仁，我认为这也是其仁的思路（参阅这部作品第四部分）。但是，对治未病之病，不论医家提出怎样合“理”的处方，总要面对“势无必至”的可能。因为，我们在这里面对的，是“几”，将发而未发。为什么多年来CCER许多学生跟随其仁做社会调查而难以学会其仁的洞察力？我的解释是，其仁的社会调查并非通常的社会调查，其仁注意力所在，唯“几”而已矣！

改革的逻辑，与前不久张维迎一部作品的标题“市场的逻辑”，两相呼应。维迎在那部作品里强调了“企业家”于市场经济的核心重要性，其仁在这部作品的第一部分、第二部分，乃至第三部分、第五部分和第六部分反复强调的，是诸如邓小平这样的“政治企业家”于中国政治经济演化的核心重要性。凡论及企业家活动，由这类活动的创新本质决定，我们必须将只在未来才被普遍意识到的那些现实可能性纳入分析框架，于是，如前述，与“逻辑”之本义有内在冲突。因此，这两部作品的标题所称“逻辑”，是口语意义上的类比，并非学术意义上的自洽体系。

在想象力的约束下，如每一位数学系本科生的日常功课所见，我们每一个人都可能建构许多逻辑自洽的体系。但是，逻辑学泰斗（也是哲学家、社会理论家和政治活动家）罗素明确表示过，任何逻辑自洽的体系里，总有一个或两个（或多于两个）被称为“逻辑常项”的参量最为重要，因为这些参量是逻辑体系与真实世界的基于常识的界面。当我们关注真实世界时，在想象力约束下存在着的无数逻辑可能的逻辑自洽的体系当中，只有为数极少的，与真实世界密切相关。凡参加过经济学研讨会的留学生，常听到参与者的评论：这是不相关的（this is irrelevant）。很严重的批评，你皓首穷经十年寒窗炮制出一套理论，被认为与真实世界“了无关系”，多么致命的打击呀。是的，经济学是介于人文学科与自然科学之间的社会科学，它必须坚持哪怕仅通过一个逻辑常项与真实世界相关，而不能不相关。

我尊重其仁，私人情感之外，主要理由就是上述我的这套理论见解——哪怕我熟悉千百种理论，我其实最关注的仍是与真实世界相关的理论。而这一相关性，或者说，我与真实世界保持的基于常识的界面，很大程度上依赖于我是否认真地倾听其仁的声音。

从抽象上升到具体，这一方法，马克思写在《政治经济学批判导言》第三节“政治经济学的方法”里（参阅《马克思恩格斯全集》人民出版社第一版卷46上册“1857—1858年经济学手稿”）。马克思指出：如果我抛开构成人口的阶级，人口就是一个抽象。如果我不知道这些阶级所依据的因素，如雇佣劳动、资本等等，阶级又是一句空话。而这些因素是以交换、分工、价格等等为前提的。比如资本，如果没有雇佣劳动、价值、货币、价格等等，它就什么也不是。因此，如果我从人口着手，那么，这就是一个混沌的关于整体的表象，经过更切近的规定之后，我就会在分析中达到越来越简单的概念；从表象中的具体达到越来越稀薄的抽象，直到我达到一些最简单的规定。于是行程又得从那里回过头来，直到我最后又回到人口，但是这回人口已不是一个混沌的关于整体的表象，而是一个具有许多规定和关系的丰富的总体了。马克思认为，以往的经济学家采取了上述的第一种方法，也就是从具体进入抽象的方法，非如此而不能建构经济学的“体系”。而马克思自己坚信真正的科学方法是上述第二种方法，他称之为从抽象上升到具体的方法，非如此而不能“理解”经济学。

也是在这一节，马克思批评了黑格尔的思辨方法。或许，他也感受到元化先生在囚室里感受到的那种生命之不能被逻辑化的永恒冲动？或许他也如元化先生这样对伟大文学作品保持着难以遏制的阅读激情？总之，我从元化先生的读书笔记，感受到了马克思上述见解对我学术生命的重要意义。

在其仁这部文集第一部分的至少两篇文章里，我读到其仁对马克思全部价值理论的批评："没有人指出，剩余价值学说的基础是交易费用为零。"这是十分中肯的批评，马克思价值学说以及全部马克思主义政治经济学隐含的基本假设之一是交易费用为零。著名的"科斯定理"（其仁对这一定理的"交易费用为零"假设耿耿于怀），我反复解释过，广义而言，等价于这一陈述：在没有交易费用的世界里，制度是无关紧要的。这是一项基本的社会科学命题，对那些想要理解其仁这部作品之深意的读者来说，格外重要。

如果没有交易费用，不论中国实行中央计划经济体制还是实行自由市场经济体制，都是一个无关紧要的议题。关键在于，科斯定理的反面，即交易费用不可忽视的世界，其仁和张五常所说的"真实世界"，在这样的世界里，一个社会实行什么样的制度，几乎总是决定着这个社会的命运。

其仁不厌其烦地讲述中国改革的故事，用意在于提醒读者关注和思考中国社会未来可能涌现的改革图景。通过其仁的叙述，读者很容易理解，符合改革逻辑的中国未来改革图景，必须涉及政治体制改革。我喜欢更直接的表述：妨碍中国经济继续增长的关键环节将主要是政治的而不再主要是经济的。

政治体制改革，其仁在这里反复介绍，是邓小平的未竟之志。在当代中国，任何政党，只要公开声明自己的政治纲领是为百姓谋幸福，就必须选择政治体制改革的基本方向——限制权力。因为，任何尚未完全丧失常识感的中国人都懂得，普遍的腐败源于不受限制的权力。阿克顿勋爵的名言耳熟能详：权力趋于腐败，绝对权力绝对趋于腐败。

跋是可以很长的，我的跋，由于我读其仁文章感受的丰富性，由于我通过其仁感受而由抽象上升到具体所得的丰富感受，可以更长。就此住笔，是为跋。